DE LA

PROCÉDURE

DEVANT

LES COURS D'ASSISES

OU

RÉSUMÉ

De la doctrine et de la jurisprudence en France et en Belgique;

PAR

JULES ANSPACH,
AVOCAT A LA COUR D'APPEL DE BRUXELLES.

BRUXELLES,
PH. HEN, ÉDITEUR.

PARIS,
COSSE ET MARCHAL, LIBRAIRES DE LA COUR DE CASSATION,
Place Dauphine, 27.

1858

DE LA

PROCÉDURE

DEVANT

LES COURS D'ASSISES.

PARIS. — Imprimerie de COSSE et J. DUMAINE, rue Christine, 2.

DE LA

PROCÉDURE

DEVANT

LES COURS D'ASSISES

OU

RÉSUMÉ MÉTHODIQUE

DE LA DOCTRINE ET DE LA JURISPRUDENCE EN CETTE MATIÈRE,

PAR

Jules ANSPACH,

AVOCAT A LA COUR D'APPEL DE BRUXELLES.

BRUXELLES,
PH. HEN, ÉDITEUR,
Rue de l'Empereur, 22.

PARIS,
COSSE, LIBRAIRE, PLACE DAUPHINE, 27.

1856

EXPLICATION

DES ABRÉVIATIONS ET DES RENVOIS

FAITS AUX DIVERS RECUEILS DE JURISPRUDENCE.

Cass. — Désigne un arrêt de la Cour de cassation de Belgique.

Cass. fr. — Désigne un arrêt de la Cour de cassation de France.

P. — Désigne la partie belge de la *Pasicrisie*, ou recueil général de la jurisprudence des Cours de France et de Belgique; ainsi, P.42.1.105, signifie que l'arrêt est rapporté à la page 105 de la première partie du volume de la *Pasicrisie*, publié pour l'année 1842.

S. — Désigne l'ancien recueil *Sirey;* ainsi, S.17.1.343, signifie *Recueil général des lois et des arrêts*, par Sirey, tome 17, partie première, page 343.

S-V. — Désigne la continuation du recueil précédent, depuis 1831, par MM. Devilleneuve et Carette.

C.N. — Désigne la *Collection nouvelle* des mêmes auteurs. Cet ouvrage a suivi l'ordre chronologique.

D.R. — Désigne le *Nouveau Répertoire* de MM. Dalloz; ainsi, D.R. v° *Inst. crim.*, n° 1346, signifie : *Répertoire général, alphabétique et méthodique de législation, de doctrine et de jurisprudence*, au mot *Instruction criminelle,* numéro 1346.

D.A. — Signifie : *Jurisprudence générale du royaume*, ou collection alphabétique de M. Dalloz, jusqu'en 1824.

D.P. — Désigne le *Recueil périodique* du même auteur.

Pal. — Désigne le *Journal du palais*, recueil par ordre chronologique jusqu'en 1837.

Bull. — Désigne le *Bulletin criminel de la Cour de cassation de France;* ainsi, *Bull.*, n° 55, indique que l'arrêt est rapporté au numéro 55 de l'année où il a été rendu.

Un article qui n'a d'autre indication que son chiffre, désigne un article du Code d'instruction criminelle.

INTRODUCTION.

Avant de commencer l'étude des dispositions du Code de 1808, il est intéressant de jeter un coup d'œil rapide sur les formes anciennement suivies devant les tribunaux criminels, dans les provinces de la Belgique; tel sera l'objet du chapitre premier de l'Introduction. Le chapitre deuxième rappellera les diverses législations criminelles qui régirent la Belgique depuis Joseph II jusqu'en 1830. Le chapitre troisième exposera le but et la division du présent ouvrage.

CHAPITRE Ier.

Ancien Droit de Belgique.

Juges criminels. — Lois et coutumes. — Procédure.

§ 1er.

Juges criminels.

Les juges ordinaires au criminel étaient, dans chaque commune, ville, bourg ou village, LES ÉCHEVINS, qu'on désignait aussi par le nom de *jurés*, ou par l'appellation collective, *le magistrat* (1).

(1) La Coutume de Tournay, tit. 12, art. 5 et suiv., leur donne le nom de *jurés*.—La Coutume de Gorgue, rubrique 1re, art. 2, les appelle *échevins*. —Coutume d'Orchies, chap. 14. — Dans la Coutume de Bruxelles, art. 42, on trouve l'appellation collective « *le magistrat*. »—V., sur le présent para-

Ces échevins avaient également la juridiction civile et de police [2].

Ils étaient, en général, nommés par le prince ou ses délégués [3].

Cependant, dans le pays de Luxembourg, leurs fonctions étaient électives [4].

Ils étaient, dans la plupart des provinces, nommés pour un an; dans certaines communes, leur mandat n'expirait qu'après deux années; dans certaines autres, ils étaient inamovibles [5].

La plénitude de juridiction du magistrat n'existait cependant que dans les communes qui possédaient la *franchise* [6], c'est-à-dire qui s'administraient elles-mêmes, en vertu d'un octroi du prince.

---

graphe, M. Eug. DEFACQZ, *Ancien Droit belgique*, tit. prélim., chap. 2, sect. 1re, art. 2 et suiv. — V. aussi M. BRITZ, *Mémoire sur l'ancien Droit belgique*, t. 1er, § 225 et suiv. V. M. Ch. FAIDER, *Etudes sur les constitutions nationales*, ch. 1er, *in fine*, p. 58 et suiv.

(2) Coutume de Gorgue, rub. 1re, art. 3 : « et peuvent faire tous statuts et ordonnances concernant le régime et police de la ville. »—Art. 4. « Leur compète aussi la superintendance et administration des biens de la ville et des pauvres. »—Coutume de Gand, rub. 1re, art. 17.—Coutume de Seclin, art. 5.—La salle de Lille, tit. 1er, art. 29.—Coutume de Hainaut, rub. 54, art. 1er.—DE GHEWIET, *Instit. du Droit belgique*, part. 1re, t. 1er, § 8, art. 3.

(3) Coutume d'Estaires, art. 2 : « Lequel bancq de loy consiste en advoë et eschevins annuellement renouvelez ou continuez par le seigneur à la manière accoustumée. »

(4) V. édit du 3 mai 1775, M. DEFACQZ, *Anc. Droit belgique*, t. 1er, p. 45 : « Ayant reconnu, porte l'édit, que l'usage..., en notre province de Luxembourg..., de renouveler annuellement le corps de la justice au choix des habitants ne répond plus aux vues de nos prédécesseurs... »

(5) Coutume de Bruxelles, art. 12. « Les échevins y étaient nommés par le prince pour un an. » — En général, ils étaient inamovibles dans le pays de Liége et le Limbourg. — M. DEFACQZ, *l. l.*, p. 44. — V. Privilége de la duchesse Marie accordé aux Namurois, *Coutumes et ordonn. de Namur*, Malines, 1733, in-4°, p. 129, col. 1.

(6) Coutume de Gorgue, rub. 1re, art. 2 : « Lesquels échevins ont la

Dans les autres communes, la juridiction des échevins était très-variable, suivant les us et coutumes de chaque localité.

La justice était divisée en haute, moyenne ou vicomtière, et basse ou foncière[7]. Dans la haute et la moyenne justice était comprise la répression des crimes et délits.

A la haute justice ressortissaient en général les crimes qui entraînaient des peines corporelles; à la justice vicomtière appartenaient à la vérité quelques cas pendables, mais plus spécialement les délits dont la répression consistait en une peine pécuniaire, sauf les différences faites par chaque coutume entre ces justices diverses, différences qui ne permettent guère de donner, à cet égard, une classification générale.

Chaque coutume traçait aux échevins la limite de leur juridiction, ainsi qu'aux seigneurs et aux tribunaux d'exception.

On conçoit la confusion que devait faire naître un pareil système ou plutôt une telle absence de règles fixes. Que de conflits, que de jugements arbitraires, et aussi que d'incertitude dans la répression!

Dans certaines localités, en dehors du *magistrat* de la commune, on trouvait un quartier, une corporation qui relevait

---

connaissance de toute justice haute, moyenne et basse, tant en matière criminelle que civile. »

(7) Coutume d'Estaires, rub. 1re, art. 1er. — Coutume de Gand, rub. 1re, art. 17. — Sur la division de la justice en haute, vicomtière et foncière, et sur les limites de chacune d'elles, on peut lire utilement le titre 1er (*De la juridiction, droits et authorités des hauts justiciers, seigneurs viscontiers et fonciers.*) *Des coutumes et usages généraux de la salle, bailliage et chastellenie de Lille*, J.-B. Henry, à Lille, 1774, in-4°; ouvrage qui contient des notes précieuses.

de ses juges particuliers [8]; pour n'en citer qu'un exemple, le couvent de Jéricho à Bruxelles, et ses dépendances, s'administrait par lui-même et avait des juges qui lui étaient propres.

Le nombre des échevins variait dans les différentes communes; dans la plupart des localités, le magistrat se composait de sept ou huit membres; dans quelques grandes communes, ils étaient plus nombreux : à Liége, on comptait quatorze échevins [9].

En général, les magistrats ne pouvaient siéger que si les membres présents formaient la majorité du conseil.

On trouve, dans certaines coutumes, dans certains édits, des règles prescrites aux échevins, règles qui montrent combien cette juridiction était peu digne de la grande mission qui lui était confiée; ainsi, il était prescrit aux juges de « *tenir l'audience de leurs plaids en lieux décents et convenables et non en tavernes ou entre ivrognes.* » — « *D'être à jeun pour entendre et décider les procès.* » [10].

Un officier, dont les fonctions étaient variables suivant les coutumes, remplissait près du conseil, comme près de toutes juridictions, les fonctions de ministère public [11].

---

(8) Coutume de Bruxelles, art. 276, relatif aux règles de succession : « sans toutefois y comprendre les biens d'Uccle, ou soumis au Bancq de Sainte-Gertrude, de Hiéricho, de Kœckelberge..., touchant la succession desquelles sont suivis les coutumes et droits y observés. »

(9) Coutume de Bruxelles, art. 56 : « Le magistrat était composé de sept échevins. » — Coutume d'Anvers, rub. 22, art. 2. — Paix de Waroux, art. 10. — Coutume de Maestricht, rub. 9.

(10) Coutume de Stavelot, M. DEFACQZ, *l. l.*, p. 49. — Coutume de Lessines, rub. 13, art. 9. — V. Ord. crim. de 1570, art. 15 et 16, réprimant les abus du *fait des rémissions, etc.* : *Recueil de plusieurs placards*, La Roche, à Mons, 1701, in-4°, p. 134.

(11) Coutume de Tirlemont, chap. 3, art. 5 : — Item *den Meyer, tegens*

A côté de l'institution du magistrat, existaient plusieurs autres juridictions, qui avaient mission de réprimer les crimes et délits.

C'étaient : les Cours féodales, ou corps de justice établis par les seigneurs pour les fiefs mouvants de leurs seigneuries [12]:

Ces Cours jugeaient au criminel, suivant que le seigneur avait la haute ou la moyenne justice ;

Les tribunaux ecclésiastiques ou official, qui connaissaient en général de toutes les actions criminelles intentées contre les clercs et contre tous, à raison de certains crimes spéciaux, à savoir : l'hérésie, le sacrilége, la magie, l'adultère, le blasphème, le travail pendant les jours fériés, etc.[13];

Les juges militaires, dont la juridiction fut si incertaine, et qui n'eurent d'existence régulière que depuis Alexandre Farnèze [14].

Enfin, il existait en Belgique un magistrat armé d'un pouvoir aussi absurde que terrible :

C'était le *Prévôt général des Pays-Bas.*

Ce juge souverain, assisté dans l'origine d'un assesseur,

---

eenighe gevangene voor criminele saken, mach tegen den selven nemen alternative conclusie, tot lyve of lede, oft tot civile beteringe.—Coutume de Sychem, § 14. — Cet officier s'appelait, suivant la nature et le lieu de la juridiction, *amman, mayeur, maire, drossart, prévôt, bailli.* M. DEFACQZ, *l. l.*, p. 47.

(12) Coutumes de la salle de Lille, tit. 1er, art. 7 et suiv., où l'on voit comment ces Cours se composaient. — V. M. DEFACQZ, *l. l.*, tit. prélim., chap. 2, sect. 2, art. 1er.—Coutume de Hainaut, rub. 2, art. 57.—Coutume de Malines, rub. 1, art. 33.

(13) DAMHOUDER, *Pratique jud.*, chap. 42 et suiv. — Coutume de Hainaut, rub. 27, art. 10.—ZYPOEUS, *de Jur. eccles.*, lib. 1, cap. 7, nos 3 et 4.—Coutume de Tournay, tit. 12, art. 10.

(14) V. DAMHOUDER, *Prat. jud.*, chap. 58, nos 120 et suiv.—Édit du 15 mai 1587.—WYNANTS, *de Jud. publ.*, t. 13, no 13. — DE GHEWIET, part. 1re, t. 2, § 7, art. 1er.

plus tard de cinq assesseurs, avait mission d'arrêter les gens suspects dans tout le royaume, de procéder contre eux « *Sans figure de procès,* » de les pendre ou de leur infliger telle peine qu'il jugeait convenir [15].

Concurremment avec ce juge, le *Drossart de Brabant* avait, dans la province de ce nom, le même pouvoir [16].

Les mêmes fonctions étaient remplies en Flandre par un magistrat nommé le *Souverain Bailli* [17].

Cette juridiction exorbitante et barbare avait, on doit le penser, sa raison d'être dans la multiplicité des tribunaux criminels, dans la multiplicité de leurs ressorts.

Rien n'était plus facile que de se soustraire au châtiment, puisque chaque province se conduisait comme un territoire de juridiction souveraine, distinct des provinces voisines; un crime se commettait-il, si le coupable se réfugiait dans une autre province, parfois dans une autre commune, il était à l'abri de toute répression, puisque les juges y étaient incompétents, *ratione loci.*

Il fallait donc, pour tenir en respect la horde de bandits qui infestaient les provinces de Belgique, un pouvoir de répression qui planât sur tout le royaume.

C'est ce pouvoir qui fut donné au *Prévôt général des Pays-Bas*, au *Drossart de Brabant*, au *Souverain Bailli de Flandre.*

Tels étaient les juges criminels de première instance, et en général les seuls juges, puisque les jugements en matière pénale étaient en dernier ressort [18].

---

(15) Plac. de Brabant, t. 9, p. 70.
(16) DEFACQZ, *l. l.*, chap. 2, sect. 2, art. 5, tit. prélim., p. 97.
(17) Plac. de Fland., t. 1er, p. 229.
(18) Coutume de Douai, chap. 16, art. 3 : « Appellation en matière criminelle n'a lieu. »—Coutume de Lille, chap. 16, art. 4.

Cependant, certaines coutumes permettaient l'appel devant les conseils provinciaux [19]; et ces mêmes conseils avaient, paraît-il, une juridiction criminelle au premier degré, mal définie d'ailleurs, à raison de certains délits et de certaines personnes [20].

Le cadre de cette introduction ne comporte pas l'histoire juridique des Cours supérieures, qui étaient souveraines dans certaines provinces, tandis qu'elles reconnaissaient un juge plus élevé dans les autres; il suffit de dire que ces conseils provinciaux jugeaient au criminel, parfois comme premiers juges [21], parfois, comme juges d'appel [22], parfois comme juges de cassation [23].

Le conseil de Brabant s'était, en outre, arrogé le droit de grâce ou de *rémission* [24].

§ 2.

Lois criminelles et procédure.

Depuis les temps les plus reculés jusqu'à la révolution française, les provinces de Belgique n'eurent point un corps de droit criminel applicable à tout le pays.

---

(19) Chartes nouvelles, chap. 16, art. 2. — Ordonnances du 1er septembre 1702.—WYNANTS, *l. l.*, t. 14, n° 8.

(20) V. Chartes de Hainaut, chap. 106.

(21) Ainsi, la Cour souveraine de Mons jugeait directement les « *nobles hommes chevaliers.* »—Chartes du Hainaut, chap. 106.

(22) Chartes de Hainaut, chap. 11 et chap. 12.—Chartes nouvelles, chap. 16, art. 2.—Ordonnances du 1er sept. 1702. — Plac. de Fland., t. 3, p. 226 et suiv., t. 2, p. 281, contenant des règles pour l'appel des sentences du souverain bailli.

(23) Chaque juridiction avait son style de procédure; si une forme substantielle avait été violée ou omise, il y avait ouverture à réformation, WYNANTS, *de Publ. jud.*, tit. 25.

(24) BRITZ, *Mémoire sur l'ancien droit belgique*, t. 1, § 226; NENY, *Mém.*, t. 2, p. 140, note.

Les efforts des souverains, tendant à ramener l'unité dans la législation pénale, vinrent toujours se briser devant la résistance des communes.

La constitution criminelle votée en 1532 par la diète de Ratisbonne[25], les ordonnances criminelles de 1570[26], œuvre de Damhouder, de Viglius et du conseil des Troubles, comme les édits de Joseph II, ne reçurent point d'application sérieuse[27], tant les communes étaient attachées à leurs anciennes coutumes. C'est, en effet, dans ces coutumes diverses, que l'on doit rechercher l'histoire criminelle des provinces de Belgique.

Comme chaque Cour, chaque juridiction, usaient de formes particulières, avaient un style propre de procédure, on conçoit qu'il est impossible ici de préciser les formes anciennement suivies devant chacune des nombreuses juridictions qui ont été citées dans le paragraphe premier.

A peine peut-on donner quelques règles qui paraissent avoir eu une application à peu près générale ; ainsi, il était admis qu'une personne domiciliée ne pouvait être arrêtée qu'au cas de flagrant délit, ou en vertu d'une ordonnance du juge compétent[28].

---

(25) Cette constitution, connue sous le nom de Caroline, ne fut appliquée que dans le pays de Liége et de Stavelot. Coutume de Stavelot, rub. 9, art. 10.—V. Britz, *Mém. sur l'ancien dr. belg.*, t. 1er, § 85.

(26) Plac. van Brab., t. 2, p. 370, t. 1er, p. 586.—V. art. 5 de la Pacification de Gand qui suspend les ordonnances criminelles du duc d'Albe. — Conf. Wynants, *de Publ. jud.*, tit. prélim., nos 14 et suiv.—Ve Britz, *l. l.*, § 207.

(27) V. acte du 21 septembre 1787, qui declare comme non avenus les édits du 1er janvier et le traité du 2 janvier 1791.—V. M. Defacqz, *l. l.*, tit. prélim., p. 221 et suiv.

(28) Édit perp. du 18 juillet 1611, art. 39.—Coutume de Gand, rub. 2, art. 14.

Cette ordonnance devait être précédée d'une enquête établissant une *demi-preuve* du délit [29].

Le procès-verbal d'enquête était une pièce importante au procès ; l'omission de certaines formalités viciait, paraît-il dans certains cas, tout l'ensemble de la procédure.

Parmi les formalités substantielles de ce procès-verbal on peut citer : la mention du nom du juge qui procède à l'instruction, celle du jour et du lieu de l'enquête [30], la mention des noms, profession et domicile des témoins, etc.

Certains modes de preuve ne pouvaient être ordonnés que par certains juges déterminés : ainsi, la torture n'avait lieu que par ordonnance des échevins et devant eux [31].

Les formes dont il vient d'être parlé n'étaient toutefois applicables que dans les procès criminels ordinaires.

Les procès extraordinaires étaient de deux espèces, ou sommaires, ou simples :

Sommaires, quand le fait est notoire, c'est-à-dire quand, dès l'abord, il y avait preuve pleine ;

Simples, quand le cas nécessitait célérité ; alors le juge agissait sans aucune forme de procès [32].

---

[29] Édit perp., art. 38.—Coutume de Gand, rub. 2, art. 1, 6, 9.

[30] DAMHOUDER, *Pratique jud. es causes criminelles.* Anvers, 1564, in-4°, chap. 8.

[31] Coutume de Tirlemont, chap. 3, art. 2 :—« *Ende aengaende degene daer af gheen recht versocht en wort, heeft men genseert dat den Meyer sonder de selve te regt te stellen, heeft mogen pynen in presentie van twee schepenen ende naer d'exigentie van de delicten, heet den delinquant op syn conscientie mogen executeren.* »—V. DAMHOUDER, *l. l.*, chap. 1er, *Des crimes et maléfices.*

[32] DAMHOUDER, *l. l.*, chap. 1er, expose sur les procédures extraordi-

Le juge ayant mission de déterminer la nature de l'affaire, on conçoit qu'un pareil système offrait peu de garantie aux accusés.

Les peines se divisaient comme les procès, en peines ordinaires, c'est-à-dire prévues par la coutume, les placards et ordonnances, et en peines extraordinaires, c'est-à-dire laissées à l'arbitraire du juge [33].

On cite même une circonscription coutumière, où toutes les peines étaient laissées au bon plaisir des échevins [34].

La nomenclature des crimes était longue, on peut en rappeler des catégories nombreuses qui ont disparu de nos lois : les crimes d'hérésie, de magie, la plupart des crimes charnels, etc. Parmi ces crimes, il en est de si absurdes, que l'imagination se refuse à admettre qu'ils aient pu faire l'objet de jugements sérieux.

Ainsi étaient punis de mort, *celui qui faisait sécher le lait de la femme, celui qui empêchait la génération*, etc. [35].

---

naires les distinctions suivantes :—« A savoir sommairement, quand le faict est notoire au juge : simplement de plain, et sans figure de procès, quand la matière requiert accélération, de sorte que par la retardation d'icelle pourrait venir à la République plus grand inconvénient et danger, comme au temps de commotion de peuple, où quelquefois on décapite subitement quatre ou cinq des principaux commoteurs, et après l'on discute s'il est faict à droit..... »—Vᵉ WYNANTS, tit. prélim., nᵒˢ 9, 11, 22; tit. 3, nᵒˢ 5 à 8.

(33) Il y avait même une troisième catégorie de peines, appelées peines singulières, qui étaient infligées par les juges à raison de la « *laideur et énormité du cas.* » — DAMHOUDER, *loc. laud.*, chap. 55. — Il faut ranger dans cette espèce de peines celle qui fut infligée, à Bruges, à un échevin convaincu de prévarication : ce malheureux fut, en place publique, cloué à un poteau par l'oreille. — *Bydragen tot het oude strafregt in Belgie.* — Bruxelles, Brest, 1829, p. 70.

(34) Ainsi, la Coutume de Cuyck prescrivait aux échevins de juger le mieux qu'ils pourraient à l'aide de leurs cinq sens. — Coutume de Cuyck, art. 35.

(35) DAMHOUDER, *l. l.*, chap. 49.

D'un autre côté, on admettait des excuses tout aussi extraordinaires : ainsi, le meurtre par *inspiration divine* n'était pas punissable [36].

Pour ajouter le comble à l'odieux de ces coutumes barbares, la vindicte publique ne s'arrêtait point devant la mort, et l'on faisait, parfois, le procès à un cadavre.

Enfin, que penser d'une procédure à la suite de laquelle le juge punissait, non-seulement à raison des délits dont il avait connaissance, mais encore à raison de ceux qui pouvaient avoir été commis [37] ?

CHAPITRE II.

Analyse de la législation criminelle depuis Joseph II jusqu'en 1830.

On sait que Joseph II tenta de ramener l'unité dans l'ordre judiciaire par la suppression des Cours seigneuriales, des tribunaux ecclésiastiques et, en général, de toutes les juridictions d'exception, en rendant permanentes les fonctions annuelles des juges inférieurs.

Il annonça une révision des lois criminelles et, par ses édits, abolit la torture et permit l'appel, qui, ainsi qu'il a été dit plus haut, n'existait point en matière pénale [38].

---

(36) DAMHOUDER, *l. l.*, chap. 84.

(37) Ainsi, le prévôt appréhendait les vagabonds et les mettait à la torture pour crimes connus et inconnus, et cela, sans figure de procès. « *Zonder regt of vonnis.* » — Coutume *der stad Leeuwe*, chap. 4, art. 2. — Coutume de Sychem, § 14.

(38) Code de procédure du 3 novembre 1786. — Diplômes impériaux du 1er janvier 1787.

On sait que les efforts de ce prince furent infructueux, et que son successeur, Léopold II, dut rétablir l'ordre de choses antérieur (39).

Trois ans après, les armées françaises venaient soumettre les provinces belges à la République; et, dès 1795, l'ordre judiciaire y fut établi à l'exemple de ce qui existait en France (40).

Les anciens conseils provinciaux et souverains cessèrent leurs fonctions, et la justice criminelle fut rendue dans chacun des nouveaux départements par un tribunal assisté d'un jury (41).

Enfin, à partir de l'année 1796 (6 décembre), la Belgique fut assimilée à la France pour les lois nouvelles, et un grand nombre de lois anciennes furent rendues obligatoires par une publication spéciale.

Dès le 15 frimaire an IV, les représentants du Peuple remplissant les fonctions de proconsuls pour la Belgique, publièrent le Code des délits et des peines, du 3 brumaire an IV (42).

Ce Code, sauf des modifications de détail, fut la reproduction des décrets de 1791, qui avaient substitué des tribunaux de police municipale et de police correctionnelle aux basses et moyennes justices et aux prévôts, et

---

(39) Édit du 21 septembre 1787 qui rapporte les diplômes du 1er janvier. —V. M. DEFACQZ, *l. l.*, chap. 4, sect. 1re, p. 222 et suiv.

(40) Arrêtés du 20 vendémiaire et 26 brumaire an 4.

(41) Arrêtés du 30 vendémiaire, 2, 6 et 28 frimaire an 4.

(42) Les représentants du Peuple, etc., arrêtent que le Code des délits et des peines, du 3 brumaire dernier, ainsi que les lois relatives aux articles 609 et 610 du même Code, et autres relatives à la jurisprudence criminelle, seront publiés dans les neuf départements nouvellement réunis.

des tribunaux criminels aux bailliages, aux sénéchaussées et aux parlements (43).

A côté des formes simples des tribunaux de police municipale venaient les formes compliquées des tribunaux criminels; un juge, appelé directeur du jury, remplissait au début de l'affaire le rôle de juge d'instruction.

Si les charges lui paraissaient graves, il convoquait le jury d'accusation étranger, comme son nom l'indique, au jury du jugement.

Le jury d'accusation, composé de huit membres, remplissant alors les fonctions de chambre des mises en accusation, décidait, à la majorité des voix, s'il y avait lieu de renvoyer le prévenu devant le tribunal criminel du département.

Au jour des débats, on procédait à l'audition des témoins, au développement des charges par l'accusateur public, à la défense de l'accusé.

Le président résumait les débats et posait les questions à un jury nouveau composé de douze membres, qui délibéraient, en chambre du conseil, en présence d'un juge et du commissaire du roi. Il fallait dix voix pour prononcer la culpabilité de l'accusé.

Enfin le tribunal, prenant pour base la déclaration du jury, faisait, à haute voix et publiquement, l'application de la loi (44).

On le voit donc, le législateur de 1808 a trouvé, dans

---

(43) V. D.R., v° *Inst. crim.*, n° 16.

(44) V. D.R., v° *Inst. crim.*, n° 21. — V. M. BÉRENGER, *Inst. crim.*, p. 344 et 347.

les lois de 1791 et 1795, les matériaux qui lui étaient nécessaires; aussi, l'honneur de son œuvre revient-il presque entier à l'Assemblée Constituante et à la Convention.

Sans vouloir approfondir les différences qui existent entre le Code de brumaire an IV et celui de 1808, on peut cependant signaler les tendances générales qui les séparent [45].

Ainsi le Code de brumaire protége davantage la liberté individuelle; il est plus rigoureux que le Code de 1808, sur l'observation des formalités qu'il prescrit.

Et cela devait être: plus l'accusé manquait de garantie dans l'ancienne législation, et l'on a vu plus haut comment il était traité, plus l'Assemblée nationale, agissant avec l'enthousiasme des sentiments généreux qui l'agitaient, devait, au contraire, accumuler les nullités de formes, les formalités d'arrestation, au risque même de désarmer parfois la société.

En 1808, et par la loi naturelle de la réaction, et aussi sous l'influence d'un autre ordre politique, le législateur apporta quelques changements à ces dispositions libérales.

« Le nouveau Code d'instruction criminelle, dit M. Legraverend, *Traité de législ. crim.*, *Introduct.*, a été l'objet d'assez fortes critiques, et il le mérite à certains égards : la censure, pourtant, ne porte guère que sur les objets de

---

(45) V. motifs, au 2e livre, tit. 2, chap. 1 à 5, par FAURE, séance du 29 octobre 1808. — Rapport sur le titre 2, livre 2, par RIBOUD, membre de la Commission de législation, séance du 9 décembre 1808.—Motifs du livre 2, titre 3, par le comte BERLIER, séance du 30 novembre 1808.—Rapport du livre 2, tit. 3, par CHOLET, membre de la Commission de législation, séance du 10 décembre 1808.

détail, sur quelques articles imparfaits, sur l'omission de quelques dispositions jugées importantes. »

Si l'on ajoute aux défauts signalés par l'illustre criminaliste le manque de méthode dans l'ordre des articles et de nombreuses imperfections dans leur rédaction, on peut dire avec lui que, pour se conformer aux réclamations reconnues fondées, il y a si peu de chose à faire, que ce travail ne pourrait pas mériter le nom de réforme.

Le 6 novembre 1814, la Belgique, séparée de la France depuis l'année précédente fut privée de l'institution du jury par arrêté du prince souverain des Pays-Bas (40).

Les Cours d'assises continuèrent d'exister; le ministère public, dans le résumé de son plaidoyer, devait proposer les questions, et la Cour avait mission de les résoudre à la simple majorité des voix (art. 2 et 3).

Les audiences criminelles n'étaient rendues publiques qu'à partir des plaidoiries (art. 5).

L'abolition du jury fut une des mesures du gouvernement hollandais les plus antipathiques à la nation belge; aussi, l'un des premiers actes du Gouvernement provisoire fut le rétablissement du système du Code de 1808 (arrêté du 7 octobre 1830).

Enfin, depuis 1830, plusieurs lois modifièrent certaines dispositions du Code d'instruction criminelle, lois qui seront examinées dans le cours de l'ouvrage.

---

(40) *Journal officiel*, t. 3, n° 104, p. 489.— *Public. Outre-Meuse*, 31 juillet 1815.

CHAPITRE III.

But et division de l'ouvrage.

Le but que l'on doit se proposer dans l'étude de la procédure devant les Cours d'assises peut être envisagé sous deux points de vue distincts :

D'abord, pendant les débats, il faut se rendre compte exactement des devoirs, de la mission de tous ceux qui y concourent, des droits qu'on peut revendiquer dans l'intérêt de la défense ou de la société; il faut connaître les précédents judiciaires pour faire face aux incidents qui peuvent se produire, ou pour les faire naître si l'intérêt de la vérité ou de la justice le commande; il faut acquérir par un travail laborieux la science et le sang-froid nécessaires pour faire, en temps opportun, une demande d'acte ou y répondre, pour rédiger des conclusions et y donner suite.

En second lieu, après les débats, la lecture du dossier criminel doit faire reconnaître si le condamné a ou non joui de toutes les garanties que la loi lui accorde; s'il y a lieu ou non de se pourvoir en cassation.

Si l'on tient compte de la difficulté de cette étude si complexe et si nécessaire, dont les matériaux se trouvent disséminés dans les collections d'arrêts, dans de nombreux ouvrages de doctrine; si l'on tient compte des modifications que plusieurs lois nouvelles sont venues apporter à certaines dispositions du Code de l'Empire; si l'on sait surtout qu'il est des principes nombreux, des règles fixes qui n'existent que par l'autorité des arrêts, on concevra que c'est rendre l'étude du droit criminel plus facile et plus sûre, que de réunir en un seul livre et les textes de la loi et l'interprétation qui en a été faite par la jurisprudence et les auteurs.

Tel est le but de cet ouvrage qui, ainsi qu'on le voit, est plutôt une compilation patiente qu'une œuvre originale.

Dans la division de l'ouvrage, l'ordre de la succession naturelle des actes de la procédure a été suivi, autant que possible, comme celui qui facilite le plus les recherches et qui a en outre l'avantage de fournir de grandes divisions qui comprennent toute la matière,

A savoir :

La procédure antérieure aux débats ;

Les débats ;

La procédure postérieure aux débats, depuis la position des questions jusqu'au pourvoi en cassation inclusivement.

La première partie ne commence qu'au moment de la signification de l'arrêt de renvoi.

Il était inutile, en effet, de s'occuper de la mission du juge d'instruction et de la chambre du conseil, puisque, en général, à la différence de ce qui se passait sous l'empire du Code de brumaire an IV, l'arrêt de la chambre des mises en accusation couvre les nullités antérieures.

Il suffit de rappeler ici sommairement les principales dispositions du Code d'instruction criminelle à cet égard.

Lorsque le juge d'instruction croit avoir complété l'instruction, il se joint à deux juges de première instance et forme avec eux la chambre du conseil (art. 55 et suiv., 127).

Cette chambre rend une des trois ordonnances suivantes : une ordonnance de non-lieu, si elle croit qu'il n'y a ni crime ni délit (art. 128) ;

Une ordonnance de renvoi devant la juridiction compétente, s'il s'agit d'un délit (art. 129, 130, 131 et 132).

Enfin, et celle-là seule intéresse la procédure criminelle, une ordonnance de renvoi devant la chambre des mises en accusation, si les juges, ou l'un d'eux seulement, sont d'avis qu'il s'agit d'un crime et qu'il y a des indices sérieux (art. 133 et 134).

Toutefois, le ministère public et la partie civile peuvent faire opposition à toute ordonnance de la chambre du conseil, et en saisir la chambre des mises en accusation comme juge d'appel (art. 135).

La chambre des mises en accusation est saisie de trois manières : soit directement par le renvoi de la chambre du conseil ; soit par l'opposition du procureur du roi ou de la partie civile (art. 217) ; soit par évocation (art. 235), tant que les premiers juges n'ont pas statué sur l'affaire.

La chambre des mises en accusation peut, dans tous les cas, déléguer un ou plusieurs de ses membres pour procéder à un supplément d'instruction (art. 228).

Elle rend un arrêt de non-lieu si elle estime que le fait ne constitue ni un crime, ni un délit (art. 221 et suiv.).

S'il s'agit d'un délit, la Cour rend un arrêt de renvoi devant le juge compétent (art. 230).

S'il s'agit d'un crime, la chambre rend un arrêt de renvoi devant la Cour d'assises (art. 231).

C'est à partir de cet acte judiciaire que commence, dans l'ouvrage, l'examen de la procédure criminelle.

Disons, en terminant, qu'il ne faut pas perdre de vue la loi du 15 mai 1849, qui permet d'attribuer, à raison de leur peu d'importance, le jugement de certains crimes aux tribunaux correctionnels.

DE LA

PROCÉDURE

DEVANT

LES COURS D'ASSISES.

PREMIÈRE PARTIE.

PROCÉDURE ANTÉRIEURE AUX DÉBATS.

CHAPITRE Ier.

De l'Acte d'accusation.

Rédaction. — Signification. — Délais.

§ 1er.

Rédaction.

L'acte d'accusation sera rédigé par le procureur général, par un avocat général ou par un substitut du procureur général [1].

L'acte d'accusation exposera : 1° la nature du délit qui forme la base de l'accusation ; 2° le fait et toutes les circonstances qui peuvent aggraver ou diminuer la peine (art. 241).

---

(1) L'avocat général et le substitut peuvent dresser l'acte d'accusation sans délégation du procureur général. — Cass. 12 janvier 1846. [P.46. 1.132.]

Cette nomenclature n'est pas limitative [2].

Ainsi l'acte d'accusation peut :

1° S'occuper de faits étrangers à l'acte d'accusation [3];

2° Omettre les circonstances qui peuvent diminuer la peine [4];

3° Contenir des analyses de dépositions [5].

Mais la reproduction textuelle d'une déposition écrite dans l'acte d'accusation est une cause de nullité; cette reproduction constitue, en effet, une contravention aux articles qui consacrent le principe de l'oralité des débats, tandis que l'analyse, dépouillée des formes qui doivent se rencontrer dans les procès-verbaux contenant les déclarations reçues par les juges d'instruction, n'est envisagée que comme une assertion de la part du ministère public [6].

L'acte d'accusation sera terminé par le résumé suivant :

En conséquence, N... est accusé d'avoir commis tel ou tel crime, avec telle ou telle circonstance (art. 241).

En général, les omissions et fausses qualifications contenues dans l'acte d'accusation n'opèrent nullité que lorsqu'elles se reproduisent dans les questions posées au jury [7].

---

(2) *Contrà*, CUBAIN, *Procédure devant les Cours d'assises*, nᵒˢ 299 et 301. — V. CARNOT, sur l'art. 341, § 7; LEGRAVEREND, t. 1, p. 471 et s.; NOUGUIER, *Encycl. du droit*, vᵒ *Accusation*, nᵒˢ 30 et s.

(3) Cass. 6 mai 1845. [P.46.1.20.] — *Sic*, Cass. fr. 11 mars 1841, et 4 mars 1848. [S-V.49.1.400.]

(4) Cass. 16 mars 1842. [P.42.1.105.] — Cass. fr. 20 floréal an 13. [S-V. 7.1.175.]

(5) Cass. 12 mai 1851. [P.51.1.381.] — Jugé que l'accusé ne peut s'opposer à la lecture de la partie de l'acte d'accusation qui donne l'analyse de la déposition de sa femme. Cass. 10 mars 1847. [P.47.1.497.] — Qu'une analyse de dépositions reçues sous serment par le juge d'instruction, dépositions qui ne peuvent être reçues oralement, n'empêche point que l'acte d'accusation qui les contient puisse être remis au jury. Cass. 13 juin 1842. [P.42.1.254.]

(6) Cass. 12 mai 1851. [P.51.1.381.]

(7) Vᵒ *Troisième partie : De la position des questions*. Vᵒ D.R. vᵒ *Instr. crim.*, nᵒ 1201. — *Contrà*, CUBAIN, *Cours d'ass.*, nᵒ 301, *in fine*.

§ 2.

Signification.

L'acte d'accusation et l'arrêt de renvoi seront, à peine de nullité [8], signifiés à l'accusé, ou à chacun des coaccusés [9].

Cette signification, comme celle de tous les actes de procédure en matière criminelle, peut être faite un jour férié [10].

Il sera laissé à l'accusé, ou à chacun des coaccusés, copie du tout (art. 242).

Une lacune dans la copie signifiée de l'acte d'accusation n'opère point nullité, si cette copie fait suffisamment connaître le fait et toutes les circonstances qui peuvent aggraver ou diminuer la peine ainsi que la nature du délit qui forme la base de l'accusation [11].

Si l'accusé est fugitif ou latitant, cette signification se fait à son domicile (art. 465).

Le président des assises rend, dix jours après, une ordonnance portant que l'accusé est tenu de se représenter dans un nouveau délai de dix jours (art. 465).

Cette ordonnance sera publiée, le dimanche suivant, à son de trompe ou de caisse, et affichée à la porte du do-

---

(8) Cass. 25 janvier 1847. [P.47.1.196.]—15 janvier 1844. [P.44.1.200.] —26 avril 1841. [P.41.1.330.]—17 octobre 1844. [P.44.1.25.]

Dernière jurisprudence française, conforme. Cass. fr. 31 juillet 1845, 12 février 1846, 29 juillet 1842, 9 août 1849. [S-V.50.1.335.] — CARNOT, art. 242, *obs. add.*, nº 2.—CUBAIN, *Cours d'ass.*, nº 302.—*Contrà*, Cass. fr. 18 janvier 1828. [C.N.9.1.14.]—12 juillet 1832, 26 février 1836. [S-V.36.1.302.]—ROGRON sur l'art. 242.

(9) Mêmes arrêts.

(10) Cass. 12 janvier 1846. [P.46.1.132.]

(11) Cass. 8 août 1846. [P.46.1.388.] — La Haye, 4 juillet 1823. [P. à sa date.]—*Contrà*, Namur, Cour d'ass. 28 janvier 1829. [P. à sa date.]

micile de l'accusé, à celle du bourgmestre et à celle de l'auditoire de la Cour d'assises (art. 466).

- L'affiche ne peut suppléer au défaut de signification dans la forme ordinaire [12].

Y aura-t-il nullité, si l'ordonnance a été publiée, non le dimanche qui suit sa date, mais un dimanche suivant [13]?

C'est à partir de cette ordonnance que l'accusé est réputé contumace. Tous les actes de procédure faits jusqu'à cette époque, notamment l'arrêt de renvoi et l'acte d'accusation, sont valablement signifiés à son domicile, et ne doivent pas être renouvelés dans le cas où il se représente [14].

§ 3.

Délais.

Dans les vingt-quatre heures [15] de la signification de l'arrêt de renvoi et de l'acte d'accusation, les pièces du procès et les pièces de conviction seront envoyées au greffe du tribunal [16] du lieu où siége la Cour d'assises (art. 291).

Dans le même délai, l'accusé sera envoyé dans la maison de justice du lieu où doivent se tenir les assises (art. 243 et 292).

---

(12) Cass. 19 juin 1834. [P.34.1.270.] — V. pour les détails art. 465 à 478.

(13) Négative : Cass. 19 juin 1834. [P.34.1.270.] — Affirmative : Cour d'ass. des Bouches-du-Rhône, 12 août 1845. [S-V.45.2.584.]

(14) Art. 476. Cass. fr. 6 mars 1816. [P.16.1.66.] — Cass. 3 mars 1819. [P.19.1.329.] — Cass. fr. 17 mars 1831, 18 avril 1850, 7 janvier 1831. — MERLIN, v° *Contumace.* — *Contrà*, BOURGUIGNON, sur l'art. 476; LEGRAVEREND, t. 4, p. 158.

(15) L'inobservation de ce délai n'opère pas nullité. Cass. fr. 24 septembre 1829, 21 septembre 1837, 10 octobre 1839.

(16) Les mots de l'art. 291 : « Si l'affaire ne doit pas être jugée dans le lieu où siége la Cour d'appel, » sont sans application en Belgique, depuis la loi du 15 mai 1849. La Cour d'assises est, en effet, composée de la même manière dans toutes les provinces, et les fonctions de greffier de la Cour d'assises sont remplies par le greffier du tribunal de première instance.

Lorsque l'accusé a été prématurément envoyé dans la maison de justice, il n'y a pas nullité, si l'irrégularité est venue à cesser par la signification de l'arrêt de renvoi et de l'acte d'accusation (17).

L'accusé arrivé dans la maison de justice après l'ouverture des assises ne peut y être jugé que de son consentement formel et exprès (18), lorsque le procureur général l'aura requis et le président ordonné (art. 261).

Mais ce réquisitoire et cette ordonnance ne constituent pas une formalité substantielle ou prescrite à peine de nullité (19).

CHAPITRE II.

De l'Interrogatoire de l'accusé dans la maison de justice.

Délai. — Président. — Désignation d'un défenseur. — Avertissement relatif à la demande en nullité. — Procès-verbal de l'interrogatoire.

§ 1er.

Délai.

L'accusé subira un interrogatoire, vingt-quatre heures au plus tard après la remise des pièces et son arrivée dans la maison de justice (art. 293).

Ce délai ne doit point être observé à peine de nullité (1).

---

(17) Cass. 25 juin 1822. [P.22.1.192.]—16 juillet 1851. [P.51.1.334.]

(18) A peine de nullité, le consentement tacite ne suffit point. Cass. 21 janvier 1850. [P.50.1.90.] — V. cependant la loi du 6 avril 1847, art. 4, qui contient une modification à ce principe pour le délit d'offense envers la personne du roi.

(19) Ce réquisitoire et cette ordonnance ne sont pas nécessaires à peine de nullité. Cass. 27 septembre 1821; 11 novembre 1819; 22 novembre 1820. [P. à leurs dates.]

(1) Cass. 28 janvier 1851. [P.51.1.114.] — 23 décembre 1840. [P.41.1.

Mais l'interrogatoire constitue une formalité substantielle dont l'omission opère nullité [2].

Dans le cas de renvoi à une autre session, cet interrogatoire ne doit pas avoir lieu une seconde fois [3].

§ 2.

Président.

L'accusé sera interrogé par le président des assises alors en fonctions ou par le juge qu'il aura délégué (art. 293).

Il y a présomption légale que le juge qui interroge a reçu la délégation du président [4].

Le magistrat qui procède à l'interrogatoire ne doit point, à peine de nullité, être un des juges qui composeront ensuite la Cour d'assises [5].

Le juge d'instruction peut-il être délégué [6] ?

99.] 13 juillet 1841. [P.41.1.235.] — Cass. fr. 10 octobre 1839, 8 mars 1810, 30 avril 1841, 17 février 1814, 12 mars 1819, 25 mars 1819, 17 décembre 1836, rapp. dans D. R., v° *Instr. crim.*, n° 1261, 21 septembre 1837. [S-V.38.1.132.]—16 juillet 1846. [D.P.46.4.344.]—2 janvier 1851. [D.P.51-5-324.] 16 janvier 1852. [D.P.52-5-320.] — 4 août 1353. [D.P. 53.5.265.]—CARNOT, sur l'art. 293, n° 1. — En sens contraire : Cass. fr. 3 janvier 1850. [S-V.50.1.831.]

(2) Cass. fr. 26 juillet 1844, D. R., v° *Inst. crim.*, n° 1251.—Cass. fr. 12 juillet 1844 ; 13 mars 1845, 8 septembre 1845, rapp. dans D. R. v° *Inst. crim.*, n° 1252. — 11 septembre 1845. [D.P.45.4.316.] — 3 janvier 1850, [D.P.50.5.293.]

(3) Cass. fr. 6 novembre 1840, D. R. v° *Inst. crim.*, n° 1259,—16 mars 1837 ; D. R., v° *Inst. crim.*, n° 1258, 1°.

(4) Cass. fr. 26 juin 1817 ; 13 septembre 1827 ; 21 décembre 1832, rapp. dans D. R., v° *Inst. crim.*, n° 1257. — *Contrà*, CUBAIN, *Cours d'ass.*, n° 310.

(5) Cass. 19 janvier 1841. [P.42.1.104.] — Cass. 14 juillet 1845. [P.45. 1.410.]—Cass. Br. 31 oct. 1831. [P. à sa date.] — Cass. fr. 21 décembre 1832 ; D. R., v° *Inst. crim.*, n° 1256, 3°.

(6) Non, il y a nullité, art. 257 et 293 cb. — Cass. 19 janvier 1837. [P.37.1.16.]

Sens contraire : Cass. fr. 16 juin 1853. [D.P.53-5-265.]—17 septembre 1835. [S V.36-1-128.]

Si, vingt-quatre heures après l'arrivée d'un accusé dans la maison de justice, le président des assises n'est point sur les lieux, et qu'il n'y ait pas de juge délégué, il sera procédé à l'interrogatoire par le président du tribunal de première instance (7), ou le vice-président, en cas d'empêchement du président (8).

Le président du tribunal de première instance peut lui-même déléguer un juge pour procéder à cet interrogatoire (9).

§ 3.

Désignation d'un défenseur.

Le président demandera à l'accusé s'il a fait choix d'un conseil ; sinon il lui en désignera un sur-le-champ, à peine de nullité (art. 294).

Lorsqu'il y a plusieurs accusés, le président peut, s'il le juge convenable, ne désigner qu'un seul conseil (10).

L'absence volontaire ou forcée aux débats, du conseil ainsi désigné, n'opère pas nullité (11).

---

(7) L'art. 91 du décret du 6 juillet 1810 est encore en vigueur. Cass. 11 janvier 1847. [P.47.1.336.] — Cass. fr. 9 septembre 1837; D. R., v° *Inst. crim.*, n° 1255.—10 août 1848. [D.P.49.5.80.]—23 juillet 1852. [D. P.52.5.321.]

(8) Cass. 11 juin 1849. [P.49.1-259.] — Cass. fr. 21 décembre 1827, 24 septembre 1829, et 23 août 1849 ; D. R., v° *Inst. crim.*, n° 1255, 3°.

(9) Cass. fr. 3 février 1820, 16 octobre 1828, rapp. dans D. R., v° *Inst. crim.*, n° 1256, 1°.— Conf. 16 mars 1837, D. R., v° *Inst. crim.*, n° 1258. —14 février 1850. [D.P.50-5-292.]

(10) Cass. 7 nov. 1839. [P.39-1-209.]—Cass. fr. 27 février 1832. [S-V. 32.1.161.] — 28 mai 1818. [C.N.5.1.482.] — 3 avril 1818. [C.N.5.1.458.] —23 décembre 1826. [C.N.8.1.489.]

(11) CARNOT, sur l'art. 294. — Cass. fr. 21 mars 1844. [S-V.44.1.668.] —Conf. Cass. fr. 9 février 1816. [S-V.20-1-478.] — 26 novembre 1829. [S-V.30.1.48.]—6 août 1824. [C.N.7.1.512.]—27 mai 1847; 31 août 1848; 8 novembre 1848, tous trois : [S-V.48.1.748.] — 18 juin 1850. [S-V.50.1. 874.] — 25 février 1813. [S-V.17.2.313.] — 21 août 1818. [S-V.19.1. 110.]—12 février 1818. [C.N.5-1-420.]

Si le conseil est appelé à déposer, il faut, à peine de nullité, qu'il soit désigné un autre conseil pendant la déposition du premier [12].

Mais le président doit-il désigner un conseil quand il s'agit d'un délit proprement dit, dont la Cour d'assises a connaissance [13]?

La nullité résultant de l'omission de la désignation d'office est couverte, si postérieurement l'accusé a fait choix d'un défenseur (art. 294).

La nullité ne serait point couverte, si, l'accusé n'ayant point choisi de conseil, la désignation d'office n'avait été faite qu'après l'interrogatoire [14].

L'assistance du conseil d'office n'est plus requise, quand postérieurement l'accusé en a choisi un [15].

Le conseil de l'accusé sera choisi parmi les avocats ou avoués de la Cour d'appel, ou parmi les avocats inscrits au tableau des autres Cours d'appel du royaume [16].

Le président pourra néanmoins permettre que l'accusé prenne pour conseil un de ses parents ou amis (art. 295).

Le refus du président ne peut jamais fournir un moyen de cassation [17].

---

(12) Cass. fr. 4 janvier 1821. [S-V.19.1.136.]—30 avril 1835. [S-V.35. 1.734.]

(13) Négative : Cass. fr. 27 février 1832. [S-V.32.1.161.]—6 décembre 1850. [S-V.51.1.451.]

Affirmative : CARNOT, sur l'art. 294 ; MORIN, *Rép.*, v° *Défense*, p. 702.

(14) Cass. 5 juillet 1833. [P.1833-1-127.]

(15) Cass. 11 novembre 1837. [P.37.1.155.]—Cass. 11 septembre 1835. [P.35.1.134.]—Conf. Cass. 8 février 1833. [P.33.1.33.]

(16) Art. 12, arrêté du 5 août 1836 et art. 295 comb.—V° pour la France : Ordon. du 27 août 1830, art. 4.

(17) Cass. fr. 28 juin 1811. [S-V.17.2.313.] — 6 décembre 1850. [P.51. 2.634.]—27 août 1852. [D.P.52.5.169.]—Conf. BOURGUIGNON, sur l'art. 295.

§ 4.

Avertissement relatif à la demande en nullité.

Le président avertira l'accusé qu'il peut se pourvoir dans les cinq jours contre l'arrêt de renvoi (art. 296).

Pour se pourvoir, l'accusé doit être en état [18], mais il ne doit pas consigner l'amende [19].

Il faut donc, à peine de nullité, qu'il s'écoule cinq jours entre l'interrogatoire et le jour des débats [20], cependant, s'il y a eu remise de l'affaire, l'accusé n'est plus fondé à se plaindre que le délai n'ait pas été observé [21].

Ce délai de cinq jours court régulièrement du jour de l'interrogatoire ; mais seulement à partir de la signification de l'arrêt de renvoi, si cette signification a été faite postérieurement [22].

L'accusé qui a consenti à être jugé par les assises ouvertes au moment de son arrivée dans la maison de justice est censé renoncer à la demande en nullité contre l'arrêt de renvoi ; en ce cas l'avertissement n'est plus nécessaire [23].

L'accusé peut se pourvoir contre l'arrêt de renvoi par les moyens suivants [24] :

---

(18) Cass. fr. 27 octobre 1815. [D.A.15.2.269]—23 mai 1846. [S-V.46.1.861.]—Conf. Cass. fr. 18 mars 1813. [S.17.1.343.]

(19) Cass. 2 avril 1849. [P.49.1.200.]

(20) Ces cinq jours sont-ils des jours francs? Affirmative : Cass. fr. 20 avril 1846, *Bull.* n° 92.—Négative : Cass. fr. 12 juin 1828. [D.P.28.1.274.]

(21) Cass. 28 janvier 1851. [P.51.1.114.]

(22) Cass. fr. 9 décembre 1847. [S-V.48-1-471.]—7 janvier 1835. [S-V.35.1.570.]—31 juillet 1845. [S-V.45.1.622.]—5 septembre 1845. [S-V.46.1.160.]—14 mars 1846. [S-V.46.1.428.]

(23) Cass. 27 septembre 1821, 11 novembre 1819, 22 novembre 1820. [P. à leurs dates.]

(24) L'art. 299 n'est pas tellement limitatif qu'on ne puisse se pourvoir :

1° Si le fait n'est pas qualifié crime par la loi.

Il n'y aurait pas nullité, si l'arrêt avait seulement mal apprécié les faits, tout en les qualifiant suivant la loi (25).

2° Si le ministère public n'a pas été entendu.

Et il est censé n'avoir pas été entendu, si ses réquisitions ont été verbales (26).

3° Si l'arrêt n'a pas été rendu par le nombre (27) de juges fixé par la loi (art. 296 et 299) (28).

Cette demande en nullité se fait au greffe de la Cour d'appel ou de la Cour d'assises (29), par l'accusé ou par son fondé de pouvoir (30).

Si l'accusé n'a pas été averti, il n'y aura point de nullité de ce chef, mais ses droits résultant des nullités de l'arrêt de renvoi seront conservés, sauf à les faire valoir après l'arrêt définitif (31) (art. 297).

---

a. Pour cause d'incompétence. Cass. fr. 30 septembre 1844. [S-V.45.1.313.]

b. Contre un mode d'exécution prescrit par l'arrêt. Cass. fr. 18 février 1831. [S-V.31.1.109.]

c. Contre un arrêt qui ordonne une mise en liberté en qualifiant l'arrestation d'illégale. Cass. fr. 7 septembre 1832. [S-V.32.1.577.]

d. Contre un arrêt qui qualifie mal le fait. Cass. fr. 20 janvier 1843. [S-V.43.1.664.]

e. Contre un arrêt qui ne précise pas le fait incriminé. Cass. fr. 3 mars 1853. [D.P.53.1.72.]

(25) LEGRAVEREND, t. 2, p. 151. BOURGUIGNON, sur l'art. 299, n° 4. Cass. fr. 11 juillet 1816. D. R. v° *Inst. crim.*, n° 1315.—Conf. 2 janvier 1819. D. R. v° *Inst. crim.*, n° 1316.

(26) LEGRAVEREND, t. 2, p. 152.

(27) Fixé à cinq. Loi du 4 août 1832, art. 41.

(28) La loi française a ajouté un 4e moyen : l'incompétence. Loi du 10-15 juin 1853. Ve D. R., v° *Inst. crim.*, n° 1314. (Ve note 24, *a*.)

(29) Art. 300. LEGRAVEREND, t. 2, p. 151.

(30) CARNOT, t. 2, p. 434.

(31) Cass. 14 août 1843. [P.44.1.15.]—1er août 1841. [P.41.1.291.]—Cass. fr. 27 janvier 1820; 3 janvier 1812; 5 septembre 1811; 1er décembre 1814; 7 février 1817; 6 juin 1844, rapp. dans D. R., ve *Inst. crim.*, n° 1312.

Le procureur général pourra se pourvoir pour les mêmes causes et dans le même délai (art. 298).

L'accusé et le procureur général peuvent se pourvoir contre l'arrêt de renvoi avant le jour de l'interrogatoire [32].

Nonobstant la demande en nullité, l'instruction sera continuée jusqu'aux débats exclusivement (art. 301).

§ 5.

Procès-verbal de l'interrogatoire.

L'interrogatoire et les avertissements que le président ou le juge délégué doivent donner à l'accusé sont constatés par un procès-verbal, signé par le président, le greffier et l'accusé (art. 296, alin. 2).

Ce procès-verbal doit être signé par le président et le greffier, à peine de nullité; si l'accusé ne veut ou ne peut signer, il en sera fait mention [33].

La nullité du procès-verbal entraîne la responsabilité du greffier [34].

Quid de l'erreur de date du procès-verbal [35]?

CHAPITRE III.

De l'Instruction supplémentaire.

Le président, ou le magistrat qui le remplace, peut procéder à un supplément d'instruction.

---

(32) Cass. 2 avril 1849. [P.49.1.200.] — Cass. fr. 7 novembre 1812. MERLIN, R. v° *Faux*, sect. 1, § 33.

(33) Cass. 17 mai 1847. [P.47.1.293.] — Cass. fr. 1er avril 1852. [D.P. 53.5.266.]

(34) Cass. 8 décembre 1851. [P.52.1.142.]

(35) V° Cass. fr. 13 décembre 1849. [D.P.49.5.253.] — 1er avril 1852. [D.P.5.315.]

Ce droit lui est personnel; ni le juge d'instruction, ni la chambre des mises en accusation, après son arrêt, ni le procureur général, n'ont ce pouvoir [1].

Il peut entendre de nouveaux témoins (art. 303), ou entendre de nouveau des témoins déjà entendus [2].

En général, il peut poser tous les actes d'instruction qu'il juge propres à mettre l'affaire en état [3].

Ces actes d'instruction ne pourraient opérer nullité que s'ils avaient compromis la défense de l'accusé [4].

Si les nouveaux témoins résident hors du lieu où se tient la Cour d'assises, le président peut commettre, pour recevoir leurs dépositions, le juge d'instruction [5] de l'arrondissement [6] où ils résident, ou même d'un autre arrondissement; celui-ci les enverra [7], closes et cachetées, au greffier, qui doit exercer ses fonctions à la Cour d'assises (art. 303).

Les témoins qui n'auront pas comparu sur la citation du

---

(1) Cass. fr. 27 août 1840. [S-V.40.1.974.] — 2 décembre 1847. [S-V. 48.1.459.]

(2) Cass. 16 mars 1842. [P.42-1-105.]—Cass. fr. 22 avril 1836. [S-V. 36.1.572.]—LEGRAVEREND, t. 2, p. 152; F. HÉLIE, *Encycl. du dr.*, t. 7, p. 62; CUBAIN, *Cours d'ass.*, n° 79.

Cependant en sens contraire : Cass. fr. 12 mars 1836. [S-V.36.1.571.] 22 avril 1847. [D.P.47.4.302.]—CARNOT, t. 2, p. 951.

(3) Il a été constamment jugé que l'art. 303 n'était ni indicatif ni prescrit à peine de nullité.—*V.* des exemples de ces actes d'instruction dans les arrêts suivants: Liége, 26 juin 1829. GILBERT, *Cod. ann.*, art. 303-10. — Cass. fr. 23 janvier 1839. [D.P.39.1.147.] — 20 mai 1837. [S-V.37. 1.653.]—24 janvier 1839. [D.P.39.1.147.]

(4) Cass. fr. 23 novembre 1848. *Bull.*, n° 287.— F.-HÉLIE, *Encycl. du dr.*, t. 7, p. 59.

(5) Ou le juge de paix du canton où résident les témoins. Cass. fr. 7 juillet 1847. [S-V. 47.1.877.]

(6) Du ressort de la Cour d'assises. Cass. fr. 20 janvier 1832. [D.P.33. 1.57.]—Ou d'un autre ressort. CARNOT, t. 2, p. 444. F. HÉLIE, *Encycl. du dr.*, t. 7, p. 59. Conf. l'arrêt précédent.

(7) Lui-même et directement, ROGRON, sur l'art. 303.

président [8], ou qui refuseront de faire leurs dépositions, seront jugés par la Cour d'assises et punis conformément à l'art. 80 [9] (art. 304).

CHAPITRE IV.

De l'intervention du défenseur avant les débats, et de la délivrance gratuite des pièces.

§ 1er.

Intervention du défenseur.

Le conseil pourra communiquer avec l'accusé après son interrogatoire.

Cette communication constitue une formalité substantielle aux droits de la défense.

Mais il suffit que cette communication ait pu avoir lieu : ainsi, le court intervalle qui sépare la mise en jugement de l'accusé du remplacement fait d'office du conseil de son choix empêché ne peut fournir un moyen de cassation, sous prétexte que la communication n'a pas été suffisante [1].

Il a été jugé que le président de la Cour d'assises et le procureur général peuvent prendre toutes les mesures de sûreté qu'ils jugent convenables, dussent-elles restreindre

---

(8) Le président ne peut prononcer aucune contrainte ni aucune peine, c'est à la Cour d'assises seule qu'appartient le droit de condamner. F.-Hélie, *Encycl. du dr.*, t. 7, p. 52, n° 212.

(9) Le témoin ainsi condamné par défaut peut former opposition suivant l'art. 81. Carnot, *Inst. crim.*, t. 2, p. 446.

(1) Cass. 8 février 1833. [P. 33.1.33.]

la liberté de communication entre l'accusé et son défenseur [2].

Toute la doctrine s'élève contre cette jurisprudence [3].

Les conseils des accusés, les accusés [4] eux-mêmes et la partie civile [5], pourront prendre ou faire prendre [6] à leurs frais copie de telles pièces du procès qu'ils jugeront utile (art. 302).

§ 2.

Délivrance gratuite des pièces du procès.

Il ne sera délivré [7] gratuitement aux accusés, en quelque nombre qu'ils puissent être et dans tous les cas, sauf celui où un coaccusé est jugé séparément dans une session postérieure [8], qu'une seule copie [9] des procès-ver-

---

(2) Cass. fr. 3 octobre 1822. [S. 22.1.394.]—9 octobre 1847. [S-V. 48. 1.73.]

Ainsi ils peuvent ordonner :

a. La communication en présence du geôlier. Cass. fr. 12 juillet 1810. [S. 17.2.313.]

b. La mise au secret de l'accusé jusqu'au jour des débats. Cass. fr. 21 août 1818. [S. 19.1.110.]

c. Que les accusés ne communiqueront pas entre eux ni avec leurs conseils, d'une séance à l'autre. Cass. 5 mars 1812. [C. N. 4.]

(3) CARNOT, t. 2, p. 438 et obs. add., p. 443 ; BOURGUIGNON, *Jurisp.*, t. 2, p. 20 ; CUBAIN, *Cour d'ass.*, nᵒˢ 285 et s. ; LACUISINE, *Pouv. jud.*, p. 175 et s. ; MOLLOT, *Prof. d'avocat*, nᵒ 145.

(4) Vᵉ D. R., vᵒ *Inst. crim.*, nᵒ 1276.

(5) Cass. fr. 1ᵉʳ juillet 1808, cité par CARNOT, t. 2, p. 448 ; BOURGUIGNON, *Jurisp.*, t. 2, p. 45.

(6) Mais seulement après l'arrêt de mise en accusation. Conf. fr. 19 mai 1827 ; D. R., vᵒ *Inst. crim.*, 16 janvier 1852. [D. P. 52.5.324.]

(7) Non pas signifié, mais remis sur récépissé. Cass. 25 avril 1811 ; D. R., vᵒ *Inst. crim.*, nᵒ 1306.

(8) Cass. fr. 15 juin 1827. [S. 27.1.543.]—6 juillet 18[illegible] [S. 28.1.116.] —DALMAS, *Frais de just. crim.*, p. 146 ; LACUISINE, *Pouv. jud.*, p. 172.

(9) Cass. fr. 28 juin 1832. [S-V. 33.1.245.]

baux constatant le délit (10) et les déclarations écrites (11) des témoins (art. 305).

L'omission de la délivrance de cette copie de pièces n'entraîne pas nullité, si les accusés n'en font pas la réclamation (12).

Les procès-verbaux et déclarations écrites d'une instruction qui a abouti à une ordonnance de non-lieu doivent être délivrés en copie à l'accusé mis en accusation sur charges nouvelles (13).

Dans le cas où l'affaire est renvoyée devant une autre Cour d'assises, après la cassation de l'arrêt de condamnation, l'accusé a-t-il le droit d'exiger une seconde copie des pièces du procès (14) ?

Si l'accusé n'entend pas la langue dans laquelle l'instruction a eu lieu, faut-il que cette copie soit traduite (15) ?

Que faut-il décider, s'il y a une lacune dans la copie remise à l'accusé (16) ?

---

(10) Et non les procès-verbaux qui ont seulement pour objet d'établir la culpabilité de l'accusé. Cass. fr. 25 juin 1819; D. R., v° *Inst. crim.*, n° 1292. V. même recueil, n° 1291.

(11) Et non les déclarations écrites d'un coprévenu. Cass. fr. 15 avril 1824. [S.24.1.325.]

(12) Cass. 25 juin 1819. [P.49.1.439.] — 11 juin 1849. [P.49.1.259.] Jurisprudence française constante : Cass. fr. 6 juillet 1827. [S.28.1.116.] — 20 juillet 1836. [S-V. 39.1.395]. — 16 juillet 1846. [S-V. 46.1. 649.]

(13) Cass. fr. 24 mai 1832. [S-V.33.1.243.] — *Sic*, DALMAS, *Frais jud.*, p. 141.

(14) Affirmative : Cour d'assises du Tarn, 10 mai 1828. [S.28.1.261.] — LACUISINE, *Pouv. jud.*, p. 172.

Négative : DALMAS, *Frais jud.*, p. 147 et s. — V. note 10, et D. R., v° *Inst. crim.*, n°s 1284 et s.

(15) Négative : Cass. fr. 23 avril 1812. [S.17.2.83.] — CARNOT, sur l'art. 305.

Affirmative : CUBAIN, n° 321.

(16) Sous la législation de brumaire an 4, jugé qu'il y avait nullité dans ce cas. Cass. 29 vend. an 6; D. R., v° *Inst. crim.*, n° 1281.

Est-il nécessaire que l'accusé reçoive gratuitement copie des plaintes, dénonciations, rapports d'experts, de médecins, etc. [17] ?

Les présidents, les juges et le procureur général, sont tenus de veiller à la remise de la copie des pièces du procès (art. 305).

Dans quel délai cette remise doit-elle avoir lieu [18] ?

CHAPITRE V.

Prorogation de délai. — Jonction et disjonction des accusations.

§ 1er.

Prorogation de délai.

Si le procureur général ou l'accusé ont des motifs pour demander que l'affaire ne soit pas portée à la première assemblée du jury, ils présenteront au président de la Cour d'assises une requête en prorogation de délai (art. 306).

Cette requête ne peut être présentée qu'avant l'ouverture des débats, c'est-à-dire, avant la formation du jury de jugement [1].

---

(17) Négative : DALMAS, *Frais de just. crim.*, p. 141 et 147 ; Cass. fr. 27 avril 1827 ; D. R. v° *Inst. crim.*, n° 1297.

Affirmative : LACUISINE, *Pouv. jud.*, p. 168 et s. ; CUBAIN, *Cours d'ass.*, nos 284, 318 et s.

(18) Il suffit que la copie soit remise la veille des débats. Cass. fr. 23 septembre 1852. [S. V. 53.1.335.]

Il faut que la copie soit remise aussitôt après l'interrogatoire. LACUISINE, *Frais jud.*, p. 175.

Il faut qu'elle soit remise assez tôt pour que l'accusé puisse préparer sa défense. CUBAIN, n° 320.

(1) Cass. fr. 24 décembre 1824. [S. 26.1.24.]

Le président décidera si cette prorogation doit être accordée; il pourra l'ordonner, même d'office (art. 306).

L'accusé ne pourra jamais se faire un moyen de cassation du renvoi ainsi ordonné d'office [2].

Ce pouvoir du président existe, tant que l'affaire n'est pas encore portée à l'audience [3], tant que les débats ne sont pas ouverts par le tirage au sort du jury de jugement [4]; il cesse dès que les débats sont commencés [5].

Le défaut de notification à l'accusé de l'ordonnance de prorogation rendue par le président ne peut opérer nullité [6].

Dès que les débats sont commencés, la Cour d'assises seule peut renvoyer l'affaire à une autre session [7]; mais alors il ne s'agit plus de la prorogation de délai prévue par l'art. 306, la Cour use, dans ce cas, du pouvoir que lui confèrent les art. 352, 354 et 406, pouvoir qui sera examiné dans le cours de la deuxième partie.

Cependant la jurisprudence permet à la Cour d'assises de renvoyer l'affaire à un autre jour de la session ouverte, mais seulement du consentement de l'accusé [8].

---

(2) Cass. fr. 25 juin 1840; D. R. v° *Inst. crim.*, n° 2002.— Cass. fr 9 avril 1818, même recueil, n° 2004.

(3) Cass. fr. 13 mai 1842. [S-V.42.1.947.]—27 avril 1850. [S-V.50.1.811.]

(4) Cass. fr. 27 avril. 1850. [S-V.1850.1.811.] —V. CUBAIN, *Cours d'ass.*, n°s 360 et 361.

(5) Cass. fr. 10 janvier 1824. [S.24.1.207.] — 16 avril 1818. [D.A.4.406.—LEGRAVEREND, t. 2, p. 195; CUBAIN, *Cours d'ass.*, n° 362.—V° D. R. v° *Inst. crim.*, n° 2008.

(6) Cass. fr. 24 avril 1840. D. R. v° *Inst. crim.*, n° 2005.—CUBAIN, *Cours d'ass.*, n° 363.

(7) Cass. fr. 1er octobre 1813. [S.14.1.2.]—14 juin 1833. [S-V.33.1.805.]—11 juillet 1839. [S-V. 40.1.830.] — *Secùs*, CUBAIN, *Cours d'ass.*, n° 390; D. R. v° *Inst. crim.*, n° 2003.

(8) Cass. fr. 17 février 1848. [S-V. 49.1.74.] — 12 décembre 1844. [S-V.45.1.315.] — *Contrà*, CUBAIN, *Cours d'ass.*, n° 392.

§ 2.

Jonction des accusations.

Lorsqu'il aura été formé, à raison du même délit, plusieurs actes d'accusation contre différents accusés, le procureur général pourra en requérir la jonction, et le président de la Cour d'assises, ou le président du tribunal de première instance, dans le cas prévu par l'art. 263 [9], pourra l'ordonner même d'office (art. 307).

Dans l'application de ce texte, il faut tenir compte de quatre principes :

I. L'art. 307 est purement énonciatif, le président est le seul juge des cas où il est opportun de joindre les accusations [10].

Ainsi, il peut ordonner la jonction :

a. Même si les délits sont différents [11].

b. Contre le même accusé, même s'il s'agit de crimes ou délits différents [12].

c. Et en général, chaque fois que la bonne administration de la justice y est intéressée [13].

d. Sans distinguer si les assises sont ou non ouvertes [14].

---

(9) Cass. fr. 27 septembre 1832 ; D. R. v° *Inst crim.*, n° 1357.—29 novembre 1834 ; *Bull.*, n° 384.

(10) Cass. fr. 29 novembre 1834. [D.P.35.1.55.]—24 décembre 1836 ; D. R. v° *Inst. crim.*, n° 1351.—25 novembre 1837 ; *Bull.*, n° 410.—3 avril 1847. [S-V. 47.1.702.]— *Contrà*, CUBAIN, n° 351.

(11) Cass. fr. 15 janvier 1807. — V° D. R. v° *Inst. crim.*, n° 1351.

(12) Cass. fr. 26 novembre 1835 ; *Bull.*, n° 475.—4 novembre 1836. [S-V. 37.1.988.]—26 décembre 1837. [Pal.37.2.88.]—18 mars 1841. [D.P.41.1. 395.] — LEGRAVEREND, t. 2, p. 160 ; F. HÉLIE, *Encycl. du droit*, t. 7, p. 63.

(13) Cass. fr. 26 décembre 1835 ; D. R. v° *Inst. crim.*, n° 1351.

(14) Cass. fr. 10 décembre 1836 ; D. R. v° *Inst. crim.*, n° 1357.—CUBAIN, *Cours d'ass.*, n° 355.

La jurisprudence donne à la Cour d'assises le pouvoir d'ordonner la jonction sur la réquisition du ministère public [15].

Cet arrêt de jonction ne doit pas, à peine de nullité :

1 Être motivé [16].

2 Être rendu en audience publique [17].

3 Être rendu en présence de l'accusé [18].

4 Ni lui être notifié [19].

II. Dès que les débats sont ouverts, c'est-à-dire dès que la formation du jury de jugement est commencée, la jonction ne peut plus être ordonnée [20].

III. La jonction ne peut être ordonnée qu'autant que les affaires ont été renvoyées devant la même Cour d'assises [21].

IV. La nullité commise dans une des accusations jointes vicie tout l'ensemble de la procédure [22].

A côté de ce pouvoir du président et de la Cour, se trouve le droit pour l'accusé de s'opposer à la jonction pour défaut de connexité [23]. S'il n'a pas fait usage de ce droit, il ne pourra, pour la première fois, devant la Cour de cassation, arguer du manque de connexité [24].

---

(15) Cass. fr. 18 mars 1841 ; *Bull.*, n° 70. — 7 février 1828 et 27 septembre 1832 ; D. R. v° *Inst. crim.*, n° 1353.

(16) C'est un acte de pure instruction. Cass. fr. 25 novembre 1837 ; *Bull.*, n° 410.

(17) Cass. fr. 24 septembre 1825. [S-V. 25.1.409.]

(18) Cass. fr. 2 oct. 1823 ; D. R. v° *Inst. crim.*, n° 1359.

(19) Cass. fr. 26 décembre 1835 ; *Bull.*, n° 475. — *Contrà*, LEGRAVEREND, t. 2, p. 160.

(20) Cass. fr. 24 septembre 1825 ; D. R. v° *Inst. crim.*, n° 1360. — CUBAIN, *Cours d'ass.*, n° 355.

(21) Une Cour d'assises ne peut, en effet, dessaisir une autre Cour. — LEGRAVEREND, t. 2, p. 160.

(22) Il y a indivisibilité. — Cass. fr. 29 novembre 1834 ; D. R. v° *Inst. crim.*, n° 1364.

(23 et 24) Cass. fr. 11 mars 1853 ; D. R. v° *Inst. crim.*, n° 1352. — 19 juillet 1839 ; *eod. loc.*, n° 1362. — CUBAIN, *Cours d'ass.*, n° 212.

§ 3.

Disjonction des accusations.

Lorsque l'acte d'accusation contiendra plusieurs délits non connexes, le procureur général pourra requérir que les accusés ne soient mis en jugement, quant à présent, que sur l'un ou quelques-uns de ces délits, et le président pourra l'ordonner d'office (art. 308).

La jurisprudence donne à la Cour d'assises le même pouvoir [25]; cette Cour peut faire plus que le président, puisqu'elle peut disjoindre les accusations après l'ouverture des débats, mais, dans ce dernier cas, elle use de son pouvoir de renvoi à une autre session (art. 352, 354 et 400) [26].

Si l'accusé ne peut demander la disjonction [27], il peut cependant réclamer contre elle [28]; toutefois, s'il a accepté le débat après la disjonction prononcée, il ne pourra y trouver ensuite un moyen de cassation [29].

---

(25) Cass. fr. 6 février 1834; D. R. v° *Inst. crim.*, n° 1366.—F. Hélie, *Encycl. du dr.*, t. 7, p. 64.

(26) V. l'arrêt précédent et Cubain, *Cours d'ass.*, n° 358.

(27) Cass. fr. 4 janvier 1828 [S.28.1.271], rapp. à la date du 24 janvier dans D. R. v° *Inst. crim.*, n° 1367.

(28) Même arrêt. — *Sic.*, Carnot, t. 2, p. 458; F. Hélie, *Encycl. du dr.*, t. 7, p. 64.

(29) Cass. fr. 18 mai 1850. [S-V.50.1.371.]

CHAPITRE VI.

De la formation de la liste des jurés (1) et de la notification de cette liste à l'accusé.

§ 1er.

De la formation de la liste des jurés.

Conditions générales requises pour figurer sur cette liste. — Formation de la liste générale et incapacités générales. — Formation de la liste annuelle et de la liste des jurés complémentaires. — Formation de la liste de session et incapacités relatives.

A.

CONDITIONS GÉNÉRALES POUR FIGURER SUR LA LISTE DU JURY.

Pour pouvoir remplir les fonctions de juré, il faut, à peine de nullité :

1° Etre Belge.

La naturalisation ordinaire ne rend pas l'étranger apte aux fonctions de juré (2).

L'incapacité que fait naître la qualité d'étranger est abso-

---

(1) Législation :

Période française : 16 août 1790, tit. 2, art. 115. — 16 août 1793. — 2 nivôse, 14 vendémiaire, 11 et 22 ventôse, 14 et 19 germinal an 3. — 2 fructidor an 4. — 10 et 13 germinal an 5. — 25 brumaire an 8. — 16 juillet 1811. — 28 août 1813.

Pays-Bas : Suppression du jury, 6 novembre 1814.

Belgique : Rétablissement, 7 octobre 1830. — Constitution, art. 98. — 19 juillet 1831. — 1er mars 1832. — 15 mai 1838.

(2) Cass. 29 juillet 1850. [P.50.1.319.]

lue ; elle ne saurait être couverte par la possession d'état [3].

Il faut remarquer toutefois que la présence du nom d'un étranger sur la liste de session, qui, ainsi qu'il sera dit plus loin, se compose de trente noms, ne vicie pas la liste, s'il ne concourt pas à la formation du jury de jugement, c'est-à-dire, s'il reste sur cette liste vingt-quatre noms de jurés capables non excusés ni dispensés [4].

Mais il y a nullité quand même l'étranger n'a pas fait partie des douze jurés de jugement, s'il a figuré parmi les vingt-quatre jurés dont il est parlé aux art. 395, Cod. d'inst. crim., et 13 de la loi du 15 mai 1838 [5], *(Vide infrà*, litt. D).

2° Avoir trente ans accomplis (art. 394) [6].

Cependant il a été jugé que le juré peut valablement remplir ses fonctions quand bien même, lors de la formation des listes, il n'avait pas trente ans accomplis, s'il est parvenu à cet âge avant l'ouverture des débats [7].

Le nom d'un incapable à raison de l'âge sur la liste de session ne cause nullité que dans le cas où ce nom aurait servi à la formation du jury de jugement [8].

3° Jouir des droits civils et politiques (art. 394).

---

(3) Cass. fr. 28 octobre 1834. [S-V.25.1.105.]

(4) Cass. 6 juin 1853. [P.53.1.394.] — Cass. fr. 28 octobre 1824. [S-V. 25.1.105.]—29 janvier 1825. [S-V.25.1.275.]

(5) Cass. 1er septembre 1836. [P.36.1.313.] — 29 mai 1845. [P.45.1. 426.]

(6) Cass. fr. 24 mars 1808. [C.N.2.1.505.] —3 mars 1815. [S.-V.15.1. 217.] — 23 mars 1815. [S-V.15.1.220.] — 26 avril 1822. [S-V.22.1. 390.]

(7) Cass. fr. 11 mai 1849. [S-V.49.1.575.] —3 octobre 1822. [S-V.22. 1.394.]

(8) Cass. fr. 29 mai 1812. [S-V.17.1.319.] —18 mars 1825. [S-V.31. 1.112.] — V. cependant 19 juillet 1832. [S-V.33.1.430.] — Il faut tenir compte, dans l'étude de ces arrêts, que le nombre de trente jurés est réduit en Belgique à vingt-quatre.—V. *infrà*.

Celui qui a perdu ces droits en tout ou en partie est exclu des listes du jury, à peine de nullité.

Ainsi l'individu mis sous conseil judiciaire ne peut être juré [9].

Le failli non réhabilité [10], même s'il est concordataire [11], ne peut, à peine de nullité, concourir à la formation du jury de jugement (art. 381).

D'autres conditions générales d'aptitude non écrites dans la loi sont consacrées par la jurisprudence :

Le juré doit, à peine de nullité, entendre la langue dans laquelle ont lieu les débats [12], mais il faut que l'incapacité soit légalement constatée, c'est-à-dire qu'elle résulte des pièces de l'instruction ou de l'arrêt attaqué [13].

La surdité d'un juré est également une cause de nullité [14], mais, pour faire de cette circonstance un moyen de cassation, il faut également que la preuve puisse en être légalement administrée [15].

Le juré doit savoir lire.

La loi française du 4 juin 1853 [16] contient formellement cette condition d'aptitude ; bien que cette incapacité ne se trouve reprise en Belgique dans aucun texte de loi, il n'est pas douteux que, si cette ignorance était légalement constatée, elle donnerait comme en France ouverture à

---

(9) Cass. fr. 23 juillet 1825. [S-V.25.1.391.]

(10) Cass. fr. 28 juin 1850. [S-V.51.1.224.]—25 juillet 1850, *eod. loc.*— Sic LEGRAVEREND, t. 2, p. 77 ; CARNOT, t. 2, p. 78 ; BOURGUIGNON, sur l'art. 381 ; RENOUARD, *Traité des faillites*, t. 2, p. 508.

(11) Cass. 25 septembre 1854. [P. 54.1.437.]

(12 et 13) Cass. 24 octobre 1833. [P.33.1.164.]—18 février 1836. [P.36.1.194.]—12 août 1836. [P.36.1.300.]—5 mars 1837. [P.37.1.57.]—13 juillet 1841. [P. 41.1.233.]—Cass. fr. 30 octobre 1813.—V. cependant 2 juillet 1812. [S-V.13.1.400.]

(14) Cass. fr. 27 frimaire an 7. [C.N.1.1.144.]

(15) Cass. 29 mars 1834. [P.34.1.233.]

(16) Ne peuvent être jurés... ceux qui ne savent pas lire et écrire en français, art. 4, loi du 4 juin 1853.

cassation : comment comprendre en effet le vote d'un juré, s'il ne peut lire le bulletin qui lui est remis?

B.

FORMATION DE LA LISTE GÉNÉRALE (17). — INCAPACITÉS GÉNÉRALES.

La liste générale se compose de citoyens pris dans deux catégories : la première, déterminée par la quotité du cens; la seconde, par la capacité.

La première catégorie comprend les citoyens portés sur la liste électorale[18], et versant au trésor de l'Etat en contributions directes la somme indiquée ci-après :

En dehors des chefs-lieux : 170 fr. dans les provinces de Brabant, des deux Flandres, de Liége, de Hainaut et d'Anvers; 120 fr. dans la province de Namur; 90 fr. dans les provinces de Luxembourg et de Limbourg, pour les communes autres que celles du siége ordinaire des Cours d'assises, communes où le cens est fixé pour la première à 120 fr., et pour la seconde à 110 fr. [19].

---

(17) Il n'y a plus en France de liste générale des jurés (Loi du 4 juin 1853). La liste électorale avait, jusqu'à cette dernière loi, été la base de la liste générale; lorsqu'en 1848 le suffrage fut donné à tous, le décret du 7 août de la même année attribua également la qualité de juré à tout Français âgé de trente ans et jouissant de ses droits civils et politiques; cette extension sans précédent donnée à la liste générale amena dans la pratique des inconvénients qui déterminèrent le législateur français à enlever à l'institution du jury la base politique qu'elle avait eue jusqu'alors. (V. l'exposé des motifs présenté au Corps législatif par le ministre d'État le 2 avril 1853.)

De là la suppression de la liste générale et la création d'une liste de *service* dont il sera parlé à la lettre C du § 1.

(18) Il a été jugé qu'il n'est pas nécessaire à peine de nullité que le juré figure sur la liste électorale, quand d'ailleurs il réunit toutes les conditions pour y figurer. Cass. 8 novembre 1841. [P.41.1.362.] V. le remarquable réquisitoire de M. VANLAEKEN, précédant l'arrêt.—Décision en sens contraire sous l'empire du Code de brumaire an 4. Cass. fr. 18 floréal an 7. [C. N. 1.1.197.]

(19) Lois du 5 juin 1839 et du 6 juin même année.

250 fr. dans les villes de Bruxelles, Anvers et Gand.

200 fr. dans les villes de Bruges, Liége, Mons et Tournai.

140 fr. à Namur.

120 fr. à Arlon.

110 fr. à Hasselt.

(Art. 1er, loi du 15 mai 1838; art. 5, loi du 5 juin 1839; art. 8, loi du 6 juin 1839).

La seconde catégorie comprend indépendamment de toute contribution :

1. Les membres de la chambre des représentants.

2. Les membres des conseils provinciaux.

3. Les bourgmestres, échevins, conseillers communaux, secrétaires et receveurs des communes de 4,000 âmes et au-dessus.

4. Les docteurs et licenciés en droit, en médecine, en chirurgie, en sciences et en lettres; les officiers de santé, chirurgiens de campagne et artistes vétérinaires.

5. Les notaires [20], avoués, agents de change ou courtiers.

6. Les pensionnaires de l'Etat, jouissant d'une pension de retraite de 1,000 fr. au moins [21].

Ces citoyens remplissent les fonctions de jurés près la Cour d'assises dans le ressort de laquelle est établi leur domicile réel (art. 1er, loi du 15 mai 1838).

---

(20) Jugé que le notaire qui a été appelé en cette qualité à siéger comme juré et qui a cessé ses fonctions au jour des débats n'en est pas moins apte à faire partie du jury de jugement. Cass. fr. 21 septembre 1827. [C.N.8-1. 685.]—27 septembre 1827. [S-V.28.1.107.]

(21) Le pensionnaire de l'état jouissant d'un traitement de moins de 1,000 fr. peut-il être juré? V. Cass. fr. 22 mai 1812 [S-V.17.2.310.], arrêt qui, s'occupant de l'art. 382, 7°, aujourd'hui abrogé, décide que l'accusé ne peut se faire un moyen de cassation de ce qu'un des membres du jury ne reçoit pas le traitement nécessaire pour lui conférer le titre de juré.

Ne seront point portés ou cesseront d'être portés sur la liste des jurés :

1. Ceux qui ont atteint leur soixante-dixième année,

2. Les ministres, les gouverneurs des provinces, les membres des députations permanentes des conseils provinciaux, les commissaires d'arrondissement, les procureurs généraux, procureurs du roi et leurs substituts;

Les juges.

Cette dernière prohibition de la loi a donné lieu à de nombreux arrêts qui en apprécient diversement l'étendue.

Le juge au tribunal de commerce ne peut être juré [22], à moins qu'il n'ait cessé ses fonctions au jour de l'ouverture des débats [23].

Le conseiller honoraire d'une Cour d'appel peut-il être juré [24] ?

La jurisprudence décide que le juge suppléant peut être juré [25], quand bien même le règlement d'ordre intérieur du tribunal de première instance assigne aux suppléants un service ordinaire [26].

La doctrine repousse ces décisions [27].

Les suppléants des juges de paix peuvent également être jurés [28].

---

(22) Cass. 10 avril 1854, [P.54.1.208.] — Cass. fr. 31 janvier 1812. [S-V. 17.2.319.]

(23) Cass. fr. 14 septembre 1837. [S-V.39.1.420.]

(24) Le conseiller honoraire peut être juré, il n'est plus juge dans le sens de la loi. Cass. fr., 19 mai 1842. [S-V.42.1,509.]

Il ne peut pas être juré, car éventuellement il peut être appelé à juger. Cour d'ass. de la Seine, 17 mars 1834. [S-V.34.2.313.]

(25) Jurisprudence constante : Cass. fr. 1er octobre 1846. [S-V.46.1.759.] — 14 septembre 1837. [S-V.37.1.420.] — 3 décembre 1827. [S-V.30.1. 113.] — 1er juin 1821. [C.N.6.1.445.]

(26) Cass. fr. 13 avril 1839. [S-V.39.1.421.]

(27) CUBAIN, *Cour d'ass.*, n° 143 et autorités y reprises.

(28) Cass. fr. 15 novembre 1837. [S-V.38.1.253.] — 10 août 1826. [S-V.27.1.113.] — *Contrà*, FAVARD, *Légis. élect.*

3. Les ministres des cultes.

4. Les membres de la Cour des comptes.

5. Les secrétaires généraux et les directeurs d'administration près d'un département ministériel.

6. les militaires en activité de service, les auditeurs militaires et les membres des tribunaux militaires (art. 2, loi du 15 mai 1838).

Cette liste générale est dressée chaque année pour chaque arrondissement judiciaire par la députation du conseil provincial (art. 3, loi du 15 mai 1838).

Quelle est la portée de l'adage : *La liste du jury est permanente ?*

Relativement à la question de savoir si un juré paie le cens voulu, cette permanence existait en France, dans la législation antérieure à 1848 ; on n'est pas admissible, disent de nombreux arrêts, à contester devant la Cour d'assises ou devant la Cour de cassation la capacité d'un juré sous ce rapport ; l'examen de la nature des contributions admises pour la composition du cens électoral est essentiellement du ressort de l'autorité administrative (29).

Ce système est repoussé en Belgique, par application de l'art. 107 de la Constitution ; la Cour de cassation juge constamment que les jurés, non domiciliés dans la province, ou ne payant pas le cens voulu, doivent être écartés par la Cour d'assises, et que leur concours à la formation du jury de jugement, si cette incapacité est légalement constatée, opère nullité (30).

---

(29) Cass. fr. 9 janvier 1829. Pasc., part. franç., à sa date. — 13 janvier 1831. [S-V.31.1.165.] — 2 août 1833. [S-V.33.1.887.] — 25 mai 1837. [S-V.38.1.622.] — 24 février 1842 ; D. R. v° *Inst. crim.*, n° 1528.

(30) Cass. 14 octobre 1837 [P.37.1.141.], et le remarquable réquisitoire de M. le procureur général LECLERCQ, sur les conclusions duquel cet arrêt a été rendu. — 24 juin 1850. [P.50.1.281.] — 31 janvier 1843. [P.43.1.

Quant aux conditions tirées de l'âge et de la jouissance des droits civils et politiques, celui qui figurait sur la liste générale était, dans les premières années qui suivirent la promulgation du Code d'instruction criminelle, invinciblement présumé, en vertu de cette permanence, avoir la capacité légale (31).

Depuis, la jurisprudence a changé ; la capacité du juré est présumée par son inscription sur la liste générale, mais cette présomption cède devant la preuve contraire, légalement administrée (32) : de là le pouvoir donné à la

---

101.] — 28 juin 1839 ; *Bull.* belge, n° 482. — V. CARNOT sur l'art. 387, 6° ; LEGRAVEREND, t. 2, p. 52 et 166.

(31) Cass. fr. 18 mars 1813. [S-V.17.2.319.] — 9 avril 1818 [C.N. 5.1. 463.], etc. Ces arrêts n'ont d'intérêt qu'au point de vue de l'histoire du droit.

(32) Cass. fr. 28 octobre 1824. [S-V.25.1.105.]

Attendu, dit cet arrêt, que la présomption de capacité d'un juré, qui naît de l'inscription faite de son nom par l'autorité administrative, tombe et s'évanouit devant le fait de l'incapacité absolue, légalement établie ;

Que, dans l'espèce, on ne saurait valider l'inscription de Barth sur la liste des jurés en invoquant une possession d'état que Barth a repoussée formellement ;

Que cette prétendue possession reposant sur une erreur reconnue serait atteinte du même vice sur lequel elle serait fondée...

Que l'incapacité absolue produite par la qualité d'étranger ne peut jamais être couverte par la possession d'état ;

Qu'une telle question est essentiellement de la compétence des Cours et tribunaux, juges naturels de l'état des personnes ;

Que, d'après l'art. 381 du Code d'instruction criminelle, nul ne pouvant, à peine de nullité, exercer les fonctions de juré, s'il ne jouit des droits politiques et civils, les questions relatives à la jouissance légale de ces droits appartiennent nécessairement auxdits tribunaux et Cours, qui peuvent seuls appliquer, s'il y a lieu, ladite peine de nullité ;

Que Barth n'étant point Français, et ne pouvant jouir conséquemment des droits attachés à ce titre, n'a pu être porté sur la liste des jurés sans violer les dispositions de l'art. 381 ;

Que l'inscription de son nom sur la liste des trente jurés (24 en Belgique) étant nulle et comme non avenue, cette liste s'est trouvée réduite à vingt-neuf au lieu de trente...

V. LEGRAVEREND, t. 2, p. 248 ; BOURGUIGNON, *Manuel du jury*, p. 214,

Cour d'assises de rayer de la liste de session celui qui, inscrit sur la liste générale, est reconnu incapable[33]; de là aussi ce principe, qu'indépendamment de l'inscription sur les listes, les opérations du jury seront nulles chaque fois qu'un incapable aura concouru à la formation du tableau du jury de jugement[34].

De sorte que cette prétendue permanence n'existe pas, puisque tout incapable figurant sur cette liste doit être écarté[35]. D'autre part, la présence dans le jury d'un citoyen non inscrit sur la liste électorale, mais qui réunit les autres conditions légales d'aptitude, ne cause point nullité[36].

C.

FORMATION DE LA LISTE ANNUELLE[37] ET DE LA LISTE DES JURÉS COMPLÉMENTAIRES.

Les listes générales de chaque arrondissement sont transmises respectivement aux présidents des tribunaux de première instance avant le 30 septembre de chaque année (art. 3, loi du 15 mai 1838).

CARNOT, sur l'art. 381, n° 17; ARMAND DALLOZ, *Dict. général de jurisp.*, v° *Cours d'ass.*, n°s 64 et 65. — Cass. fr. 29 janvier 1825. [Pasc., part. fr., t. 12, p. 218.] — 11 février 1825, même recueil, t. 12, p. 242. — 10 juin 1830. [S-V.30.1.348.] — 12 novembre 1841. [Pasc., part. fr., p. 945.] — V. encore Cass. fr. 5 octobre 1833 [S-V.34.1.64.] — 3 février 1849. [S-V. 49.1.145.] — 24 mai 1842; D.R., v° *Inst. crim.*, n° 1528. — 24 avril 1834. [S-V.34.1.526.]

(33) Cass. 31 janvier 1843. [P.43.1.101.] — 25 septembre 1854. [P.54. 1.437.] — Cass. fr. 7 février 1834. [S-V.34.1.854.]

(34) Principe qui ressort des arrêts cités dans les deux notes précédentes.

(35) V. CUBAIN, *Cours d'ass.*, n° 143.

(36) V. *suprà*, note 18.

(37) En supprimant la liste générale, la loi française du 4 juin 1853 a confié la création de la liste annuelle à deux commissions, l'une présidée par le juge de paix du canton et composée de tous les maires; l'autre présidée par le préfet et composée de tous les juges de paix de l'arrondissement.

La première commission dresse une liste triple du contingent nécessaire,

Le président, assisté des deux juges les plus anciens, réduit cette liste à moitié et la transmet ainsi au premier président de la Cour d'appel (art. 4, loi du 15 mai 1838).

Celui-ci, assisté des deux plus anciens présidents de chambre, opère une nouvelle réduction à moitié de chacune des listes envoyées par les présidents des tribunaux du ressort de la Cour.

Les listes ainsi réduites des arrondissements de la même province sont réunies en une seule liste pour le service du jury de l'année suivante (art. 5, loi du 15 mai 1838).

Chaque fois qu'une liste est réduite à moitié, si le nombre à réduire est impair, on le supposera augmenté d'une unité (art. 6, même loi).

Ces différentes opérations auront lieu dans la chambre du conseil, après avoir entendu le ministère public ; il sera fait mention du nom de l'officier qui en remplira les fonctions, et chaque liste sera signée par les présidents et juges qui auront concouru à sa formation ; en cas d'empêchement des présidents ou juges, ils seront remplacés d'après le rang d'ancienneté dans l'ordre des nominations (art. 7, même loi).

A côté de cette liste annuelle se trouve une seconde liste dressée par la députation du conseil provincial et comprenant les noms des jurés résidant dans la commune où siége la Cour d'assises.

---

qui est de 2,000 pour Paris, 500, 400 et 300 pour les autres départements, suivant leur population.

La seconde commission ramène par épuration au chiffre voulu.

Ces commissions dressent également une liste de jurés suppléants dont le nombre est de 200 pour Paris et de 50 pour les autres départements.

Il suffit d'être Français, d'être âgé de 30 ans accomplis, de jouir de ses droits civils et politiques, pour pouvoir être porté sur la liste annuelle ainsi formée. — V., sur les incapacités et incompatibilités déterminées par la loi française, D. R., v° *Inst. crim.*, tit. 2, p. 341.

Cette liste est transmise chaque année à la Cour par la députation permanente (art. 395, Cod. d'inst. crim., et 6 du décret du 19 juillet 1831 et 1838).

D.

FORMATION DE LA LISTE DE SESSION (38) ET INCAPACITÉS RELATIVES.

Avant le 1er décembre, la liste annuelle est transmise par le premier président au président du tribunal du lieu où siégera la Cour d'assises.

Celui-ci tire au sort, pour chaque session ou série, 30 jurés titulaires, et quatre jurés supplémentaires, ces derniers pris parmi les jurés résidant dans la commune où siégera la Cour d'assises (art. 9, loi du 15 mai 1838).

Le tirage au sort peut se faire au moyen de numéros correspondant aux numéros de la liste annuelle (39).

Les opérations du tirage sont substantielles, puisque, ainsi qu'on le verra plus loin, elles intéressent le droit de récusation; cependant l'irrégularité commise par le président n'opérera point nullité, si elle n'a point causé préjudice à l'accusé et si, d'ailleurs, il restait vingt-quatre jurés capables.

Ainsi, en supposant que le président du tribunal de première instance ait, sans qualité, procédé à un tirage au sort supplémentaire à l'effet de remplacer deux personnes dont le décès aurait été constaté avant la notification de la liste aux accusés, l'accusé ne pourra y trouver ouverture

---

(38) La liste de session, d'après la loi française, est tirée au sort, dix jours au moins avant l'ouverture des assises, par le premier président de la Cour d'appel ou par le président du tribunal de première instance du chef-lieu judiciaire, là où il n'y a pas de Cour impériale. Ce tirage se fait sur la liste annuelle et en audience publique; la liste de session se compose de 36 noms de jurés et en outre de 4 noms de jurés suppléants.

(39) Cass. 24 juillet 1844. [P. 44.1.308.] — 24 mai 1843. [P. 43.1.213.]

à cassation, si le jury de jugement n'a été composé que des jurés régulièrement désignés par le sort (40).

Il n'y a pas nullité, si le président n'a tiré en réalité que vingt-neuf noms (41).

Il ne faut pas, en effet, que la liste des 30 jurés se compose, à peine de nullité, de 30 jurés capables, si d'ailleurs il en reste 24 aptes à remplir leurs fonctions (42).

Avant cette opération, le président de la Cour d'assises a informé le président du tribunal de première instance si, à raison de l'importance des affaires, il sera formé des séries, et quel en sera le nombre (art. 2, loi 1er mars 1832).

Il y aura autant de séries que de périodes de dix à quinze jours présumées devoir être remplies par les affaires en état (art. 1er, même loi).

Ne seront point portés sur la liste de session ou seront dispensés d'office : les membres des chambres et des conseils provinciaux pendant les sessions de ces corps (art. 9, loi du 15 mai 1838) (43).

Ceux qui auront été portés sur une liste, soit comme jurés titulaires ou supplémentaires, et qui auront satisfait aux réquisitions à eux faites, ne pourront être compris sur les listes de l'année courante et de l'année suivante (art. 391, Cod. d'inst. crim., et 10, loi du 15 mai 1838).

---

(40) Cass. 21 mars 1842. [P. 42.1.187.]

(41) Cass. 23 mars 1852. [P. 53.1.46.]

(42) Cass. 12 août 1850. [P. 50.1.454.] — 16 juillet 1851. [P.51.1.334.] —4 octobre 1851. [P. 52.1.142.]—8 décembre 1851. [P. 52.1.142.]— 23 mars 1852. [P. 53.1.46.]

(43) Jugé qu'un membre d'une chambre législative, qui a été porté indûment sur la liste de session parce que lors du tirage la session législative était ouverte, conserve le droit de se faire dispenser lors de la formation du jury de jugement, encore que la session législative se trouvât close avant le jour des débats. Cass. 21 septembre 1844. [P. 44.1.270.]

L'accusé ne peut se faire un moyen de cassation de ce qu'un juré qui devait être ainsi dispensé aurait figuré sur la liste des trente [44]. Cette exemption constitue un privilége personnel au juré [45], qui peut toujours renoncer au bénéfice de la loi [46].

A chacune des trois dernières sessions, les membres de la Cour désignés plus haut complèteront la liste annuelle par un nombre de citoyens égal à celui des jurés ainsi dispensés (art. 11, loi du 15 mai 1838).

Ce tirage au sort sera fait en audience publique de la chambre où siége habituellement le président (art. 5, décret du 19 juillet 1831).

Il n'est pas prescrit à peine de nullité que ce tirage ait lieu en audience ordinaire [47].

Le ministère public a le droit d'être présent à la formation de la liste de session [48].

Le président, après avoir accompli cette opération, quinze jours au moins avant l'ouverture de la session [49], enverra la liste au ministre de la justice, au premier président de la Cour d'appel, au procureur général près la même Cour et au président de la Cour d'assises (art. 388, Cod. inst. crim., art. 5, décret du 11 juillet 1831, et art. 47, loi du 4 août 1832 comb.).

Les commissaires d'arrondissement sont chargés de notifier à chacun des citoyens qui composent cette liste un extrait qui constate que son nom y est porté.

Cette notification ne doit pas avoir lieu à peine de nul-

(44) Cass. 16 juillet 1851. [P.51.1.334.]

(45) Cass. fr. 26 septembre 1834, D. R., v° *Inst. crim.*, n° 1549.

(46) Cass. fr. 27 avril 1827, D. R., v° *Inst. crim.*, n° 1550.

(47) Cass. 16 juillet 1851. [P.51.1.334.] — V. décision anal. Cass. fr. 16 janvier 1830, D. R., v° *Inst. crim.*, n° 1533.

(48) Cass. 4 octobre et 8 décembre 1852. [P. 52.1.142.]

(49) Arg. de l'art. 387 aujourd'hui abrogé.

lité : l'omission de cette formalité n'aurait d'autre effet que d'empêcher la condamnation des jurés défaillants (50).

Cette notification leur sera faite au moins huit jours avant celui où la liste doit servir ; ce jour sera mentionné dans la notification, qui contiendra aussi une sommation de se trouver au jour indiqué, sous les peines portées par le Code d'instruction criminelle.

A défaut de notification à la personne du juré, elle sera faite à son domicile, ainsi qu'à celui du bourgmestre ; celui-ci est tenu d'en donner connaissance au juré (art. 389 et 6 du décret du 19 juillet 1831).

La liste des jurés sera comme non avenue après le service pour lequel elle aura été formée (art. 390) (51).

L'art. 383 détermine plusieurs incapacités tirées de considérations relatives aux affaires mêmes soumises au jury.

Ainsi, ne peut être juré, à peine de nullité :

1° Celui qui a dans l'affaire rempli les fonctions d'officier de police judiciaire ;

2° Celui qui a été témoin ; le concours d'un juré qui a déposé dans l'instruction écrite au tirage au sort du jury de jugement entraîne nullité (52) ;

---

(50) Cass. fr. 25 mai 1837, D. R., v° *Inst. crim.*, n° 1539.

Il en était différemment sous le Code de brumaire an 4, art. 625. — V. Cass. fr. 12 brumaire an 4. CARNOT, sur l'art. 389, adopte les motifs de l'arrêt de 1837. Cependant cet arrêt fut rendu sur les conclusions contraires de l'avocat général, qui objectait que ne pas attacher la nullité pour omission de cette notification, c'était permettre indirectement à l'administration d'écarter les jurés qui pourraient ne pas la servir, et priver l'accusé de ses juges naturels.

(51) Cependant la Cour de cassation de France a jugé que la liste de la session précédente pouvait être employée dans le cas où la nouvelle liste ne serait pas arrivée à temps. Cass. fr. 8 mars 1810, D. R., v° *Inst. crim.*, n° 1548.

(52) Cass. fr. 14 mai 1825. [C. N. 8. 1. 124.] — 19 juillet 1821. [C. N. 6. 1. 510.] — *Sic*, LEGRAVEREND, t. 2. p. 47.

3° Celui qui a rempli l'office d'interprète, d'expert;

4° Le juré qui dans le cours des débats remplit les fonctions d'expert ne peut, à peine de nullité, continuer à siéger[53].

Le médecin qui dans le cours de l'instruction a fait un rapport ne peut, à peine de nullité, concourir à la formation du jury de jugement[54];

5° Celui qui est partie au procès.

On ne peut regarder comme parties au procès que les dénonciateurs, les plaignants et les parties civiles[55].

Ainsi spécialement le porteur d'actions d'une société anonyme, au préjudice de laquelle le faux a été commis, ne peut, comme partie, être écarté du jury[56].

L'avoué qui a signé avec la partie lésée une plainte est censé partie au procès[57].

Les conseils de l'accusé ne peuvent faire partie du jury[58].

Celui qui est ainsi frappé d'incapacité relative peut sans nullité être porté sur la liste de session même réduite à vingt-quatre jurés, dès qu'il a été rayé avant la formation du jury de jugement et qu'on l'a remplacé conformément au prescrit de l'art. 395[59].

Sous l'empire de la loi du 3 brumaire an 4, la parenté des jurés entre eux était une cause d'incapacité; cette cause n'existe plus aujourd'hui[60].

---

(53) Cass. fr. 22 mai 1819. [S-V. 20.1.16.]

(54) Cass. fr. 18 juillet 1822. [C.N. 7.1.113.] — 13 octobre 1826 [D. P. 27.1.30.]

(55) Cass. fr. 8 septembre 1826. [S-V.27.1.536.]

(56) Même arrêt.

(57) Cass. fr. 30 novembre 1837. [S-V.38.1.250.]

(58) Cass. fr. 28 janvier 1825. [S-V.25.1.329.]

(59) Cass. 6 mai 1845. [P. 46.1.20.]

(60) Cass. fr. 19 avril 1821. [C.N.6.1.422.]— 9 mai 1816, [S-V.17.1. 233.]—10 février 1809. [S-V.7.2.1036.]

Ainsi deux frères peuvent faire partie du même jury [61].

Le juré parent d'un membre de la Cour ou d'une partie au procès peut concourir à la formation du jury de jugement [62].

§ 2.

Notification de la liste des jurés (art. 394).

De la liste qui doit être notifiée à l'accusé.—De la forme de cette notification. — Du délai. — Des erreurs commises dans la notification.

A.

DE LA LISTE QUI DOIT ÊTRE NOTIFIÉE A L'ACCUSÉ.

La notification de la liste des jurés est prescrite à peine de nullité [63].

Cette nullité ne peut être couverte par le consentement de l'accusé [64].

La notification a pour but de permettre à l'accusé d'exercer son droit de récusation en connaissance de cause.

Il en résulte deux principes fondamentaux et qui doivent servir de guides en cette matière, à savoir :

1° Que tous et chacun des noms des jurés de la liste de session qui peuvent concourir à la formation du jury de jugement soient signifiés à l'accusé [65].

---

(61) Cass. 23 juillet 1850. [P.50.1.454.]—Cass. fr. 10 mars 1827. [S-V. 29.1.168.]

(62) Cass. fr. 24 septembre 1829. [S-V.30.1.348.] —19 décembre 1811. [S-V.17.2.319.]—15 juin 1820. [C.N.6.1.253.]

(63) Cass. fr. 6 novembre 1851, *Bull.*, n° 464.—11 juin 1835, 11 octobre 1832, 21 août 1831, ces trois arrêts rapportés dans D. R., v° *Inst. crim.*, n° 1613.—V. CARNOT sur l'art. 394.

(64) Cass. fr. 8 septembre 1853. [D.P.53.5.127.] — 19 juin 1823, D. R., v° *Inst. crim.*, n° 1790, 3°.

(65) Tous les arrêts sur cette matière, spécialement : Cass. 7 mars 1835. [P. 35.1.40.]—Cass. fr. 21 septembre 1827. [S-V.28.1.107.]—V° D. R., v° *Inst. crim.*, n°s 1632 et s.

Ainsi, régulièrement, c'est la liste telle qu'elle a été formée par le tirage du président du tribunal de première instance, qui sera signifiée à l'accusé (66).

Mais il n'y aura pas nullité, si la liste signifiée ne fait point mention des jurés dispensés ou excusés par la Cour d'assises; cette liste, ainsi réduite, est en effet la seule que l'accusé ait intérêt à connaître (67).

2° Que parmi les noms signifiés se trouvent au moins vingt-quatre jurés capables (68).

L'omission, sur cette liste, du nom d'un juré non excusé ni dispensé, emporte nullité (69).

Si le nom d'un juré a été, par erreur, porté deux fois, et qu'ainsi le nombre de vingt-quatre jurés n'ait pas été réellement atteint, il y aura nullité (70).

La liste notifiée ne doit pas contenir le lieu de naissance et la quotité du cens payé par chacun des jurés (71).

---

(66) Cass. 12 juillet 1834. [P. 34.1.284.] — 6 mars 1849. [P. 49.1.173.] Cass. fr. 18 octobre 1811. [S. 17.2.320.] — 29 avril 1819. [S. 19.1.312.] — 16 janvier 1835, D. R., v° *Inst. crim.*, n° 1625. — 18 mars 1830. [S. 30. 1.299.] — 18 juillet 1839. [S-V. 40.1.817.] — 17 février 1848. [S-V. 49.1. 74.] — 31 janvier 1822, D. R., v° *Inst. crim.*, n° 1624.

(67) Cass. 2 novembre 1846. [P. 47.1.193.] — 28 janvier 1851. [P. 51. 1.114.] — Cass. fr. 28 décembre 1811. [S. 17.1.320.] — 17 septembre 1818. [D. A. 4.322.] — 21 décembre 1832, D. R., v° *Inst. crim.*, n° 1630. — MERLIN, R., v° *Juré*, § 4. — CUBAIN, *Cours d'ass.*, n° 338. — D. R., v° *Inst. crim.*, n° 1629.

(68) Vingt-quatre jurés capables en Belgique, trente en France. — Jurisprud. constante, spécialement : Cass. 28 janvier 1851. [P. 51.1.114.] — Cass. fr. 21 décembre 1832, D. R., v° *Inst. crim.*, n° 1630. — 28 décembre 1811. [S. 17.1.320.]

(69) Cass. 7 mars 1835. [P. 35.1.40.] — Cass. fr. 21 septembre 1827. [S-V. 28.1.107.] — 17 août 1832. [S-V. 33.1.159.] — 10 avril 1819, D. R., v° *Inst. crim.*, n° 1632. V. n° 1637.

(70) Cass. fr. 20 juillet 1827. [D. P. 27.1.414.] et D. R., v° *Inst. crim.*, n° 1647, 6°. — 24 janvier 1828. [C. N. 9.] — 10 juillet 1823. [S. 23.1.425.]

(71) Cass. 7 septembre 1838. [P. 38.1.377.]

B.

FORME DE LA NOTIFICATION.

Cette notification se fait par le ministère d'un huissier [72] et sous sa responsabilité [73].

L'exploit de notification a pour but de certifier que la copie de la liste a été réellement remise à l'accusé; mais il n'est pas prescrit, à peine de nullité, que cette liste fasse partie du texte même de l'original; elle peut être remise sur une feuille jointe à l'exploit [74].

La copie de la liste doit être remise à chacun des accusés, et l'exploit doit, à peine de nullité, contenir la mention qu'une copie séparée a été remise à chacun d'eux [75].

Il ne suffirait point que l'exploit portât que le prescrit de la loi a été rempli; l'exploit doit renfermer en lui la preuve matérielle de l'accomplissement de cette remise séparée [76].

Mais il n'est point question, en cette matière, de termes sacramentels; il suffit que la teneur de l'exploit ne puisse laisser raisonnablement de doute sur la remise d'une copie spéciale à chacun des accusés [77].

Il n'y aurait de nullité qu'à l'égard de celui ou de ceux

---

(72) Cass. 16 juillet 1849. [P. 49.1.479.]—1er mai 1849. [S-V. 49.1.213.] —Cass. fr. 21 septembre 1827; D. R., v° *Inst. crim.*, n° 1653.

(73) Mêmes arrêts et Cass. 7 mars 1835. [P. 35.1.40.]—19 janvier 1841. [P. 41.1.104.]—12 juillet 1834. [P. 34.1.284.]—1er mai 1849. [P. 49.1.213.]—Cass. fr. 25 février 1843. [S-V. 44.1.153.]—25 septembre 1851; *Bull.* n° 403.

(74) Cass. 2 février 1837. [P. 37.1.33.]—24 août 1849. [P. 50.1.36.] —Cass. fr. 23 janvier 1851; *Bull.* n° 31.

(75) Cass. 22 août 1833. [P. 33.1.143.]

(76) Même arrêt et Cass. 24 janvier 1853. [P. 53.1.187.]—Cass. fr. 22 août 1850; *Bull.*, n° 66.

(77) Cass. 25 juin 1849. [P. 49.1.439.]—Cass. fr. 29 mars 1838; *Bull.*, n° 87.

des accusés qui n'auraient pas reçu la liste notifiée [78].

Cette notification doit, à peine de nullité, être faite à la personne de l'accusé [79], et non, par exemple, à son conseil [80], ou au concierge de la maison d'arrêt [81].

Il en serait autrement, si l'accusé n'était pas détenu; dans ce cas, la notification se fait à personne ou à domicile, dans la forme ordinaire [82].

La liste notifiée doit-elle être traduite, si l'accusé ne connaît point la langue commune [83] ?

Une surcharge non approuvée annule le mot ou la phrase sur laquelle elle porte : mais est-elle une cause de nullité?

Il faut distinguer : oui, si la surcharge ou le renvoi ont pu induire l'accusé en erreur [84], comme, par exemple, la surcharge sur le nom d'un juré [85]; non, si cette irrégularité ne peut faire naître d'équivoque [86] : c'est ainsi que l'adresse d'un des jurés mise après coup sur la liste notifiée ne peut vicier l'exploit [87].

---

(78) Cass. fr. 16 septembre 1852; *Bull.*, n° 313.—23 mars 1820. [C.N. 6.] Conf. CARNOT, *Obs. add.*, t. 3, p. 51.— 11 vendémiaire an 8. [D.A.4. 306.] en sens contraire.

(79) Cass. fr. 29 juillet 1825. [D.P. 25.1.452.]

(80) Cass. fr. 13 novembre 1818. [S.19.1.196.]

(81) Cass. fr. 20 brumaire an 8. [C.N. t. 1.]

(82) Cass. 19 mai 1832. [S-V.32.1.559.]—*Sic*, CHASSAIN, t. 2, p. 329; DE GRATTIER, t. 1, p. 446.

(83) CARNOT soutient l'affirmative, *Comm. Cod. inst. crim.*, t. 3, p. 48. —*Contrà*, Cass. fr. 23 avril 1812. [S. 17.2.313.]

(84) Cass. fr. 6 février 1851; *Bull.*, n° 50. — 12 juillet 1851; *Bull.*, n° 283.

(85) Cass. fr. 25 février 1843. [S-V.44.1.153.]—6 septembre 1849; *Bull.*, n° 233.—22 août 1850; *Bull.*, n° 266.—25 septembre 1851; *Bull.*, n° 403.

(86) Ainsi, par exemple, la surcharge non approuvée qui contient la mention de l'année. Cass. 26 avril 1853. [P. 53.1.378].—11 avril 1835. [P.35. 1.215.]

(87) Cass. 22 février 1842 [P. 42.1.154.]

La liste notifiée peut être imprimée [88], sauf toutefois la signature de l'huissier [89].

C.

DÉLAI DE LA NOTIFICATION.

L'art. 394 est ainsi conçu :

« La liste des jurés sera notifiée à chaque accusé la « veille du jour déterminé pour la formation du tableau; « cette notification sera nulle, ainsi que tout ce qui aura « suivi, si elle est faite plus tôt ou plus tard. »

Il faut lire cet article comme s'il y avait : « Cette noti-« fication sera nulle, si elle est faite plus tard. »

Malgré les termes précis de la loi, une jurisprudence constante décide que la notification n'est nulle que lorsqu'elle est tardive [90].

Pour constater le jour de la remise, il faut que l'exploit soit daté; l'omission de la date emporte donc nullité [91].

La surcharge non approuvée, contenant la date, ne peut opérer nullité que si l'équivoque est possible : ainsi la surcharge de l'année ne vicie pas l'exploit [92]; il en serait autrement, s'il y avait surcharge du jour [93].

---

(88) Cass. fr. 23 janvier 1851; *Bull.*, n° 31. — Cass. 22 février 1842. [P. 42.1.154.]

(89) Cass. fr. 23 janvier 1851; *Bull.*, n° 31.

(90) Cass. fr. 10 décembre 1824. [C.N. 7.] — 22 avril 1818. [C.N. 5.] — 7 janvier 1826. [S-V. 26.1.317.] — 16 janvier 1818. [S. 18.1.193.] — 28 décembre 1850; *Bull.*, n° 442. — 7 août 1841. [S-V. 42.1.924.] Cependant, *contrà*, 9 octobre 1812. [C.N. 4.]

Si la notification est tardive, la nullité qui en résulte ne saurait être couverte par le consentement de l'accusé : Cass. fr. 20 juin 1844. [S-V. 44.1.625.]

(91) Cass. 16 juillet 1849. [P. 49.1.479.] — 1er mai 1849. [P. 49.1.213.] — Cass. fr. 28 janvier 1832. [S-V. 32.1.397.] — 5 mars 1836; *Bull.*, n° 71.

(92) Cass. 26 avril 1853. [P. 53.1.378.] — 11 avril 1835. [P. 35.1.245.] — TOULLIER, t. 8, n° 83.

(93) Cass. fr. 28 janvier 1832. [S-V. 32.1.397.] — Ve note 84 et s.

Le délai se compte d'un jour à l'autre, et non d'heure en heure [94], en d'autres termes, il ne faut pas, à peine de nullité, qu'il se soit écoulé vingt-quatre heures entre la notification et la formation du jury de jugement.

L'exploit peut être signifié un jour férié [95]. V. ch. 1er, p. 3, note 10.

D.

ERREURS COMMISES DANS LA COPIE DE LA LISTE.

La jurisprudence française est plus sévère à cet égard que la jurisprudence belge, cependant la raison de décider est la même pour les deux Cours de cassation, à savoir :

Que l'erreur n'est une cause de nullité que pour autant qu'elle puisse empêcher l'accusé d'exercer en toute connaissance son droit de récusation, en d'autres termes, l'erreur ne vicie la notification que lorsqu'elle rend douteuse la personnalité d'un juré.

Ainsi jugé en Belgique qu'il n'y a pas nullité

Dans le fait d'avoir écrit le nom d'un juré *Raucq* quand il s'appelait *Rancq* [96].

S'Ongers au lieu de *Sjongers* [97].

D'avoir écrit un faux prénom [98].

Une fausse profession, etc. [99].

---

(94) Cass. 19 janvier 1851. [P.51.1.104.] — 12 juillet 1834. [P.34.1.284.] Cependant l'accusé aurait le droit de refuser la notification faite la veille après l'heure où l'huissier peut instrumenter : CUBAIN, *Cours d'ass.*, n° 333.

(95) Cass. fr. 6 décembre 1850. [S-V.51.1.451.]

(96) Cass. 27 décembre 1852. [P.53.1.84.]

(97) Cass. 28 janvier 1851. [P.51.1.114.]

(98) Cass. 26 janvier 1847. [P.47.1.335.]

(99) Cass. 11 avril 1835. [P. 35.1.65.]—V. encore d'autres exemples dans les arrêts suivants : Cass. 23 mars 1837. [P. 37.1.67.]—27 septembre

Mais jugé en France qu'il y a nullité dans le fait d'avoir écrit le nom d'un juré *Bonnard* tandis qu'il s'appelait *Bernard*(100);

D'avoir qualifié un juré *épicier*, tandis qu'il était *avocat*, etc.(101).

Ce sont là des questions de fait sur lesquelles la composition de la liste, les particularités de l'espèce, ont la plus grande influence.

CHAPITRE VII.

Notification de la liste des témoins.

Qui doit notifier cette liste. — Délai. — Forme. — Irrégularités et omission de la notification. — Effet de la notification.

§ 1er.

Qui doit notifier cette liste.

La liste des témoins sera notifiée à l'accusé à la requête du procureur général ou de la partie civile, et au procureur général par l'accusé (art. 315).

1839. [P. 39.1.104.]—7 septembre 1838. [P.38.1.377.]—3 mai 1853. [P. 53.1.340.]—7 janvier 1851. [P.51.1.70.]—2 février 1847. [P. 47.1.33.] —15 janvier 1844. [P. 44.1.82.]—27 décembre 1834. [P. 34.1.343.] Cass. fr. 18 mars 1826. [S. 26.1.420.]—11 mars 1852, *Bull.*, no 86.—31 juillet 1847; *Bull.*, no 171.—29 novembre 1849; *Bull.*, no 329.—8 février 1840. [S-V. 40.1.651.]—4 décembre 1852; *Bull.*, no 391.

(100) Cass. fr. 10 juin 1825. [S-V.26.1.184.]

(101) Cass. fr. 29 avril 1843. [S-V.43.1.433.]—V. encore d'autres exemples dans les arrêts suivants : Cass. fr. 25 février 1825. [S-V. 23.1.334.]—2 juin 1842. [S-V. 42.1.860.]—15 octobre 1829. [S. 30.1.38.]—14 novembre 1850; *Bull.*, no 379.

Ni le procureur général ni l'accusé ne doivent notifier la liste des témoins à la partie civile[1].

L'accusé ne doit pas notifier à son coaccusé les témoins qu'il produit contre ce dernier[2].

Le procureur général, la partie civile, l'accusé, notifient respectivement les témoins qu'ils appellent; peu importe qu'ils agissent à la demande les uns des autres[3].

Le ministère public qui fait signifier une seconde liste de témoins après une remise de l'affaire est censé renoncer à la première[4].

§ 2.

Délai.

La liste doit être notifiée au moins vingt-quatre heures avant l'examen des témoins (art. 315).

Il n'y a cependant pas nullité, si elle est notifiée trop tard : dans ce cas, l'accusé peut seulement s'opposer à l'audition des témoins qu'elle contient, et son silence couvre l'irrégularité[5].

Il en est de même pour la liste notifiée au ministère public[6].

L'opposition doit avoir lieu avant la prestation de serment, sinon elle est inefficace[7].

---

(1) LEGRAVEREND, t. 2, p. 180.

(2) Cass. fr. 22 avril 1841. [D.P.41.160.]

(3) CARNOT, t. 2, p. 479, n° 4. — *Contrà.* Arrêt de la Cour de Rennes, 9 août 1825, *eod. loc.*

(4) Cass. 21 mars 1842. [P.42.1.188.]

(5) Cass. fr. 13 avril 1830. [S. 30.1.310.] — 13 avril 1837. [S-V. 37.1.1024.] — 6 novembre 1840. [S-V. 41.1.523.] — 2 mars 1843. [S-V. 43.1.550.]

(6) Cass. fr. 11 février 1813. [S. 17.1.387.] — 29 avril 1819. [S. 19.1.312.]

(7) Cass. fr. 2 avril 1831. [S-V. 31.1.101.]

D'après l'art. 315, le délai se compte par heures, cependant il a été jugé que la notification est régulière dès qu'elle a eu lieu la veille du jour des débats [8].

Régulièrement, l'exploit doit porter l'heure à laquelle la notification a eu lieu.

§ 3.

Forme.

La notification se fait par ministère d'huissier.

La liste des témoins ne doit point faire corps avec l'exploit, il suffit qu'elle lui soit annexée [9].

Il a été jugé que la liste notifiée ne doit pas être traduite dans la langue de l'accusé [10].

L'exploit doit être remis à la personne de l'accusé, il ne suffirait pas que la signification fût faite en parlant au concierge de la prison [11].

La signification à la requête de l'accusé est régulièrement faite, soit au procureur général, soit au greffier, soit même au secrétaire du parquet [12].

Mais il faut qu'il y ait un exploit : ainsi il ne suffirait pas de la remise d'une liste de témoins au ministère public par le conseil de l'accusé [13].

§ 4.

Irrégularité et omission de la signification.

Si un témoin a été omis sur la liste notifiée ou n'a pas été clai-

---

(8) Cass. fr. 26 juin 1828. [D.P.28.1.295.]—*Contrà*, CUBAIN, *Cours d'ass.*, n° 340 ; LEGRAVEREND, t. 2, p. 142.

(9) Cass. fr. 2 mars 1843. [S-V.43.1.55.]

(10) Cass. fr. 22 avril 1812. [S.17.2.313.]

(11) Cass. fr. 13 novembre 1818. [S.19.1.196.]

(12) LEGRAVEREND, t. 2, p. 189.

(13) Cass. 18 septembre 1830. [S-V.31.1.18.]

rement désigné, il n'y aura point nullité, seulement l'accusé a le droit de s'opposer à l'audition de ce témoin (art. 315).

L'audition sous serment d'un témoin non notifié ou mal notifié, malgré l'opposition de l'accusé, emporte nullité [14].

Si l'accusé ne s'oppose point, le témoin sera entendu comme s'il avait été régulièrement notifié [15].

Dans ce dernier cas il y aurait même nullité, si le témoin n'était pas entendu sous serment, mais seulement en vertu du pouvoir discrétionnaire du président [16].

S'il n'y avait pas eu de notification, le silence de l'accusé suffirait pour couvrir l'irrégularité [17].

Il a été jugé que, dans ce cas, l'accusé pourrait, non-seulement s'opposer à l'audition des témoins, mais qu'il était même fondé à demander le renvoi de l'affaire [18].

---

(14) Cass. 2 février 1841. [P. 41.1.145.]—4 septembre 1846. [P. 48.1. 311.]—2 novembre 1846. [P. 47.1.194.]

« Sur le moyen de cassation tiré de la prétendue violation de l'art. 315, en ce que deux témoins non portés sur la liste notifiée à l'accusé ont été entendus sous la foi du serment :

« Attendu que, si les témoins Pierre Hauvaert, sans profession, à Oostcamp, et Léon Vermeulen, notaire à Wiesbecke, entendus devant la Cour d'assises sous la foi du serment, n'avaient pas été assez clairement désignés sur la liste notifiée à l'accusé et où se trouvent portés les noms de Pierre Govaert, ouvrier à Oostcamp, et de Léon Vermeulen, secrétaire communal à Haulmont, il était libre à l'accusé, d'après l'art. 315, de s'opposer à leur audition, opposition sur laquelle il aurait été immédiatement statué par la Cour ; que, n'ayant pas usé de ce moyen, et les témoins ayant été entendus sans opposition de sa part, le demandeur n'est pas recevable à se prévaloir devant la Cour d'un défaut de désignation sur la liste notifiée. »—V. encore Cass. 19 octobre 1839. [P. 39.1.276.]—10 février 1836. [P. 36.1.194.]—Cass. fr. 7 décembre 1827. [D.P. 28.1.51.]—10 janvier 1833. [D.P.33.1.71.]—13 avril 1837. [Pal.38.1.548.]

(15) Cass. fr. 16 mars 1830. [S-V.31.1.18.]—13 mai 1836. [S-V.36.1. 782.]—15 juillet 1842. [S-V.42.1.653.]—9 juin 1851. [D.P.51.1.514.]

(16) Cass. 11 avril 1835. [P.35.1.66.]—Cass. fr. 17 juillet 1833. [Pal.40. 1.309.]

(17) Cass. fr. 30 septembre 1841. [Pal.42.1.590.]

(18) Cass. 15 mars 1810.—GILBERT, *Cod. ann.*, sur l'art. 315, n° 26.

La liste des témoins doit contenir leurs noms, profession et résidence (art. 315). L'erreur ou l'insuffisance de quelqu'une de ces désignations ne peut donner à l'accusé le droit de s'opposer à l'audition d'un témoin, si d'ailleurs l'équivoque sur son identité n'est pas possible.

Ainsi spécialement : si l'un des prénoms est inexact[19].

Si une femme est désignée par les noms de son mari, etc.[20].

Au cas d'opposition de l'accusé à l'audition d'un témoin, c'est à la Cour d'assises et non au président seul de décider si ce témoin a été suffisamment désigné dans la liste notifiée[21].

L'arrêt rendu sur cette question repose sur une appréciation de fait et échappe ainsi à la censure de la Cour de cassation[22].

Les erreurs de la liste des témoins existent pour l'accusé dès qu'elles ressortent de la copie signifiée qu'il représente ; peu importe que l'original soit irréprochable[23].

§ 5.

Effet de la notification.

Ne pourront être entendus sous serment que les témoins ainsi notifiés[24] (art. 315).

Ils seront entendus, même s'ils n'ont pas préalablement déposé par écrit, ou s'ils n'ont reçu aucune assignation (art. 324).

---

(19) Cass. 18 juin 1844. [P. 44.1.203.]

(20) Cass. 17 août 1833. [P.33.1.146.]—V. Cass. fr. 25 août 1826. [S-27.1.256.]—Comparez, p. 41 et 42, notes 96 à 101.

(21) Cass. fr. 9 décembre 1830. [S-V.31.1.163.]

(22) Cass. fr. 27 avril 1835. [S-V.35.1.746.]—MERLIN, *Rép.*, v° *Témoin jud.*, § 4 ; BOURGUIGNON, t. 2, p. 35.—*Contrà*, CARNOT, t. 2, p. 180.

(23) Cass. fr. 7 octobre 1825.—GILBERT, *Cod. ann.*, sur l'art. 315, n° 16.

(24) V. *suprà*, note 17.

Mais faut-il, à peine de nullité, que tous les témoins soient entendus ?

Aucune disposition de la loi n'exige que tous les témoins notifiés à l'accusé soient entendus, si d'ailleurs l'accusé n'en requiert point l'audition[25].

Mais, si l'accusé exige l'audition de tous les témoins, la Cour ne paraît pas pouvoir s'y refuser[26].

CHAPITRE VIII.

Tenue des assises.

Lieux où elles sont tenues. — Epoque de la tenue des assises ordinaires et extraordinaires. — Fixation du jour de l'ouverture des assises. — Affaires qui doivent y être portées. — Juridiction de la Cour d'assises.

§ 1er.

Lieux de leur tenue.

Il sera tenu des assises dans chaque province [1] pour juger les individus que la chambre des mises en accusation y aura renvoyés (art. 251).

Les assises se tiendront habituellement dans le chef-lieu de la province.

La Cour d'appel pourra néanmoins désigner un tribunal autre que celui du chef-lieu (art. 258).

Il est évident que ce tribunal doit être un de ceux qui siégent dans la même province, car la Cour d'appel ne peut

---

(25) Cass. 21 mars 1842. [P.42.1.189.]

(26) Cass. fr. 29 octobre 1808. [D.A.12.603.] — LEGRAVEREND, t. 2, ch. 2, p. 210 ; CARNOT, *Suppl.*, p. 118. — *Secùs*, Cass. fr. 5 novembre 1812 [S.17.2.213.] — 8 novembre 1816. [C.N. 4, à sa date.]

(1) Dans chaque département, en France.

changer l'ordre des juridictions [2]: ce serait, en effet, changer cet ordre, puisque chaque province a une liste spéciale de jurés.

Lorsque la Cour d'assises devra tenir séance dans un lieu autre que celui où elle siége habituellement, ce lieu sera déterminé par arrêt rendu, toutes chambres réunies, sur les réquisitions du procureur général (art. 21, L. 20 avril 1810, et 90, L. 6 juillet 1810).

Il suit de ce texte que la Cour d'appel ne peut d'office ordonner le déplacement de la Cour d'assises [3].

Qu'elle ne peut pas désigner, si elle admet la nécessité du déplacement, un lieu autre que celui qui est requis par le procureur général [4].

L'arrêt qui ordonne le déplacement de la Cour d'assises doit-il être motivé [5] ?

§ 2.

Epoque de la tenue des assises ordinaires et extraordinaires, fixation du jour d'ouverture.

La tenue des assises aura lieu tous les trois mois (art. 259).

Ces assises trimestrielles sont appelées communément assises ordinaires.

Les assises pourront se tenir plus souvent, si le besoin l'exige (art. 259). Dans ce cas, elles prennent le nom d'assises extraordinaires.

---

(2) CUBAIN, *Cours d'ass.*, n° 9.

(3) CUBAIN, *Cours d'ass.*, n° 10.

(4) LEGRAVEREND, t. 2, p. 88.

(5) LEGRAVEREND, t. 2, p. 89, soutient que l'arrêt ne doit pas être motivé, parce que, ces déplacements se faisant dans des moments de troubles, il serait dangereux de publier les motifs qui décident la Cour. Cette doctrine paraît inadmissible à M. CUBAIN : Tout arrêt doit être motivé; sans motifs, ce n'est plus un arrêt, c'est un acte arbitraire. V. art. 97, Constitution belge; Cod. proc., art. 141 et 470; L. du 20 avril 1810, art. 7.

Chacune des sessions ordinaires correspond à l'un des trimestres de l'année, quel que soit d'ailleurs le jour d'ouverture.

En d'autres termes : les mots « *tous les trois mois* » de l'art. 259 signifient qu'il sera tenu une session dans chaque période de trois mois[6].

Les assises se tiendront, dans chaque province, de manière à n'avoir lieu dans le ressort de la même Cour d'appel que les unes après les autres et de mois en mois, à moins qu'il n'y ait plus de trois provinces dans le ressort, ou que le besoin du service n'exige qu'il en soit tenu plus souvent (art. 19, L. 20 avril 1810).

Les assises ordinaires se tiennent au chef-lieu de la province ou au siége d'un autre tribunal désigné par la Cour.

Dans le premier cas, les assises seront ouvertes au jour fixé par le premier président de la Cour d'appel (art. 260, Cod. inst. crim., et 16-20, L. 20 avril 1810).

Dans le second cas, le jour de l'ouverture est fixé, en même temps que le lieu, par arrêt de la Cour d'appel (art. 21, L. 20 avril 1810).

Cet arrêt ou cette ordonnance sera publié par affiches aux chefs-lieux d'arrondissement et siéges des tribunaux de première instance, par la voie des journaux de la province et par la lecture qui en sera faite à l'audience publique des tribunaux du ressort, au moins huit jours avant l'ouverture des assises (art. 22, L. 20 avril 1810, et 30, L. 6 juillet 1810).

Cette publication aura lieu d'ailleurs dans les trois jours de la réception de l'ordonnance envoyée par le procureur général et à la requête du procureur du roi (art. 88, L. 6 juillet 1810).

---

(6) Art. 79, loi du 6 juillet 1810.—Cass. fr. 9 août 1849. [S-V.50.1.74.]

Cette publication n'est point substantielle ni prescrite à peine de nullité [7].

Si les besoins du service exigent qu'il soit tenu des assises extraordinaires, le premier président de la Cour d'appel fixera, par ordonnance, le jour de leur ouverture (art. 20, L. 20 avril 1810).

§ 3.

Affaires qui doivent être portées devant les assises. — Séries. — Juridiction.

Les assises ne seront closes qu'après que toutes les affaires criminelles qui étaient en état lors de leur ouverture y auront été portées (art. 260).

Sont en état les affaires dans lesquelles toutes les formalités substantielles et prescrites, à peine de nullité, de la procédure antérieure aux débats, ont été observées [8].

Cette procédure a été décrite aux chapitres précédents.

Néanmoins, l'art. 306 permet au président de ne point porter aux assises les affaires en état [9]. — V. chap. V, § 1er.

Le jury de jugement, autant que possible, ne doit pas être en fonctions plus de quinze jours (art. 1er, L. 1er mars 1832).

Si la session est chargée, le président de la Cour d'assises formera autant de séries [10] qu'il sera nécessaire

---

[7] Cass. fr. 22 janvier 1841. [Pal.42.1.262.]—CUBAIN, *Cours d'ass.*, n° 17.

[8] Ainsi, l'arrivée dans la maison de justice, l'interrogatoire, etc. — Ve les chapitres précédents.

[9] Sur la demande de l'accusé, du ministère public et même d'office.

[10] En France l'institution des séries n'existe pas, elle est remplacée par une autre, celle des sections.

Lorsqu'une session est trop chargée, le ministre de la justice peut ordonner que la Cour d'assises sera divisée en plusieurs sections, L. 9 septembre 1835, art. 2.

(art. 1 et 2, L. 1er mars 1832). — V. chap. VI, § 1er, litt. D.

La Cour d'assises, régulièrement saisie par l'arrêt de renvoi, ne peut décliner sa compétence, quand bien même elle croirait qu'à raison des faits ou des personnes la connaissance de l'affaire appartient à une autre juridiction ; elle a ce qu'on est convenu d'appeler plénitude de juridiction [11].

La Cour d'assises ne peut connaître d'une affaire que saisie par un arrêt de renvoi (art. 231 et 271) [12].

Et seulement des faits qui y sont repris [13].

Mais elle n'est pas liée par la qualification des faits donnée par la chambre des mises en accusation [14].

De cette compétence absolue résulte la conséquence suivante :

Si l'accusé pense que la Cour d'assises devant laquelle il est renvoyé n'est pas celle qui doit le juger, ou qu'il ne

---

En réalité chacune de ces sections forme une Cour distincte : ainsi il faut plusieurs nominations de présidents dans la forme ordinaire.

Ainsi, quand une assise est chargée outre mesure, il peut arriver en France :

1° L'ordonnance de tenue extraordinaire par le premier président de la Cour impériale ;

2° L'ordonnance de division en sections par le ministre de la justice.

En Belgique :

1° La même ordonnance pour la tenue extraordinaire ;

2° La division de la session en plusieurs séries par le président de la Cour d'assises.

(11) Liége, Cass. 8 février 1827. [P. à sa date.] — 14 avril 1840. [P.40.1.358.] — 27 janvier 1841. [P.41.1.107.] — 18 mai 1847. [P.47.1.338.] — Cass. fr. 14 septembre 1827. [S.28.1.113.] — 2 octobre 1828. [S.29.1.23.] — 5 avril 1832. [S-V.32.1.511.] — RAUTER, t. 2, n° 771 ; BERRIAT-SAINT-PRIX, p. 52, n° 25 ; CARNOT, t. 2, p. 258 ; BOURGUIGNON, t. 1, p. 507 ; LEGRAVEREND, t. 2, p. 114.

(12) Cass. fr. 7 août 1818. [S.18.1.398.]

(13) Bruxelles, 11 novembre 1819. [P. à sa date, et D.A.4.498.] — Cass. fr. 6 avril 1832. — [D.P.32.1.257.]

(14) Cass. fr. 21 avril 1814. [D.A.4.381.] — 19 juin 1817. [D.A.3.401.] — 8 février 1819. [D.A.4.373.] — 10 août 1838. [Pal.38.2.390.]

doit point paraître devant une Cour d'assises, il doit, par voie de cassation, attaquer l'arrêt de renvoi [15].

Dès que cet arrêt acquiert l'autorité de la chose jugée, la Cour d'assises désignée ne peut pas se dessaisir [16].

Malgré cette juridiction générale, la doctrine soutient qu'il y a des faits à l'égard desquels l'incompétence de la Cour d'assises est absolue : tels sont les délits purement militaires [17].

CHAPITRE IX.

Composition de la Cour d'assises [1].

Du président.—Des deux assesseurs.—Du procureur général.—Du greffier. — Des membres délégués par la Cour d'appel. — Des membres de la Cour d'appel qui ne peuvent faire partie de la Cour d'assises, et du juge d'instruction.

§ 1er.

Du président de la Cour d'assises.

Dans toutes les provinces, la Cour d'assises sera composée :

1° D'un membre de la Cour d'appel, délégué à cet ef-

---

(15) Cass. fr. 23 janvier 1813. [C.N. 4 à sa date.]—9 juillet 1813. [S.17. 2.113.]—18 mai 1841. [S.-V.41.1.558.]

(16) Cass. 18 mai 1847. [P. 47.1.338.]

(17) MERLIN, *Rép.*, v° *Compétence*, § 2, n° 6, et *Quest.*, v° *Incompétence*, § 1, art. 2, n° 6 ; LE SELLYER, t. 2, n° 453 ; F. HÉLIE, t. 5, p. 232.

(1) La législation a amené de fréquents changements dans la composition des Cours et tribunaux criminels ; en France, d'après le Code de brumaire an 4, le nombre des juges était fixé à cinq. La loi du 27 ventôse an 8 réduisit ce nombre à trois. Le Code d'inst. crim. le reporta à cinq. Enfin, la loi du 4 mars 1831 a fixé à trois le nombre des membres de la Cour d'assises. Cette dernière loi continuant le système du Code d'inst. crim., compose la

fet, et qui sera le président des assises (L. 15 mai 1849).

Le président de la Cour d'assises est nommé, soit par le ministre de la justice, soit par le premier président (art. 16, L. 20 avril 1810) [2].

La nomination du président des assises par le ministre de la justice doit être faite, pour les assises suivantes, pendant les assises ouvertes.

Après la clôture, le droit de nomination appartient au premier président, qui doit en user dans les huit jours qui suivent la clôture (art. 79, L. 6 juillet 1810).

Dans ce cas, la nomination par le premier président est définitive et ne saurait être invalidée par une nomination ultérieurement faite par le ministre [3].

En cas d'empêchement du président délégué, la nomination d'un autre président sera faite de la même manière; si les assises sont encore ouvertes, le ministre peut user

---

Cour de trois conseillers lorsqu'elle siége dans le département de la Cour d'appel, de deux juges et d'un conseiller président pour les autres départements;

En Belgique la Cour d'assises est aujourd'hui uniforme dans toutes les provinces. Depuis le rétablissement du jury jusqu'en 1849, les dispositions du Code d'inst. crim. avaient été suivies, il y avait par conséquent cinq conseillers composant la Cour dans les provinces où siégent les Cours d'appel, quatre juges de première instance et un conseiller président dans les autres. Le motif qui a semblé guider le législateur de 1849 dans la réduction qu'il a opérée réside dans l'économie que présente le nouveau système. — V. spéc. le discours de M. Lebeau, *Ann. parlem.*, an 1849, p. 1013.

(2) Le droit de nomination attribué au ministre par la loi de 1810 n'a jamais été exercé en Belgique: aussi, bien qu'aucune disposition législative ne soit venue abroger cette loi de l'Empire, peut-on affirmer qu'elle est inapplicable en ce point, surtout si l'on tient compte de la séparation profonde qu'a apportée la constitution de 1831 entre le pouvoir judiciaire et le pouvoir exécutif.

(3) Cass. fr. 4 octobre 1839. [S-V.40.1.543.] — 12 janvier 1838. — [S-V. 38.1.90.] — Cubain, *Cours d'ass.*, nos 15 et 25. — *Contrà*, Legraverend, t. 2, p. 90.

de son droit, sinon, le premier nommera [4], si toutefois la notification dont il est parlé dans l'art. 380 n'a point été faite. — V. *infrà*.

Dans tous les cas, cette nomination sera contenue dans l'ordonnance du premier président qui fixe le jour d'ouverture (art. 80, L. 20 avril 1810).

S'il y a lieu de tenir des assises extraordinaires, le président des assises ordinaires du même trimestre est de droit président (art. 81, L. 20 avril 1810).

Il n'est pas nécessaire que ce président reçoive une nouvelle délégation [5].

Si ce président est décédé ou empêché, le premier président nomme le nouveau président à l'instant où apparaît la nécessité d'une tenue extraordinaire; cette ordonnance contiendra le jour de l'ouverture de cette session (art. 81, L. 20 avril 1810).

Le président de chambre peut être délégué pour présider les assises [6].

Le premier président peut présider les assises quand il le juge convenable (art. 16, L. 20 avril 1810).

Ce droit est absolu en ce sens qu'il existe dans tous les cas, que les assises soient ordinaires ou non, que le ministre ait ou non usé de son droit de nomination [7].

Le remplacement du président change, si l'empêchement est survenu après la notification prescrite par l'art. 380.

Il est remplacé, dans ce cas, par le président du tribunal de première instance (art. 263).

---

(4) Cass. fr. 10 avril 1847. [S-V.47.1.305.]—27 mai 1852. [S-V.52.1.857.]

(5) Cass. fr. 21 mai 1833. Rapp. dans GILBERT, *Cod. ann.*, n° 10, sur l'art. 253.

(6) Cass. fr. 20 août 1811. [S.18.1.184.]

(7) Cass. fr. 18 avril 1833. [D.P.33.1.360.]

Ou, à son défaut, par le vice-président, ou, à défaut de celui-ci, par un juge [8].

Ces divers empêchements ne doivent pas être motivés : il y a présomption légale de leur légitimité [9].

La désignation de son successeur par le président empêché serait illégale et entraînerait nullité [10].

Toutefois, si le président a pour assesseurs des membres de la Cour d'appel (ce qui, en Belgique, ne peut plus exister que par exception à la règle commune), le plus ancien d'entre eux le remplace (art. 263).

C'est le plus ancien des assesseurs dans la composition primitive de la Cour qui est appelé à remplir les fonctions de président [11].

Il n'y aurait cependant point nullité dans le cas de présidence du plus jeune, si le plus ancien refusait de remplir ces fonctions [12].

§ 2.

Des deux assesseurs.

Outre le président, la Cour d'assises sera composée :

2° De deux juges pris parmi les présidents et juges les plus anciens du tribunal du lieu de la tenue des assises (art. 1er, L. 15 mai 1840).

L'art. 204 porte qu'en cas d'absence ou d'empêchement les juges seront remplacés par des suppléants.

---

(8) Cass. fr. 26 février 1836. [S-V.36.1.302.] — 25 avril 1833; *Bull.*, n° 156. — CARNOT, *Obs. add.*, sur l'art. 263.

(9) Cass. fr. 31 décembre 1829. [D.P.30.1.40.]

(10) Cass. fr. 9 janvier 1845. [S-V.45.1.299.]

(11) Quand bien même un assesseur nouvellement nommé serait plus ancien que celui qui est appelé à la présidence. Cass. fr. 16 décembre 1852; *Bull.*, n° 406.

(12) Cass. fr. 26 mai 1826. [S.27.1.177.] — 17 décembre 1836. [Pal.38.1.71.] — 8 janvier 1852, *Bull.*, n° 5.

Que faudra-t-il décider, en présence de ces textes, si les assesseurs ne sont pas les juges les plus anciens du tribunal?

La Cour de cassation a décidé, jusqu'en 1833, que l'assistance des juges les plus anciens n'était point prescrite à peine de nullité [13], ce qui paraît contraire au principe généralement admis qu'un tribunal ne peut rendre de décisions valides que s'il est légalement composé.

Depuis, la Cour de cassation a décidé la même chose, mais par d'autres motifs : elle a vu, dans l'absence du plus ancien juge, la présomption légale de son empêchement : de là les arrêts suivants :

Le procès-verbal ne doit pas contenir la cause de l'empêchement [14].

L'empêchement est présumé légitime [15].

Surtout s'il n'y a pas eu de débat soulevé par le ministère public ou l'accusé [16].

La présence d'un suppléant établit la présomption légale de l'empêchement du titulaire [17].

Mais, si le magistrat qui devait siéger motive son absence, la Cour de cassation exige cependant que le motif soit légitime : ainsi, jugé que l'empêchement tiré du service du tribunal est insuffisant, et qu'il y aura nullité par suite de l'illégalité de la composition de la Cour [18].

---

(13) Cass. 11 janvier 1833. [P.33.1.13.] et les arrêts cités en note, Br. Cass. 22 novembre 1820, 27 septembre 1821, 25 juin 1822, 26 novembre 1827. — Cass. fr. 2 juillet 1812. [S.17.2.276.] — 30 janvier 1818. *Bull.*, n° 41.

(14) Cass. 19 décembre 1839. [P.39.1.276.]

(15) Cass. 23 mars 1852. [P.53.1.46.]

(16) Cass. 4 octobre et 8 décembre 1851. [P.52.1.142.]—23 juillet 1850. [P.50.1.454.]

(17) Cass. 23 décembre 1840. [P.41.1.100.]—Cass. fr. 11 novembre 1841. [S-V.42.1.96.]

(18) Cass. 21 juin 1850. [P.50.1.281.]

A défaut de titulaires ou de suppléants, le plus ancien des avocats ou avoués présents à l'audience peut être appelé à compléter la Cour d'assises [19].

Les membres de la Cour d'assises n'ont de caractère comme tels que pendant la session ouverte ; tout ce qui serait fait par eux, en cette qualité, en dehors de la session, serait entaché de nullité [20].

Les membres de la Cour d'assises ne peuvent être parents, à peine de nullité, jusqu'au troisième degré inclusivement (art. 63, L. 20 avril 1810).

Mais deux cousins germains peuvent siéger en même temps [21].

De même, deux juges qui ont épousé deux sœurs [22].

Si la Cour était composée de plus de trois juges, il y aurait nullité [23].

Il faut, à peine de nullité, que la présence constante des trois membres de la Cour à tous les actes des débats soit prouvée par le procès-verbal, ou au moins par les pièces du procès [24].

Ainsi, un des juges se retirant sous un prétexte quelconque, après la lecture du verdict, la Cour ne peut plus se compléter, et toute la procédure se trouve annulée [25].

Peut-on, en vue de la longueur des débats, adjoindre un

---

(19) Cass. 4 octobre 1851. [P. 51.1.142.] — Cass. fr. 10 novembre 1832. [S-V.33.1.412.] — 24 avril 1834. *Bull.*, n° 118. — CARNOT, sur l'art. 264 ; LEGRAVEREND, t. 2, p. 101. — *Contrà*, RAUTER, t. 2, n° 775, note 2.

(20) Cass. fr. 25 mars 1826. [C.N.8.] — 23 février 1837. [S-V.37.1.572.]

(21) Cass. fr. 16 janvier 1818. [C.N.5.]

(22) Cela ne pouvait faire doute, car ils ne sont pas alliés. Cass. fr. 18 septembre 1824. [C.N.7.]

(23) Cass. fr. 28 avril 1831. [S-V.32.1.197.] — RAUTER, t. 2, n° 775.

(24) Cass. fr. 15 décembre 1815. [S.16.1.200.] — 1er septembre 1826. [D.P.27.1.17.] — LEGRAVEREND, t. 2, ch. 1, § 7 ; CARNOT, t. 2, p. 307, n° 1.

(25) Cass. fr. 30 août 1833. [S-V.33.1.684.]

ou deux juges à la Cour, comme on peut adjoindre deux jurés au jury de jugement ?

La question n'a pas été posée en Belgique, mais la Cour de cassation de France juge constamment que l'art. 4 de la loi du 25 brumaire an 8, qui permet cette adjonction, continue à être en vigueur [26].

Les seules controverses qu'ait fait naître l'application de ce texte résident dans le point de savoir si ces suppléants sont nommés par le président des assises [27] ou par le premier président [28], si l'accusé doit être entendu [29] à cet égard, ou si cette nomination lui est étrangère [30].

Le procès-verbal doit, à peine de nullité, constater si le juge suppléant a pris ou non part aux débats [31].

Le procès-verbal doit faire preuve, par ses énonciations, de la manière dont la Cour a été composée ; mais il suffit que le procès-verbal de la première audience donne cette mention complète ; les autres procès-verbaux peuvent renvoyer au premier à cet égard [32].

§ 3.

Du procureur général.

La Cour sera composée :

3° Du procureur général (ou d'un avocat général) ou de

---

(26) Cass. fr. 11 mai 1833. [S-V.33.1.357.]—21 août 1835. [S-V.35.1.601.]—12 décembre 1840. [S-V. 40.1.948.]—5 décembre 1839. [Pal.42.2.176.]

(27) Cass. fr. 12 décembre 1840. [S-V.40.1.948.] — 19 juillet 1832. [S-V.32.1.496.]—*Contrà*, CUBAIN, *Cours d'ass.*, n° 47.

(28) Cass. fr. 8 octobre 1840. [S-V. 40.1.1000.]

(29) CUBAIN, *Cours d'ass.*, n° 48.

(30) Cass. fr. 29 juin 1838. [S-V.38.1.760.]—8 octobre 1840. [S-V.40.1.1000.]

(31) Cass. fr. 18 avril 1833. [D.p.33.1.366.]

(32) Cass. 2 novembre 1816. [P. 47.1.193.]

l'un de ses substituts dans la province où siége la Cour d'appel, et dans les autres provinces, du procureur du roi ou de l'un de ses substituts près du tribunal de première instance du lieu de la tenue des assises, à moins que le procureur général ne se réserve de porter lui-même la parole, ou ne délègue ses fonctions à l'un de ses substituts près la Cour (art. 1er, L. 16 mai 1840).

Malgré ces termes de la loi, le ministère public ne fait point, à proprement parler, partie de la Cour : ainsi, jugé qu'au cas de renvoi à *une autre Cour* (art. 420), le même membre du parquet peut porter de nouveau la parole [33].

De même, le magistrat qui a voté sur la mise en accusation peut cependant remplir, le cas échéant, les fonctions de ministère public [34].

Le ministère public doit, à peine de nullité, assister à tous les actes du débat [35].

Mais, pour satisfaire à cette prescription, il n'est pas nécessaire que ce soit le même membre du parquet qui assiste à toutes les audiences [36].

En cas d'empêchement de siéger, le ministère public peut être remplacé par un juge ou un juge suppléant, mais non par un avocat ou un avoué (art. 40, L. 30 mars 1808, et 21, L. 18 août 1810) [37].

---

(33) Cass. 3 décembre 1845. [P. 46.1.83.]

(34) Cass. fr. 30 juillet 1847. [S-V. 47.1.863.]

(35) Cass. fr. 3 janvier 1839. [S-V.39.1.814.] — CARNOT, t. 2, p. 375. BOURGUIGNON, t. 1, p. 556; F.-HÉLIE, *Encycl.*, v° *Cours d'ass.*, n° 156.

(36) Le substitut, le procureur du roi ou le procureur général qui occupe le siége de l'accusateur public n'est point considéré par la loi comme une personne déterminée, ainsi qu'elle le fait pour les juges, en vertu de ce principe qu'on est convenu d'appeler l'indivisibilité du ministère public. Cass. fr. 15 novembre 1815. [S.16.1.455.] — 14 mai 1825. [C. N.8.] — 18 avril 1836. [S-V.36.1.481.]

(37) Cass. 4 octobre et 8 décembre 1851. [P.52.1.142.]

Le substitut du procureur du roi peut siéger quand même le procureur du roi n'est pas empêché [38].

§ 4.

Du greffier.

La Cour sera composée :

4° Du greffier du tribunal de première instance du lieu où siége la Cour d'assises (art. 1er, L. 15 mai 1849), ou d'un commis-greffier près du même tribunal [39].

Le greffier doit, à peine de nullité, assister à tous les actes des débats [40].

Quid, si le greffier n'a pas l'âge voulu par la loi [41] ?

§ 5.

Des membres délégués par la Cour d'appel.

La Cour d'appel pourra cependant déléguer un ou plusieurs de ses membres pour compléter le nombre de trois juges de la Cour d'assises (art. 1er, alin. 6, L. 15 mai 1849, et reproduction de l'art. 254).

---

(38) Cass. 11 septembre 1835. [P.35.1.134.]

(39) Les mots : « ou d'un commis greffier, » étaient inscrits dans la loi ; ils furent supprimés sur les observations du ministre de la justice, qui parla en ces termes : « C'est par erreur, je crois, qu'on a inséré dans le n° 4 de l'art. 1er, comme admise au vote, la mention du commis-greffier ; il me semble qu'il avait été entendu que cela n'était pas nécessaire, puisque le texte légal du Code d'instruction criminelle ne fait mention que du greffier, et que, sous cette dénomination, on comprend toujours le commis-greffier dans toutes les dispositions législatives en matière de procédure civile et criminelle. »

« La désignation du greffier comprend donc de droit les commis-greffiers, et je crois qu'il serait dangereux de nommer ceux-ci dans la disposition, car cela donnerait lieu de croire que jusqu'ici c'est à tort que les greffiers se sont fait remplacer par des commis-greffiers. » *Ann. parlem.*, séance du 17 mars 1849, p. 1823.

(40) Cass. fr. 13 avril 1837. [S-V.38.1.910.]

(41) V. CARNOT, sur les art. 251 et 252.

Si le nombre de ces délégués est inférieur à celui des juges qui, avec le président, doivent composer la Cour, ce nombre sera complété suivant la règle établie par l'art. 253 (art. 255).

D'un autre côté, l'art. 82 de la loi du 6 juillet 1810 dit « que la nomination de ces délégués sera faite de la manière et à l'époque déterminées pour les nominations des présidents.

De ces textes peu en harmonie, abrogés en France depuis 1831, et dont l'application n'a, paraît-il, jamais eu lieu en Belgique, ressort :

1° Que ce n'est pas la Cour d'appel, mais bien le ministre (V^e^ note 2 du présent chapitre) ou le premier président qui peut nommer ces délégués [42];

2° Que si le ministre ou le premier président nomme deux délégués, la Cour est complète;

3° Que s'il n'est nommé qu'un délégué, la Cour sera complétée par le président du tribunal de première instance.

§ 6.

Des membres de la Cour d'appel qui ne peuvent faire partie de la Cour d'assises, et du juge d'instruction. Récusation.

Les membres de la Cour qui auront voté sur la mise en accusation ne pourront, dans la même affaire, ni présider les assises, ni assister le président, à peine de nullité (art. 257). — (V. note 6, chapitre 2.)

Il en sera de même à l'égard du juge d'instruction (même article).

Cet article doit être appliqué restrictivement.

---

(42) ROGRON, sur l'art. 254. V. même chap., note 3.

Ainsi il a été jugé que le conseiller qui a pris part à un arrêt de plus ample informé rendu par la chambre des mises en accusation peut cependant faire partie de la Cour d'assises (43).

De même le conseiller qui a concouru à un arrêt de contumace, lorsque viennent les débats contradictoires (44).

De même le conseiller qui a pris part à un arrêt d'incompétence (45).

Le conseiller qui a concouru à l'arrêt qui condamne un accusé peut ensuite faire partie de la Cour qui préside aux débats relatifs au coaccusé poursuivi ultérieurement (46).

Jugé, et cela ne pouvait être douteux, que rien n'empêche que le fils assiste le président, quand le père a voté sur la mise en accusation (47).

Le conseiller qui a voté sur la mise en accusation peut prendre part à des arrêts de dispense de jurés sans opérer nullité (48).

Les membres de la chambre du conseil autres que le juge d'instruction peuvent faire partie de la Cour d'assises (49).

---

(43) Cass. fr. 11 juillet 1816. [S.16.1.320.] — *Contrà*, Cass. Bruxelles 3 mars 1819. [P. à sa date.]

(44) Cass. fr. 7 janvier 1841. [D.P.41.1.371.]

(45) Cass. fr. 5 mars 1824. [D.A.4.515.] — 20 février 1840. [D.P.40.1.401.]

(46) Cass. fr. 28 avril 1843. [S-V.43.1.741.] — CUBAIN, *Cours d'ass.*, n° 57.

(47) Cass. fr. 26 août 1824. [S-V.25.1.77.]

(48) Cass. 4 septembre 1833. [P.48.1.311.] — Cass. 17 octobre 1833. [S-V.34.1.40.] — 2 mai 1840. [S-V.43.1.837.] — 3 juin 1843. [S-V.43.1.838.] — 12 mai 1842. [S-V.43.1.139.] — CUBAIN, *Cours d'ass.* — *Contrà*, 2 février 1832. [S-V.32.1.457.] — 20 octobre 1832. [S-V.33.1.334.]

(49) Jurisp. const., par le motif que l'art. 257 est limitatif. Cass. 17 janvier 1833. [P.33.1.15.] — 24 février 1845. [P. 45.1.210.] — 23 mars 1852. [P.53.1.46.] — V. encore Bruxelles, Cass. 1er mars 1816. — 17 juin 1823. — 15 avril 1830. [P. à leurs dates.] — Cass. fr. 2 octobre 1828. [S.29.1.120.] — 24 décembre 1829. [S.29.1.234.] — 15 avril 1830. [S.30.1.251.] — 25 janvier 1832. [D.P. 32.1.106] — 27 mai 1852; *Bull.*, n° 170.

Mais tout magistrat qui a rempli, même temporairement [80], les fonctions de juge instructeur, est exclu de la Cour d'assises, à peine de nullité.

Ainsi, ni le magistrat qui antérieurement à l'arrêt de mise en accusation se livre à une instruction supplémentaire [81], ni le président d'assises qui, en vertu de l'art. 330, remplit les fonctions d'officier de police [82] judiciaire, ne peuvent dans la même affaire faire partie de la Cour d'assises.

Mais l'instruction supplémentaire faite en vertu d'une délégation du président, après l'arrêt de renvoi, ne saurait évidemment être une cause d'exclusion pour le magistrat qui en a été chargé [83].

Le Code d'instruction criminelle ne parle point de la récusation des membres de la Cour d'assises : il faut donc s'en rapporter au droit commun et suivre les règles tracées par les art. 378 et s., et 44 et s. du Code de procédure civile [84].

---

(80) Cass. fr. 4 novembre 1830. [S-V.31.1.366.]—29 mai 1834. [S-V. 34.1.746.]—16 août 1844 ; *Bull.*, n° 291.

(81) Cass. fr. 28 octobre 1824. [S.25.1.103.]—4 mars 1826. [S.26.1. 365.]—20 septembre 1828. [S.28.1.370.]—18 mars 1842 ; *Bull.*, n° 65. —7 septembre 1848 ; *Bull.*, n° 237.

(82) Cass. fr. 7 octobre 1824. [C.N.7.]

(83) Cass. fr. 12 août 1813. [S.17.1.19.]—12 juillet 1833. [S-V.33.1. 601.]—26 février 1841. [S-V.42.1.260.]—CUBAIN, *Cours d'ass.*, n° 56.

(84) LEGRAVEREND, t. 1, p. 271 et s.

DEUXIÈME PARTIE.

PROCÉDURE PENDANT LES DÉBATS.

CHAPITRE Ier.

Formalités préparatoires à la formation du jury de jugement.

Condamnation des jurés défaillants.—Opposition.—Excuses. — Appel des jurés supplémentaires.—Tirage des jurés complémentaires.

Trois grands principes dominent la matière de ce chapitre, à savoir :

I. Toutes les formalités relatives à la formation du jury sont substantielles (1).

II. Il faut, à peine de nullité, que la liste qui sert à la formation du jury de jugement contienne au moins vingt-quatre noms de jurés présents et capables.

III. Si dans cette liste figurent des jurés supplémentaires ou complémentaires, elle ne peut contenir, à peine de nullité, plus de vingt-quatre noms.

Au § 1er, lit. D, chapitre VI de la 1re partie, on a vu

(1) V. par exemple l'arrêt de Cass. 2 novembre 1846 [P.46.1.147.]— rendu au rapport de M. Van Lacken, et sur les concl. conf. de M. Delebecque, où ce principe est nettement énoncé.

comment se compose la liste de session; trente jurés titulaires et quatre jurés supplémentaires y sont inscrits.

A l'ouverture de l'audience, le président fait faire par le greffier l'appel des jurés dans l'ordre de leur inscription sur la liste de session.

Les jurés de cette liste peuvent être, à ce moment de la procédure, divisés en trois catégories :

1° Les jurés frappés d'une incapacité, soit générale, soit relative à l'affaire soumise aux débats; jurés que la Cour d'assises doit rayer de la liste. Voy. 1re partie, ch. VI, § 1er, litt. B et D.

2° Les jurés présents;

3° Les jurés défaillants.

§ 1er.

Condamnation des jurés défaillants. — Opposition.

Tout juré, soit titulaire, soit supplémentaire (art. 15, loi du 15 mai 1838), qui ne se sera pas rendu à son poste sur la citation qui lui aura été notifiée, sera condamné par la Cour d'assises à une amende, laquelle sera, pour la première fois, de 500 fr.; pour la deuxième, de 1000 fr.; pour la troisième, de 1,500 fr. [1].

Cette dernière fois, il sera de plus déclaré incapable d'exercer à l'avenir les fonctions de juré. L'arrêt sera imprimé et affiché à ses frais (art. 396).

L'arrêt de la Cour d'assises qui, sur la réquisition du

---

[1] Ces dispositions ont été adoucies en France par l'art. 19 de la loi du 4 juin 1853, ainsi conçu : « L'amende de 500 fr., prononcée par le huitième paragraphe de l'art. 396, C. inst. crim., peut être réduite, par la Cour, à 200 fr., sans préjudice des autres dispositions de cet article. »

ministère public, condamne un juré défaillant, doit, à peine de nullité, être rendu publiquement [3].

Le juré qui encourt une condamnation ne perd point sa qualité, s'il est, par exemple, relevé de sa peine, en faisant admettre son excusabilité; il fera valablement ensuite partie du tableau [4].

Ces mêmes peines seront appliquées à tout juré, titulaire ou supplémentaire (art. 15, loi du 15 mai 1838) qui, s'étant rendu à son poste, se retirerait avant l'expiration de ses fonctions (art. 398), quel que soit d'ailleurs le moment où il se retire; ainsi, il serait encore passible de l'amende, s'il se retirait après avoir voté [5].

Doit être assimilé au juré défaillant, celui qui s'est mis volontairement hors d'état de remplir ses fonctions [6].

Le juré condamné par défaut peut faire opposition à l'arrêt qui le frappe; quel est le délai pendant lequel son opposition est recevable? [7]

§ 2.

Des excuses.

N'encourront aucune condamnation ceux des jurés qui justifieront qu'ils étaient dans l'impossibilité de se rendre

---

(3) BOURGUIGNON, *Jurispr.*, t. 2, p. 266; MORIN, *Dict.*, vº *Jury*, p. 463; DE FRÉMINVILLE, *Procéd. crim.*, nº 130.

(4) Cass. fr. 8 avril 1830. [S.30.1.297.]

(5) CARNOT, t. 2, p. 655.

(6) Rouen, 22 nov. 1822. [S.24.2.98.] — V. art. 514, Code du 3 brumaire an IV.

(7) D'après M. LEGRAVEREND, l'opposition serait recevable pendant la session ouverte et la session suivante; d'après CARNOT, le juré condamné par défaut aurait cinq jours à partir de la notification de l'arrêt. — V. MORIN, *Dict.*, vº *Jury*, p. 463.

à leur poste au jour indiqué ; la Cour prononcera sur la validité de l'excuse (art. 397, C. d'inst. crim., et 15 de la loi du 15 mai 1838).

Toute excuse doit être proposée pendant une session ouverte ; dès que la session est close en effet, les membres de la Cour n'ont plus aucun caractère [8].

C'est à la Cour qu'il appartient de juger d'une excuse ; le président seul ne peut donc, à peine de nullité, décider de la validité d'une cause d'empêchement [9].

La Cour d'assises apprécie souverainement la valeur de l'excuse proposée ; elle ne doit point rendre compte des motifs qui la déterminent, que l'excuse soit proposée avant ou après l'ouverture des débats [10].

Il ne peut donc résulter de moyen de cassation de la décision de la Cour à cet égard [11].

Cependant si la Cour avait exprimé des motifs de dispense, il y aurait nullité s'ils étaient contraires à la loi [12].

En vérifiant la sincérité des pièces et certificats produits devant elle, la Cour peut appliquer, si elle découvre une fraude, les peines édictées par les art. 236 et 159 du Code pénal [13].

La Cour peut accorder à un juré une dispense définitive, ou seulement limitée à un ou plusieurs jours déterminés de la session.

---

(8) Cass. fr. 25 mars 1826. [S.26.1.45.] — 28 février 1837. [S-V.37.1.572.] — V. 1re part., chap. IX, note 20.

(9) Cass. fr. 17 février 1831. [S.V.31.1.288.]

(10) Cass. 6 mai 1845. [P.46.1.20.] — 10 avril 1854. [P.51,1.208.] — 21 mars 1842. [P.42.1.190.] — Cass. fr. 17 octobre 1833. [S-V.34.1.40.] — 26 août 1830 [S-V.31.1.331.]

(11) De Fréminville, *Proc. crim.*, n° 133. — Cass. fr. 7 décembre 1821. [C.N.6.] — 17 février 1826. [S.26.321.] — 31 mars 1836. [S-V.36.1.848.] — 8 janvier 1813. [S.17.1.320.]

(12) Cass. fr. 1er juin 1831. [C.N. 6.] — V. chap. IX de la 1re part., § 2, note 18, une décision analogue. — Cass. 24 juin 1850. [P.50.1.281.]

(13) Carnot, sur l'art. 397, n° 7. — Lesellyer, t. 3, n° 1290.

Les accusés doivent-ils être entendus sur les dispenses ou excuses proposées par les jurés ?

Il est évident que non. Car s'il en était autrement, il faudrait que tous les accusés qui seront jugés pendant la session fussent présents à ces opérations préliminaires [14].

Cependant il résulte de deux arrêts de cassation, implicitement, il est vrai, qu'il est convenable d'accorder la parole à l'accusé s'il demande à présenter des observations à cet égard [15].

Du reste, s'il est vrai que, dans la pratique, l'accusé est présent à ces opérations, son absence ne serait point une cause de nullité [16].

Les arrêts de dispense ne doivent point, à peine de nullité, figurer au procès-verbal [17].

§ 3.

Appel des jurés supplémentaires.

La liste d'où l'on extrait le jury de jugement doit, à peine de nullité, se composer de vingt-quatre [18] jurés au moins présents, non excusés ni dispensés, et le procès-

---

(14) Cass. fr. 7 déc. 1821. [C.N.6.] — 7 janvier 1843. [S-V.44.1.159.]

(15) Cass. 16 juillet 1851. [P.51.1.334.] — Arrêt qui parle même du droit de l'accusé à être entendu ; et Cass. fr. 2 avril 1829, qui porte l'attendu suivant : « Qu'à la Cour d'assises seule appartient le droit de prononcer sur les excuses présentées pas des jurés, et que si l'accusé n'a pas été entendu, c'est qu'il n'a point demandé à présenter des observations. » — V. CUBAIN, *Cours d'ass.*, n° 183.

(16) DE FRÉMINVILLE, *Proc. crim.*, n° 126 ; DALLOZ, *Répert.*, 1re édit., v° *Cours d'ass.*, n° 6. — Ainsi jugé, *in terminis*, Cass. fr. 18 juillet 1822. — 14 juin 1832. [D.R., v° *Inst. crim.*, n° 1569.]

(17) Cass. 20 mars 1843. [P.43.1.184.]

(18) En France, ce nombre est de 30 jurés. — La nullité qui résulte d'une liste où le nombre prescrit n'est pas atteint ne saurait être couverte par le consentement de l'accusé. — Cass. fr. 22 novembre 1821. [C.N.6.]

verbal doit aussi, à peine de nullité, en contenir la mention [19].

Or, après les arrêts de condamnation et de dispense, il peut arriver : 1° qu'il y ait vingt-quatre ou plus de vingt-quatre jurés titulaires présents, non excusés ni dispensés; dans ce cas, ils formeront seuls la liste de session ;

2° Qu'il y ait un nombre de jurés titulaires inférieur à vingt-quatre; alors ce nombre sera complété par les jurés supplémentaires dans l'ordre de leur inscription sur la liste formée par le président du tribunal de première instance (art. 13 de la loi du 15 mai 1838).

Mais il y aurait nullité si le nombre des jurés titulaires étant de vingt-quatre, il y avait adjonction de jurés supplémentaires [20].

L'ordre d'inscription doit être observé à peine de nullité; ainsi, toute la procédure serait viciée si le second juré supplémentaire était appelé quand il ne serait pas justifié que le premier était empêché [21].

Si la liste des titulaires contenait en apparence vingt-quatre noms, mais qu'il n'y en eût réellement que vingt-trois parce qu'un nom serait répété deux fois, il serait nécessaire, à peine de nullité, d'adjoindre un juré supplémentaire [22].

La dispense d'un titulaire peut être temporaire; le supplémentaire qui a été appelé en son remplacement ne peut plus, dès qu'il se représente, à peine de nullité, concourir à la formation du jury de jugement [23].

---

(19) Cass. fr. 13 mai 1841. [P.43.2.469.]

(20) Cass. fr. 7 juin 1832. [S-V.32.1.779.]—30 décembre 1841. [P.42.1.520.]

(21) Cass. fr. 25 avril 1833. [S-V.33.1.594.] — LESELLYER, t. 3, n° 1208; DE FRÉMINVILLE, *Proc. crim.*, n° 113. — V. Loi fr. du 10 mai 1853, art. 18.

(22) Cass. fr. 10 janvier 1853. [D.P.33.1.71.]

(23) Cass. fr. 12 nov. 1829. [S.30.1.56.] — Il peut arriver que le titu-

Mais si le temps de la dispense est écoulé et que le titulaire ne se représente pas, le supplémentaire peut être continué dans ses fonctions par la Cour [24].

Dès qu'un des vingt-quatre jurés titulaires manque, il y a lieu à appeler un juré supplémentaire, encore que la Cour ait sursis à statuer sur l'excuse proposée; ou, plus généralement, il y a lieu au remplacement d'un juré absent, quels que soient d'ailleurs les motifs de son absence et que la Cour ait ou non statué sur leur légitimité [25].

Les jurés supplémentaires sont tenus de se rendre à chaque audience de la Cour d'assises, à moins qu'ils n'en soient dispensés par la Cour (art. 13, Loi du 15 mai 1838).

§ 4.

Tirage des jurés complémentaires.

Si les jurés titulaires et supplémentaires réunis n'atteignent pas le nombre de vingt-quatre, ce nombre sera complété par le président de la Cour d'assises, qui tirera au sort publiquement parmi les noms de la liste des jurés domiciliés dans la commune (art. 14 de la loi du 15 mai 1838 et 395 C. d'inst. crim.). Voy. première part., chap. VI, § 1, *litt.* C, *in fine*.

Il peut arriver que les absences et les excuses fassent dis-

---

laire se représente après avoir été remplacé, et avant le tirage au sort du jury de jugement; dans ce cas, le supplémentaire appelé cesse d'avoir qualité pour siéger.—Cass. 27 septembre 1822. D.R., v° *Inst. crim.*, n° 1563; 27 avril 1820. D.R., v° *Inst. crim.*, n° 1737.

(24) Cass. fr. 17 octobre 1833. [S-V.34.1.40.]

(25) Cass. fr. 13 janvier 1827. [S.27.1.484.] — Cass. fr. 1er germinal an XII; 17 mai 1810. D.R., v° *Inst. crim.*, n° 1555.—Jugé dans le même ordre d'idées que l'on a pu procéder au remplacement avant qu'aucune décision sur les excuses soit intervenue. — Cass. fr. 10 octobre 1817; 25 octobre 1821; 26 janvier 1833; tous trois rapp. D.R., v° *Inst. crim.*, n° 1556.

paraître en entier la liste de session ; il y aura lieu dans ce cas à un tirage de 24 jurés complémentaires. [26].

Le tirage au sort constitue une formalité substantielle ; ainsi il y aurait nullité si le président désignait parmi les noms de la liste des complémentaires ceux qui seront appelés [27].

Il y aurait également nullité si le tirage au sort amenait le nom d'un juré qui ne figure pas ou ne doit pas figurer sur la liste dressée par la députation permanente [28].

Ne peuvent concourir à la formation du jury de jugement que les jurés complémentaires strictement nécessaires pour parfaire le nombre de vingt-quatre jurés; le concours d'un plus grand nombre vicierait la composition du jury [29].

Mais il n'y a pas nullité si le président tire au sort un plus grand nombre de complémentaires ; si la Cour ordonne que ces jurés seront appelés dans l'ordre du tirage et selon qu'on les trouvera à domicile, les deuxième et troisième jurés ont pu valablement concourir à la formation du jury s'il est constaté qu'ils ont été trouvés les premiers par l'huissier [30].

Dans l'hypothèse où le président aurait tiré au sort un nombre plus grand qu'il n'était nécessaire et que ces jurés complémentaires se seraient présentés, ceux qui sont en excé-

---

(26) Cass. fr. 6 février 1834. [D.P.34.1.120.]—Dans l'espèce de cet arrêt, il ne restait que deux des jurés de la liste primitive.—V. 29 mars 1806. D.R., v° *Inst. crim.*, n° 1557.

(27) Cass. fr. 12 mars 1824. [C.N.7.]—DE FRÉMINVILLE, *Proc. crim.*, n° 116 ; 28 janvier 1825 ; D.R., v° *Inst. crim.*, n° 1568.— L'arrêt précédent y est également rapporté.

(28) Cass. fr. 10 décembre 1824. [S.26.1.314.]— 28 janvier 1825. [S. 25.1.329.]—10 décembre 1824, D.R., v° *Inst. crim.*, n° 1585.

(29) Cass. 20 septembre 1833. [P.33.1.155.]—Cass. fr. 22 janvier 1841. [Bull., n° 19.]— 30 avril 1830. [C.N.9.] — 27 mars 1823. [S.25.1.250.] —29 avril 1819. [S.19.1.410.]—CARNOT, t. 3, p. 232.

(30) Cass. fr. 14 janvier 1811, *Bull.* n° 8.

dant perdent immédiatement tout caractère comme si leurs noms n'étaient jamais sortis, de telle sorte que si, à une audience suivante, il se faisait de nouveaux vides dans la liste de session, il y aurait nullité si l'on appelait ces mêmes jurés, au lieu de procéder à un nouveau tirage au sort [31].

La mission du juré complémentaire doit être envisagée à deux points de vue : elle est définitive pour la session en ce sens qu'il ne faut pas de nouveaux tirages pour chaque affaire [32]; elle est temporaire en ce sens que si l'absence du titulaire qui a nécessité l'adjonction vient à cesser, les pouvoirs du complémentaire cessent également, avec ce tempérament que le complémentaire pourra continuer à siéger malgré la présence du titulaire, si de nouvelles excuses ont de nouveau fait descendre le nombre des jurés de la liste de session au-dessous de vingt-quatre [33].

On a vu (ch. VI, 1re partie, § 1er, litt. D) que les jurés titulaires ou supplémentaires, qui auront satisfait aux réquisitions à eux faites, ne pourront être compris sur les listes de l'année courante ou de l'année suivante. Rien de semblable n'existe pour les jurés complémentaires; ainsi il y aurait nullité si, pour ce motif, le président écartait le nom d'un tel juré [34].

Le tirage au sort des jurés complémentaires doit avoir lieu publiquement à peine de nullité, et cette publicité doit

---

(31) Cass. 17 mars 1837. [P.37.1.63.] — 19 juin 1834. [P.34.1.260.]

(32) Cass. 18 février 1836. [P.36.1.193.] — Cass. fr. 18 juillet 1839. [S-V.40.1.817.] — 2 avril 1840. [S-V.41.1.257.]

(33) Cass. fr. 22 avril 1852, *Bull.*, n° 131. — Mais faut-il un arrêt de la Cour pour que le juré temporairement dispensé reprenne ses fonctions? Jugé que non. — Arrêt du 7 juin 1825; D.R., v° *Inst. crim.*, n° 1558. — Il en serait autrement pour le juré primitivement condamné comme défaillant (*Même arrêt*).

(34) Cass. fr. 25 novembre 1843. [S-V.44.1.434.]

ressortir soit du procès-verbal, soit d'autres pièces du dossier criminel [35].

Les noms des jurés complémentaires ainsi désignés par le sort ne doivent pas être notifiés aux accusés qui seront jugés pendant les jours suivants de la session [36]. Cependant la notification qui en serait faite ne pourrait point fournir un moyen de cassation [37].

CHAPITRE II.

Formation du jury de jugement.

Jurés titulaires. — Jurés suppléants. — Tirage au sort et annulation du tableau.—Récusations.

§ 1er.

Des Jurés titulaires.

Le nombre de douze jurés est nécessaire pour former un jury (art. 393).

---

(35) Cass. fr. 28 janvier 1825. [S.25.1.329.] — 13 janvier 1851. [S-V. 31.1.186.] — 18 septembre 1828. [S.28.1.368.] — 2 août 1832; D.R. v° *Inst. crim.*, n° 1580; 25 septembre 1837; 12 oct. 1837; D.R., v° *Inst. crim.*, n° 1581.—On trouve néanmoins un arrêt du 9 septembre 1824, [S.25.1.310.] qui dit que lorsque le procès-verbal est muet, la publication est cependant présumée. — Cass. 17 juillet 1835 [P.35.1.117.] décide que la publicité est substantielle. Arrêt rendu sur les conclusions contraires de M. DEWANDRE.—Conf. CARNOT, sur l'art. 395, n° 10.—PAILLET, sur le même article.—V. LEGRAVEREND, t. 3, p. 156.—V. sur les anciennes variations de la Cour de Cass. fr. D. R., v° *Inst. crim.*, n° 1572-3 et 1576-7-8.

(36) Cass. fr. 24 juillet 1828, *Bull.*, n° 128. —16 janvier 1835, *Bull.*, n° 21.—19 juillet 1839, *Bull.*, n° 237.— CARNOT, *Observ. add.*, sur l'art. 394, nos 9 et 10.

(37) Cass. fr. 26 décembre 1833, *Bull.*, n° 520. — LESELLYER, t. 3, n° 1248.

Il y aurait nullité si le jury se composait d'un autre nombre de jurés, quel qu'il soit (1).

Le procès-verbal doit, à peine de nullité, contenir la preuve de la composition régulière du jury et de la présence des douze jurés à tous les actes de l'audience (2).

Cependant relativement à ce dernier point, le silence du procès-verbal de l'audience peut être suppléé par le procès-verbal du tirage au sort (3).

§ 2.

Des Jurés suppléants.

Lorsqu'un procès criminel paraîtra devoir occasionner de longs débats, la Cour d'assises pourra ordonner, avant le tirage de la liste des jurés qu'indépendamment des douze jurés, il en sera tiré au sort un ou deux autres qui assisteront aux débats (art. 16 de la loi du 15 mai 1838).

Il y aurait nullité si le président avait seul ordonné l'adjonction d'un suppléant; il est nécessaire que la Cour intervienne par un arrêt et que le procès-verbal ne laisse point de doute à cet égard (4).

Cet arrêt ne doit toutefois ni être donné en minute et

---

(1) Cass. fr. 7 janvier 1830. [S.30.1.146.]—22 octobre 1822. [C.N.7.]

(2) Cass. 2 novembre 1811. [S.12.1.95.] — CARNOT, t. 3, p. 43. — BOURGUIGNON, t. 2, p. 250.

(3) Cass. 11 juin 1849. [P.49.1.259.]

(4) Cass. fr. 10 mai 1832. [S-V.32.1.498.] — 5 mai 1832. [S-V.32.1.341.]—20 septembre 1832. D.R., v° *Inst.crim.*, n° 1836. — 13 septembre 1834, *Bull.*, n° 303. — DE FRÉMINVILLE, *Proc. crim.*, n° 140. — *Contrà*, Cass. fr. 19 juillet 1832, *Bull.*, n° 910. — Il y aurait nullité quand même le suppléant n'aurait pas été appelé à remplacer un titulaire. — Cass. fr. 3 mai 1832. [S-V.32.1.341.] — 28 juillet 1833. [S-V.34.1.672.]—13 septembre 1834, D. R., v° *Inst. crim.*, n° 1838. — Conf. sur la teneur du procès-verbal à cet égard.— Cass. fr. 10 mai 1832, D.R., v° *Inst. crim.*, n. 1838.

signé, ni être rendu publiquement [5], ni même être motivé [6]. Il suffit que le procès-verbal porte que la Cour a ordonné l'adjonction des suppléants [7].

L'accusé ou son conseil ne doivent pas être entendus sur cette adjonction [8].

Y aurait-il nullité si l'adjonction de suppléants était ordonnée pendant ou après le tirage [9] ?

La Cour peut-elle, après avoir ordonné l'adjonction d'un suppléant, revenir sur cette décision par un arrêt postérieur ? [10].

Si un ou deux des douze jurés se trouvaient empêchés de suivre les débats, ils seront remplacés par les jurés suppléants.

La cause de l'empêchement sera jugée par la Cour, et le remplacement se fera suivant l'ordre dans lequel les jurés

---

(5) Cass. fr. 3 janvier 1833. [S-V.33.1.875.] — 28 décembre 1838, D.R., v° *Inst. crim.*, n° 1839. — Mais il n'y aurait point nullité si l'arrêt était rendu en séance publique. — Cass. fr. 16 juillet 1829. [S.29.1.305.]

(6) Cass. fr. 26 juillet 1824 et 25 juin 1846, D.R., v° *Inst. crim.*, n° 1840. — Conf., même recueil, n° 1841.

(7) Cass. fr. 13 août 1835. [S-V.36.1.148.] — 29 juin 1843. [S-V. 44.1.78.]

(8) Cass. fr. 8 octobre 1840, [S-V.40.1.1000.] — 26 juillet 1834. [S-V. 35.1.207.] — 30 juin 1838 et 26 juillet 1834. D.R., v° *Inst. crim.*, n° 1832. — Jugé même que cet arrêt peut être rendu hors de leur présence. — Cass. fr. 28 juin 1832. [S-V.33.1.245.] et la note.

(9) Affirmative. — CUBAIN, *Cours d'ass.*, n° 191. — DE FRÉMINVILLE, *Proc. crim.*, n° 144.

Négative, dans le cas, toutefois, où ce fait ne préjudicie pas au droit de récusation. — Cass. fr. 29 juin 1843. [S-V.42.2.78.] — 22 mai 1834 et 10 juin 1831, D.R., v° *Inst. crim.*, n° 1845.

(10) Jugé aff. dans l'espèce suivante : La Cour ordonne l'adjonction d'un suppléant ; mais, après la formation du jury de jugement, l'on s'aperçoit qu'il n'a été tiré que onze titulaires et un suppléant. — Arrêt de la Cour qui décide qu'il n'y aura point de juré suppléant, et que le suppléant deviendra le douzième titulaire. — Malgré l'irrégularité d'un pareil mode, la Cour de cassation a rejeté le pourvoi. — Cass. fr. 21 août 1840, D.R., v° *Inst. crim.*, n° 1838. — *Contrà*, CUBAIN, *Cours d'ass.*, n° 194.

suppléants auront été appelés par le sort (art. 16 de la loi du 15 mai 1838).

La Cour est souveraine appréciatrice des motifs de l'empêchement où se trouve un titulaire, et par conséquent, de son remplacement par un suppléant (11).

Le juré suppléant peut prendre part aux débats (12).

Le nom de juré suppléant n'est pas sacramentel ; ainsi, il n'y aurait pas nullité, par cela seul que le procès-verbal désignerait ces deux jurés sous le nom de treizième et quatorzième jurés (13).

§ 3.

Tirage au sort des jurés de jugement.

Présence de la Cour.—Publicité.—Présence de l'accusé et de son conseil. —Forme du tirage et indivisibilité.—Annulation du tableau.—Procès-verbal du tirage.

L'art. 399 porte : « Au jour indiqué et pour chaque affaire, l'appel des jurés non excusés et non dispensés sera fait avant l'ouverture de l'audience, en leur présence, en présence de l'accusé et du procureur général.

« Le nom de chaque juré répondant à l'appel sera déposé dans une urne.

« Le jury de jugement sera formé à l'instant où il sera sorti de l'urne douze noms de jurés non récusés. »

A.

PRÉSENCE DE LA COUR D'ASSISES.

Dans le silence de la loi on s'est demandé si la présence des assesseurs était nécessaire au tirage au sort.

---

(11) V. Cass. 21 mars 1842. [P.42.1.189.]

(12) Quand même il n'est pas appelé à remplacer un titulaire.— Cass. fr. 23 décembre 1826, D.R., v° *Inst. crim.*, n° 1849.

(13) Cass. 23 décembre 1826 ; D.R., v° *Inst. crim.*, n° 1831.

Jusqu'en 1830, les Cours de cassation de France et de Belgique avaient constamment jugé que les assesseurs ne prennent séance qu'après l'ouverture de l'audience; que leur concours à un acte qui a lieu en dehors de l'audience n'était pas requis [14], et que le président était le seul juge des incidents auxquels peut donner lieu le tirage au sort du jury de jugement [15].

Depuis, la jurisprudence a changé, en s'appuyant surtout sur ce motif que le président n'a point qualité pour vider seul un point devenu contentieux, et que ce pouvoir n'appartient qu'à la Cour d'assises [16].

De là, cette conséquence, que non-seulement la présence des membres de la Cour aux opérations du tirage du jury est régulière, mais encore qu'elle est indispensable, puisque cette même Cour peut être appelée à juger des incidents relatifs à des faits dont elle ne saurait avoir connaissance si elle n'a assisté à tous les actes de la formation du tableau [17].

La présence de la Cour n'empêchera point le président de vider seul les incidents sur lesquels aucun débat ne viendrait s'élever [18]; mais il n'y aurait point nullité s'il intervenait sur un tel incident un arrêt de la Cour ; ce ne serait là qu'une garantie de plus pour l'accusé [19].

---

(14) Cass. 27 décembre 1834. [P.34.1.343.] — Cass. fr. 2 septembre 1830. [S.30.1.401.] — 12 septembre 1833, *Bull.*, n° 375. — 25 mai 1837. [S-V.38.1.622.]

(15) Cass. fr. 1er décembre 1820. [S. 21.1.13.] — 20 juin 1839. [P.39. 2.666.]

(16) Cass. fr. 3 décembre 1836. [S-V.38.1.84.] — Arrêt qui a été la base de la jurisprudence nouvelle. — V. encore 12 décembre 1840. [S-V. 40.1.948.] — Et le réquisitoire de M. DUPIN. — 25 juin 1840. [D.P.40.1. 425.] — Cass. 21 mars 1842. [P.42.1.235.]

(17) CUBAIN, *Cours d'ass.*, n° 203. — DE FRÉMINVILLE, *Proc. crim.*, n° 163. — CARNOT, sur l'art. 399, n° 1. — Conf. LEGRAVEREND, t. 2, p. 166.

(18) Cass. fr. 19 janvier 1838. [S-V.38.1.128.]

(19) Cass. fr. 7 juillet 1847. [S-V.47.1.877.]

B.

PUBLICITÉ. — PRÉSENCE DE L'ACCUSÉ. — PRÉSENCE DU CONSEIL.

Régulièrement, le tirage au sort doit avoir lieu en dehors de l'audience et, par conséquent, sans publicité; cependant, une jurisprudence constante admet que la formation du jury de jugement peut avoir lieu en audience publique [20].

Il en devait être ainsi, puisqu'il résulte des discussions que les mots *avant l'audience* n'ont été insérés dans l'art. 309 que dans l'intérêt des jurés; on pensait alors qu'il serait désagréable pour eux de s'entendre récuser en public [21].

La présence du conseil est autorisée en France par la loi du 28 avril 1832; en Belgique, elle est admise par la jurisprudence [22]. L'absence volontaire du conseil ne saurait être une cause de nullité, car s'il en était autrement, il pourrait toujours dépendre du conseil de vicier la procédure [23]. Voy. 1re partie, chap. 11, § 3, note 11.

L'absence de l'accusé à tout ou partie des opérations dont il s'agit cause nécessairement nullité. La teneur du procès-verbal ne doit point laisser le moindre doute à cet égard [24].

---

(20) Cass. 18 mai 1847. [P.47.1.293.] — 21 mars 1842. [P.42.1.235.] — 14 août 1843. [P.44.1.15.] — Conf. 27 mars 1835. [P.35.1.57. — 4 avril 1835. — [P.35.1.61.] — Cass. fr. 2 août 1833. [S-V.33.1.887.] — 8 octobre 1834. [S-V.35.1.220.] — 3 décembre 1836. [S-V.38.1.82.]

(21) V. Locré, t. 14, p. 67, 83, 89 et 106.

(22) Cass. 9 août 1841. [P.41.1.291.] — 24 mai 1843. [P.43.1.213.] — Avant la loi de 1832, la même jurisprudence existait en France : — Cass. fr. 29 avril 1813. [S.17.1.320.] — 29 mai 1817. [C.N., n° 5.] — Merlin, *Rép.*, v° *Juré*, § 94.

(23) Cass. fr. 20 juin 1839. — De Fréminville, *Proc. crim.*, n° 155. — Cubain, *Cours d'ass.*, n° 203.

(24) Cass. fr. 14 septembre 1829. [S.30.1.355.] — 19 janvier 1850, *Bull.*, n° 28. — Conf. cass. 24 mars 1832. [P.32.1.312.]

C.

FORME DU TIRAGE ET INDIVISIBILITÉ.

Le tirage au sort des jurés de jugement est une formalité d'ordre public ; ni le consentement de l'accusé, ni celui du ministère public, ne couvrirait la nullité qui résulterait d'un autre mode de formation du tableau [25], quand même il ne s'agirait que de la désignation d'un seul des douze jurés [26]. Ainsi, encore, il y aurait nullité si, du consentement de l'accusé, on substituait un autre juré à un juré amené par le sort [27].

Il peut arriver que, par erreur, on tire treize jurés ; le treizième est sans qualité, et s'il est aussitôt rayé, ce seul fait ne vicierait point la procédure [28] ; il en serait autrement si le procès-verbal laissait du doute sur le point de savoir lequel des treize jurés sortis a été éliminé pour ramener le jury à douze titulaires [29].

Il faut, à peine de nullité, que les noms mêmes des jurés soient mis dans l'urne; des numéros correspondants ne suffiraient pas [30].

Le placement des jurés, dans l'ordre déterminé par le sort, suivant le prescrit de l'art. 309, n'est point requis, à peine de nullité [31].

L'opération du tirage au sort du jury est indivisible ; ainsi, la procédure serait viciée si le président, après avoir mis les noms dans l'urne, ajournait au lendemain le tirage au sort [32].

---

(25) Cass. fr. 12 mars 1824. [C.N.7.]
(26) Cass. fr. 23 mars 1815. [C.N.5.]
(27) BOURGUIGNON, sur l'art. 399, n° 4 ; LESELLYER, t. 3, n° 1314.
(28) Cass. fr. 7 janvier 1829. [S-V.30.1.146.]
(29) Cass. fr. 27 avril 1815. [C.N.5.]
(30) Cass. fr. 14 septembre 1829. [S.29.1.345.]
(31) Cass. 27 décembre 1834. [P.34.1.343.]
(32) Cass. fr. 5 janvier 1850. [S-V.50.1.630.]

D

ANNULATION AU TABLEAU.

En matière d'annulation du tirage du jury de jugement, il est un principe dont il faut tenir compte, à savoir :

Que le juré, régulièrement appelé par le sort et non récusé, est acquis à l'accusé (sauf le cas de renvoi à une autre session).

Mais, aussi, chaque fois qu'une irrégularité qui vicie la procédure a eu lieu, comme les jurés sortis sont sans qualité, la Cour doit annuler le tirage et recommencer les opérations ou la formation du jury de jugement.

Ainsi, la Cour annulera le tirage, si elle s'aperçoit qu'un incapable fait partie du jury de jugement [33].

Mais il y aurait nullité si l'annulation du tableau était prononcée, parce qu'il serait survenu un titulaire absent au tirage, si la liste sur laquelle ce tirage a eu lieu contenait d'ailleurs un nombre de jurés suffisant [34].

Il n'y aurait pas nullité, parce qu'un juré, en prenant place sur son siége, déclarerait qu'il ne remplit ses fonctions qu'à contre-cœur et parce qu'il y est forcé [35] ;

Parce qu'un juré aurait déclaré qu'il était personnellement intéressé au procès, et que son opinion était formée [36].

Si la Cour a prononcé l'annulation du tableau, elle peut valablement remplacer, suivant le prescrit de l'art. 395, ceux des jurés qui ne se représenteraient point [37].

Si l'examen est commencé, peut-on encore prononcer

---

(33) Cass. fr. 19 février 1841. [S-V.42.1.44.] — 28 août 1835. [S-V. 36.1.113.] — RAUTER, n° 707.

(34) Cass. fr. 29 avril 1847. [S-V.47.1.745.]

(35) Cass. 5 septembre 1839. [P.39.1.190.]

(36) Cass. fr. 16 octobre 1846. [S-V.46.1.760.]

(37) Cass. fr. 28 août 1835. [S-V.36.1.113.]

l'annulation du tirage et procéder sur la même liste de session à la formation d'un nouveau jury (38) ?

Si, après un tirage régulier, un des douze jurés se trouve empêché de continuer à siéger et qu'il n'y ait point de suppléants, il y a lieu de prononcer le renvoi à la session prochaine. Cependant il n'y aurait pas nullité si la Cour, du consentement de l'accusé, annulait le premier tirage, composait un nouveau jury et recommençait l'examen (39).

C'est la Cour d'assises et non le président seul qui peut ordonner l'annulation du tableau de jugement (40).

E

PROCÈS-VERBAL DE LA FORMATION DU JURY DE JUGEMENT.

Le procès-verbal relatif à la formation du tableau peut être fait sur des feuilles ou formules imprimées (41).

Il doit, à peine de nullité, être daté (42) et signé du président et du greffier (43).

Jugé en France qu'il peut ne faire qu'un avec le procès-verbal de l'examen (44).

Il ne doit pas faire mention, à peine de nullité, des arrêts de dispense (45).

---

(38) On peut annuler à la fois le tirage et l'examen, et même renvoyer, avec le consentement de l'accusé, à un autre jour de la session.—Cass. fr. 17 février 1848. [S-V.49.1.74.]—6 août 1835. [S-V.35.1.859.]—*Contrà*, CUBAIN, *Cours d'ass.*, n° 220.

(39) Cass. fr. 22 novembre 1839. [S.V.40.1.253.]

(40) CUBAIN, *Cours d'ass.*, n° 222.

(41) Cass. 7 mai 1849. [P.50.1.474.]—23 mars 1837. [P.37.1.70.] — 11 mars 1836. [P.36.1.213.] — Jugé, en France, que la prohibition de la loi du 28 mai 1832 ne s'étend pas au procès-verbal du tirage au sort. — Cass. fr. 29 août 1840. [D.P.40.1.439.]—18 mai 1841 [S-V.41.1.558.]

(42) Cass. fr. 13 fructidor an XIII. [C.N.2.]

(43) Cass. 20 février 1843. [P.43.1.110.] — Cass. fr. 11 juin 1833. [S-V.35.1.853.]

(44) Cass. fr. 13 août 1835. [S-V.36.1.148.]

(45) Cass. 20 mars 1843. [P.43.1.184.]

Il ne doit pas mentionner par qui les noms des jurés ont été mis dans l'urne [46].

Les formalités omises au procès-verbal sont censées n'avoir pas existé [47].

§ 4.

Récusations.

L'accusé premièrement et le procureur général récuseront tels jurés qu'ils jugeront à propos, à mesure que leurs noms sortiront de l'urne, sans pouvoir toutefois exposer leurs motifs de récusation (art. 399).

Le droit de récusation est substantiel ; toute omission ou violation de formalités qui y sont relatives emporte nullité [48].

Un obstacle quelconque apporté à l'exercice de ce droit vicierait toute la procédure [49].

Cependant il ne suffirait pas d'une allégation à cet égard; il faut qu'il y ait preuve, par les pièces du procès, de l'entrave mise au droit de récusation [50].

Le juré récusé perd à l'instant toute qualité; sa participation aux débats entraînerait nullité [51].

Dès qu'une récusation a eu lieu, on ne peut ensuite la rétracter [52].

---

(46) Même arrêt.

(47) C'est un principe général qui ressort de tous les arrêts sur la matière. — V. Cass. 24 mars 1832 [P.32.1.312.] qui en fournit un exemple marquant.

(48) Jurisp. const. Cass. fr. 30 août 1816. [S.17.1.268.] — 24 décembre 1813, D.R. v° *Inst. crim.*, n° 1854. — V. CUBAIN, *Cours d'ass.*, n° 207, etc.

(49) V. Cass. fr. 30 novembre 1827 ; D.R., v° *Inst. crim.*, n° 1854.

(50) Cass. fr. 3 avril 1828. [S.28.1.367.]

(51) Cass. fr. 6 février 1834. [S-V.34.1.362.] — CUBAIN, *Cours d'ass.*, n° 206.

(52) Cass. fr. 31 juillet 1829. [S.29.1.395.]

6.

De même, dès que le nom du juré suivant est sorti, le juré précédent ne peut plus être récusé [53].

Un juré ne peut se récuser lui-même [54].

Toute personne traduite en Cour d'assises, quelle que soit la qualification légale du fait pour lequel elle est poursuivie, jouit du droit de récusation [55].

Le droit de récusation n'est point tellement personnel à l'accusé, qu'il ne puisse l'exercer par l'organe de son conseil [56]. En France, la loi a formellement reconnu cette mission du conseil [57].

Les récusations de l'accusé et du procureur général s'arrêteront lorsqu'il ne restera que douze jurés, et dans le cas d'adjonction d'un ou deux suppléants, lorsqu'il ne restera que treize ou quatorze jurés (art. 400 C. d'inst. crim., et 16, loi du 15 mai 1838.)

Il n'y a point en France de texte qui restreigne les récusations dans le cas d'adjonction de suppléants; la jurisprudence a cependant établi la même règle [58].

L'accusé et le procureur général pourront exercer un nombre égal de récusations ; cependant si les jurés sont en nombre impair, les accusés pourront exercer une récusation de plus que le procureur général (art. 401).

---

(53) Cass. fr. 12 juillet 1833. [S-V.33.1.601.] — 1er septembre 1836. [S-V.37.1.263.]

(54) Le droit de récusation n'appartient qu'au procureur général et à l'accusé. — V. sur ce point RAUTER, t. 2, n° 786, et Cass. fr. 5 septembre 1816; D.R., v° *Inst. crim.*, n° 1862.

(55) Cass. fr. 3 décembre 1836. [S-V.38.1.84.]—CUBAIN, *Cours d'ass.*, n° 208.

(56) Cass. 28 mars 1843. [P.43.1.165.]—28 juin 1839. [P.39.1.130.]—Conf. LEGRAVEREND, t. 2, p. 177, note; DE SERRES, *Manuel des Cours d'assises*, t. 1, p. 256.

(57) Le nouvel art. 399 porte en effet : « L'accusé premièrement, *ou son conseil.....* » Loi du 28 mai 1832.

(58) Cass. fr. 10 août 1827. [S.28.1.367.]—22 janvier 1830. [S-V.31.1.332.]

Le président avertira l'accusé du nombre de récusations qu'il pourra exercer; l'omission de cet avertissement ne peut être une cause de nullité [59].

Si le ministère public excède ses récusations, il y aura nullité, sans qu'il y ait lieu de distinguer si l'accusé a ou non épuisé son droit de récusation [60].

De même pour l'accusé [61]; cependant il a été jugé que l'accusé n'était pas recevable à se pourvoir pour ce fait, parce que n'ayant souffert aucun préjudice, il est sans intérêt [62].

S'il y a plusieurs accusés, ils pourront se concerter pour exercer leurs récusations; ils pourront les exercer séparément.—Dans l'un et l'autre cas, ils ne pourront excéder le nombre de récusations déterminé pour un seul accusé (art. 402).

L'avertissement donné aux accusés *qu'ils aient à s'entendre* ne saurait être envisagé comme une injonction du président de nature à entraver leur droit de récusation [63].

Il n'est pas nécessaire que le procès-verbal fasse mention de celui des accusés qui a exercé les récusations au nom de tous [64].

Si les accusés ne se concertent pas pour exercer leur droit, le sort réglera entre eux le rang dans lequel se feront les récusations. Dans ce cas, les jurés récusés par un seul

---

(59) Cass. fr. 4 janvier 1840. [S-V.41.1.596.]

(60) Cass. 8 août 1834. [P.34.1.293.] — 2 novembre 1846. [P.47.1.147.]—Cass. fr. 23 décembre 1813, D.R., v° *Instr. crim.*, n° 1872; CARNOT. t. 3, p. 73; BOURGUIGNON *Jurispr.*, t. 2, p. 282. — *Contrà*, Cass. fr. 22 octobre 1812, D. R., v° *Inst. crim.*, n° 1871.

(61) Cass. fr. 27 décembre 1811. [S.17.1.320.]—MERLIN, *Rép.*, v° *Récusation*, § 3, art. 1er, n° 2.

(62) Cass. fr. 27 septembre 1844, D. R., v° *Inst. crim.*, n° 1873.

(63) Cass. fr. 12 février 1842. [S-V.42.1.155.] — 2 mars 1850, *Bull.*, n° 78.—Conf. D.R., v° *Inst. crim.*, nos 1874 et s.

(64) Cass. fr. 3 mai 1834. [S-V.35.1.779.]

accusé le seront pour tous, jusqu'à ce que le nombre des récusations faites dans cet ordre soit épuisé (art. 403).

Il faut, autant que possible, que le nombre des récusations à exercer par chaque accusé soit le même; ainsi, il y aurait nullité, si le président tirait au sort, parmi les accusés, celui qui exercerait toutes les récusations [65].

Les accusés pourront se concerter pour exercer une partie des récusations, sauf à exercer le surplus suivant le rang fixé par le sort (art. 404).

Ainsi qu'il a été dit au paragraphe précédent, c'est la Cour d'assises et non le président seul qui connaîtra des difficultés qui peuvent s'élever entre les accusés [66].

CHAPITRE III.

Présence de l'accusé pendant l'examen.

Comparution de l'accusé. — Droit du président de faire retirer l'accusé.

§ 1.

Comparution de l'accusé.

Il n'est point, en Belgique, de procédure possible devant le jury, si l'accusé n'assiste à tous et chacun des actes des débats.

Ce principe est général et absolu; ainsi, dans l'hypothèse où la Cour quitte son local ordinaire pour visiter le lieu du crime, l'accusé doit y être conduit, à peine de nullité [1].

---

(65) Cass. fr. 2 février 1833. [S-V.33.1.479.]—26 février 1841. [S-V. 42.1.260.]

(66) Cass. fr. 3 décembre 1836. [S-V.38.1.82.]—CUBAIN, *Cours d'ass.*, n° 216; DE FRÉMINVILLE, *Proc. crim.*, n° 163.

(1) DE FRÉMINVILLE, *Proc. crim.*, nos 203 et 207 *bis*, et arrêt Cass. fr. 20 septembre 1853, qui s'y trouve rapporté. — CUBAIN, *Cours d'ass.*, n° 249.

Il n'en est plus de même en France, depuis la loi du 25 septembre 1835; l'accusé peut refuser de comparaître, et, dans ce cas, il prend une position qui a beaucoup d'analogie avec celle de l'accusé, éloigné momentanément de l'audience par ordre du président (2).

En Belgique, l'accusé ne peut refuser de comparaître « libre, et seulement accompagné de gardes pour l'empêcher de s'évader » (310).

S'il refuse, il ne devra s'en prendre qu'à lui de la violence que l'on aura dû employer pour l'amener à l'audience et l'y faire rester (3).

---

(2) Loi du 9 septembre 1835, art. 8 : « Au jour indiqué pour la comparution à l'audience, si les prévenus, ou quelques-uns d'entre eux, refusent de comparaître, sommation d'obéir à justice leur sera faite au nom de la loi, par un huissier commis à cet effet par le président de la Cour d'assises, et assisté de la force publique. L'huissier dressera procès-verbal de la sommation et de la réponse des prévenus.

« Art. 9. Si les prévenus n'obtempèrent point à la sommation, le président pourra ordonner qu'ils soient amenés par la force devant la Cour; il pourra également, après lecture faite à l'audience du procès-verbal constatant leur résistance, ordonner que, nonobstant leur absence, il soit passé outre aux débats. — Après chaque audience, il sera, par le greffier de la Cour d'assises, donné lecture, aux prévenus qui n'auront point comparu, du procès-verbal des débats, et il leur sera signifié copie des réquisitoires du ministère public, ainsi que des arrêts rendus par la Cour, qui seront tous réputés contradictoires.

« Art. 10. La Cour pourra faire retirer de l'audience, et reconduire en prison, tout prévenu qui, par des clameurs ou par tout autre moyen propre à causer du tumulte, mettrait obstacle au libre cours de la justice, et, dans ce cas, il sera procédé aux débats et au jugement comme il est dit aux deux articles ci-dessus. »

Il faut lire cette loi comme s'il y avait le mot *accusé* au lieu du mot *prévenu*. Ce mot *prévenu* n'a été inscrit dans la loi qu'à raison des premiers articles, qui permettaient, dans certains cas, la citation directe devant la Cour d'assises. — Ces articles furent, depuis, abrogés par le décret du 6-8 mars 1848, abrogé lui-même par la loi du 4-10 juin 1853, qui a été citée plus haut.

V. encore CUBAIN, *Cours d'ass.*, n° 249. — Cass. fr. 12 décembre 1840. [S.-V. 40.1.948.] — DE FRÉMINVILLE, *Proc. crim.*, n° 201.

(3) LEGRAVEREND, chap. II, sect. 9, § 3, *in fine*, t. 1, p. 120.

La liberté dont parle l'art. 310 ne doit commencer à exister pour l'accusé, qu'à partir de l'examen, c'est-à-dire après la formation du jury de jugement [4].

Dans le cas de silence du procès-verbal à cet égard, l'accusé est présumé avoir joui de cette liberté [5].

Il n'est pas nécessaire que le procès-verbal mentionne la présence des gardes qui empêchent l'accusé de s'évader; l'absence de ces gardes ne saurait d'ailleurs vicier la procédure [6].

Celui qui est poursuivi à raison d'un délit politique ou de presse devra également comparaître en personne, il aura une place distincte de celle des accusés pour crimes; s'il ne comparaît point, il sera jugé par contumace (art. 8, décret du 19 juillet 1831).

§ 2.

Droit du président de faire retirer l'accusé.

Ce droit du président, consacré par l'art. 327, constitue la seule exception au principe qui veut la présence effective de l'accusé pendant les débats.

L'art. 327 porte : « Le président pourra avant, pen-
« dant ou après la déposition d'*un témoin*, faire retirer un
« ou plusieurs accusés et les examiner séparément..., sur
« quelques circonstances du procès. »

Cette disposition est purement énonciative; ainsi il a été jugé : que le président pourrait faire retirer un accusé pendant l'interrogatoire de son coaccusé, et avant que les témoins soient entendus [7];

---

(4) Cass. 20 mars 1843. [P.43.1.184.]
(5) Cass. fr. 18 août 1829. [S.29.1.361.]
(6) Cass. fr. 7 octobre 1824. [D.A.4.501.]
(7) Cass. 31 janvier 1843. [P.43.1.101.] — Cass. fr. 12 août 1825. [S.25.1.426.] — CUBAIN, *Cours d'ass.*, n° 255.

Que plusieurs témoins pourraient être entendus pendant l'absence de l'accusé (8);

Qu'il ne fallait point distinguer s'il y avait un ou plusieurs accusés à examiner (9), un ou plusieurs témoins à entendre (10).

Le droit de faire retirer l'accusé ne comporte pas celui de faire retirer le conseil (11).

Ce droit est personnel au président; il y aurait nullité si la Cour, usurpant des pouvoirs qui ne lui appartiennent pas, ordonnait que l'accusé fût momentanément éloigné de l'audience (12).

Le président aura soin de ne reprendre la suite des débats généraux, qu'après avoir instruit chaque accusé de ce qui se sera fait en son absence, et de ce qui en sera résulté (art. 327).

Cette formalité est substantielle, son omission emporte nullité (13).

Le président peut cependant interroger l'accusé avant de lui rendre compte de ce qui s'est passé en son absence (14).

Le président doit-il personnellement faire ce compte rendu, ou peut-il désigner un de ses assesseurs à cet effet (15)?

---

(8) Cass. fr. 28 mars 1829. [S.29.1.231.]—*Contrà*, DE FRÉMINVILLE, *Proc. crim.*, n° 212.

(9) CARNOT, sur l'art. 327.

(10) Cass. fr. 19 août 1819. [S.20.1.32.]

(11) CARNOT, sur l'art. 327; Cass. fr. 28 janvier 1830; CUBAIN, *Cours d'ass.*, n° 256; DE FRÉMINVILLE, *Proc. crim.*, n° 213.

(12) LEGRAVEREND, t. 2, p. 207; DE FRÉMINVILLE, *Procéd. crim.*, n° 209.

(13) Cass. fr. 15 juillet 1825. [S.25.1.364.] — 12 août 1825. [S.25.1.426.]—17 janvier 1823. [S.23.1.155.]

(14) Cass. 16 juillet 1851. [P.51.1.334.] — Cass. fr. 16 juin 1836. [S-V.36.1.843.]—30 avril 1841, *Bull.*, n° 121.

(15) Cass. fr. 26 mai 1826. [S.27.1.177.] — *Contrà*, CUBAIN, *Cours d'ass.*, n° 257.

CHAPITRE IV.

Formalités préparatoires aux débats (1).

Identité de l'accusé.—Avertissement au conseil. — Serment des jurés.— Lecture de l'arrêt de renvoi et de l'acte d'accusation.—Avertissement à l'accusé (art. 310 à 315).

§ 1.

Identité de l'accusé.

Le président demandera à l'accusé son nom, ses prénoms, son âge, sa profession et le lieu de sa naissance (art. 310).

---

(1) Les débats, dans le sens usuel du mot, ne commencent que lorsqu'il peut y avoir discussion entre le ministère public et l'accusé, c'est-à-dire lorsque le premier témoin est interrogé.

C'est dans ce sens usuel que le mot doit être entendu dans l'intitulé de ce chapitre.

C'est dans ce sens usuel que le législateur l'emploie dans l'art. 354, où on lit : « Avant que les débats soient ouverts par la déposition du premier « témoin inscrit sur la liste. »

La loi, qui détermine exactement le moment de la clôture des débats (art. 335), ne s'explique pas d'une manière précise sur le moment de leur ouverture.

Il est cependant indispensable de déterminer le commencement des débats proprement dits pour l'application des dispositions relatives à la publicité et à la non-interruption des débats, à la prorogation ou au renvoi de l'affaire.

D'après la dernière jurisprudence et la doctrine, les débats proprement dits commencent aussitôt après la formation du jury de jugement.

Cass. fr. 24 décembre 1824. [S.26.1.24.] — 27 avril 1850. [S-V.50.1. 811.]—11 janvier 1816, D.R., 1re édit., t. 4, p. 392.— 12 décembre 1823, *eod. loc.*—CUBAIN, *Cours d'ass.*, nos 360 et 361 ; DE FRÉMINVILLE, *Proc. crim.*, n° 186.—V. encore chap. 5, 1re part., notes 1 et 4, p. 16. — V. cependant l'arrêt : Cass. fr. 17 avril 1834, D. R., v° *Inst. crim.*, n° 2105, qui dit : « Que l'art. 354 ne fixe pas le moment de l'ouverture des débats, et qu'en présence de ces dispositions purement énonciatrices, la Cour reste maîtresse d'apprécier le moment où les débats sont ouverts. »

Cette interpellation du président n'est point prescrite à peine de nullité [2].

§ 2.

Avertissement au conseil de l'accusé.

Le président avertira le conseil de l'accusé qu'il ne peut rien dire contre sa conscience ou contre le respect dû aux lois, et qu'il doit s'exprimer avec décence et modération (art. 311).

Cet avertissement n'est point prescrit à peine de nullité [3]; aussi les présidents d'assises en France s'abstiennent dans leur avertissement de reproduire les termes de l'article 311 [4].

§ 3.

Serment des jurés.

Le président adressera aux jurés debout et découverts, le discours suivant :

« Vous jurez et promettez devant Dieu et devant les hommes, d'examiner avec l'attention la plus scrupuleuse les charges qui seront portées contre N..... ; de ne trahir ni les intérêts de l'accusé, ni ceux de la société qui l'accuse ; de ne communiquer avec personne jusqu'après votre déclara-

---

(2) Cass. 11 septembre 1835. [P.35.1.134.]

(3) Cass. 11 septembre 1843. [P.44.1.199.] — Cass. fr. 14 septembre 1837. [D.P.36.1.416.]—21 mars 1844. [S-V.44.1.668.]

(4) PERRÈVE, *Manuel des Cours d'assises*, p. 204, s'exprime ainsi : « Cette formalité, qui, en général, paraît au barreau blessante, ou au moins inutile, semble être une imitation de l'usage introduit du temps de Justinien, de prêter, à chaque entrée de cause, le serment d'observer les édits, règlements, etc. Son omission n'entraîne pas nullité. »

CUBAIN, *Cours d'ass.*, au n° 394, note, dit : « Beaucoup de présidents épargnent à l'avocat cet avertissement, et se bornent à l'engager à se conformer aux dispositions de l'art. 311. »

tion ; de n'écouter ni la haine ou la méchanceté, ni la crainte ou l'affection ; de vous décider d'après les charges et les moyens de défense, suivant votre conscience et votre intime conviction, avec l'impartialité et la fermeté qui conviennent à un homme probe et libre. »

Chacun des jurés appelés individuellement par le président répondra, en levant la main : *je le jure*, à peine de nullité (art. 312).

Le serment des jurés constitue une formalité tellement substantielle, que son omission avant les premiers actes de l'examen ne peut plus être réparée, même du consentement de l'accusé (5).

Il faut non-seulement que les jurés aient prêté serment, mais encore que le procès-verbal relate l'accomplissement de cette formalité (6).

Toutefois il ne faut pas, à peine de nullité, que les termes du serment soient textuellement transcrits au procès-verbal (7).

Ainsi jugé : qu'il suffit que le procès-verbal porte que les jurés ont prêté le serment prescrit par l'art. 312 (8) ; qu'il n'y a pas nullité si le procès-verbal porte que le serment a été prêté suivant l'art. 412, et que le chiffre 4 a été ensuite surchargé par un 3, encore que cette surcharge ne soit pas approuvée (9).

Jugé cependant que les mots *je le jure* doivent, à peine de nullité, être repris au procès-verbal (10).

---

(5) Cass. fr. 2 février 1810, D. R., vº *Inst. crim.*, nº 1950 ; 10 décembre 1831. [S-V.32.1.36.] F. HÉLIE, *Encycl. du droit*, t. 7, p. 77.

(6) Cass. fr. 1er juillet 1824. [S.25.1.180.] — 12 février 1825. [S.25.1.313.] — 12 septembre 1832. [S-V.33.1.313.]

(7) Cass. 27 mai 1837. [P.37.1.99.] — 7 février 1843. [P.43.1.98.] — Cass. fr. 5 janvier 1832, D. R., vº *Inst. crim.*, nº 1951, 3º.

(8) Cass. fr. 5 janvier 1832. [S-V.32.1.511.]

(9) Cass. fr. 30 avril 1841, D. R., vº *Inst. crim.*, nº 1951, 4º.

(10) Cass. fr. 12 février 1825. [S.25.1.313.]

Chacun des jurés, dit l'art. 312, répondra *je le jure*, à peine de nullité ; or comme les mots *je le jure* n'ont de valeur que dans leur corrélation avec le discours du président, il semble que les termes de ce discours sont également prescrits, à peine de nullité. Cependant la Cour de cassation de France a jugé qu'il n'y avait pas nullité dans le fait du président qui changeait la formule de l'art. 312 ; ces décisions ont été critiquées par plusieurs criminalistes [11].

La loi ne distingue pas entre les jurés titulaires et les jurés suppléants ; ces derniers doivent, à peine de nullité, prêter serment [12].

L'omission de ce serment vicierait la procédure quand même le ou les jurés suppléants n'auraient point participé à la délibération du jury [13].

Le juré ne doit point ajouter aux mots *je le jure* l'invocation à la divinité [14].

Toutefois, cette invocation ne vicierait point la prestation du serment [15].

Le serment doit être public [16].

Il doit avoir lieu pour chaque affaire [17].

Malgré les termes de l'art. 312 « *appelés individuellement*

---

(11) Cass. fr. 14 septembre 1820. [S-V.21.1.22.] — 21 janvier 1814. [S-V.17.1.313.] — 16 février 1816, D. R., v° *Inst. crim.*, n° 1952 ; *sic*, LEGRAVEREND, t. 2, n° 261, p. 125, note.
Contrà, F. HÉLIE, *Encycl. du dr.*, t. 7, n° 281 ; CUBAIN, *Cours d'ass.*, n° 395 ; RODIÈRE, *Proc. crim.*, p. 234.

(12) Cass. fr. 29 mars 1822, D. R., v° *Inst. crim.*, n° 1958.

(13) Cass. fr. 20 septembre 1849, D. R., v° *Inst. crim.*, n° 1957.

(14) Cass. 29 octobre 1849. [P.50.1.25.]—14 décembre 1841. [P.42.1.51.]—9 août 1841. [P.41.1.291.]—17 juillet 1841. [P.41.1.236.]—20 décembre 1831. [P.32.1.9.]—24 octobre 1833. [P.33.1.164.]

(15) Cass. 17 janvier 1833. [P.33.1.15.]

(16) Cass. fr. 12 décembre 1823. [S.24.1.181.]

(17) Cass. fr. 7 floréal an 9, D. R., v° *Inst. crim.*, n° 1948.

par le président, » il a été jugé qu'il n'y a point nullité si l'appel nominal des jurés a été fait par le greffier [18].

§ 4.

Avertissement à l'accusé, lecture de l'acte d'accusation et de l'arrêt de renvoi.

Immédiatement après, le président avertira l'accusé d'être attentif à ce qu'il va entendre (art. 313).

Cet avertissement n'est point prescrit à peine de nullité [19].

Le président ordonnera au greffier de lire l'arrêt de renvoi et l'acte d'accusation.

Le greffier fera cette lecture à haute voix (art. 313).

Cette lecture n'est point prescrite à peine de nullité [20].

A fortiori, il n'y aura pas de nullité si l'interprète n'a traduit que le résumé de l'acte d'accusation [21].

Le président peut après cette lecture ordonner au greffier de lire d'autres pièces [22].

Le président rappellera ensuite à l'accusé ce qui est contenu en l'acte d'accusation et lui dira : « Voilà de quoi « vous êtes accusé ; vous allez entendre les charges qui se- « ront produites contre vous » (art. 314).

Ce discours du président ne constitue pas une formalité substantielle [23].

---

(18) Cass. fr. 16 juin 1836. [S-V.36.1.843.] — 11 février 1813, D. R., vo *Instr. crim.*, no 1955.

(19) Cass. 21 février 1839. [P.39.1.17.]

(20) Cass. fr. 5 septembre 1811. [S.17.2.312.]—F. HÉLIE, *Encycl. du dr.*, t. 7, p. 77, no 290; BOURGUIGNON, *Jurisp.*, t. 2, p. 52; LEGRAVEREND, t. 2, p. 489.

(21) Cass. fr. 29 mai 1840. [S-V.41.1.598.]

(22) Cass. fr. 20 janvier 1848. [S.V.48.1.524.]

(23) Cass. 14 février 1844. [P.44.1.200.]—21 février 1839. [P.39.1.17.]

En général le président fait subir à l'accusé un interrogatoire portant sur tous les faits de l'accusation [24].

CHAPITRE V.

Pouvoirs du président pendant les débats.

Police de l'audience. — Pouvoir discrétionnaire. — Direction des débats.

§ 1er.

Police de l'audience.

Le président aura la police de l'audience (art. 267).

Ce droit lui est personnel, la Cour d'assises ne peut intervenir à l'occasion de mesures de police qu'il aura prises [1].

Il rentre dans l'exercice de ce droit de permettre ou de refuser à la famille ou aux amis de l'accusé l'accès du banc de la défense [2].

---

(24) Si l'art. 319, alin. 3, porte que le président peut demander des éclaircissements à l'accusé, aucune disposition ne parle d'un interrogatoire général, qui a lieu, cependant, dans presque toutes les affaires criminelles.

L'interrogatoire est donc facultatif, le président reste juge de son opportunité. — Cass. fr. 29 juin 1820 ; 22 septembre 1827 ; D. R., v° *Inst. crim.*, n° 2240.

L'accusé, de son côté, a le droit de ne pas répondre. — CUBAIN, *Cours d'ass.*, n° 435. — Et son silence ne peut s'interpréter contre lui. — LEGRAVEREND, t. 1, ch. 12, sect. 1 et 2 ; BOURGUIGNON, sur l'art. 333, § 2 ; Conf. SEBIRE et CARTERET, n° 306 et s.

L'interrogatoire de l'accusé doit avoir lieu publiquement, à peine de nullité. — Cass. fr. 19 août 1818. [D. P. 48.5.73.]

(1) CUBAIN, *Cours d'ass.*, n° 108 ; DE FRÉMINVILLE, *Traité de proc. crim.*, n°s 170 et 165.

(2) Cass. fr. 17 avril 1851, *Bull.*, n° 147 ; 27 août 1852, *Bull.*, n° 302. « Attendu, dit ce dernier arrêt, que la demande de l'accusé de se faire assister par sa sœur concernait la police de l'audience, que l'art. 267, Cod. « inst. crim., confie exclusivement au président de la Cour d'assises. »

Le président peut ordonner la fermeture momentanée des portes de l'auditoire, en vue d'éviter le désordre [3].

Il peut refuser l'accès de la salle d'audience à un avocat qui n'est pas en robe [4].

Ce pouvoir n'a d'autres limites que celles qui résultent des dispositions légales prescrites, à peine de nullité, ou admises comme substantielles. Ainsi serait nulle la mesure de police par laquelle on ne serait admis dans l'auditoire que munis de billets distribués par le président; cette mesure est en effet contraire à la publicité des débats [5].

Si l'un ou plusieurs des assistants donnent des signes publics d'approbation ou d'improbation, ou excitent du tumulte, de quelque manière que ce soit, le président les fera expulser (art. 504).

La loi s'exprimant d'une manière générale, il en résulte que le président peut faire expulser, même une partie au débat, telle que le conseil de l'accusé, la partie civile, les témoins [6].

Mais non l'accusé [7].

Si les perturbateurs résistent aux ordres du président ou s'ils rentrent dans le prétoire, ils seront arrêtés et détenus

---

(3) Cass. fr. 7 octobre 1830. [S-V.31.1.168.]—V. LEGRAVEREND, t. 2, p. 181.

(4) Cass. fr. 7 octobre 1830. [S-V.31.1.368.]

(5) LEGRAVEREND, t. 2, p. 23; FAVARD DE LANGLADE, v° *Audience*, § 1; CUBAIN, *Cours d'ass.*, n° 375. — *Secùs*, Cass. fr. 6 février 1812. [S.12.1.97.]—V. note.

(6) Il est incontestable que si les causes de l'expulsion du défenseur (causes qui doivent être constatées par le procès-verbal) n'étaient pas légitimes, il y aurait violation des droits de la défense, et, par conséquent, cause de nullité.—CUBAIN, *Cours d'ass.*, n° 109, en note.

(7) En France, d'après l'art. 10 de la loi du 9 septembre 1835, l'accusé ne peut être expulsé qu'en vertu d'un arrêt de la Cour d'assises.

En Belgique, l'accusé ne peut point être expulsé, sa présence effective étant indispensable à la validité des débats.—V. 2e part., chap. III, notes 1 à 3.

à la maison d'arrêt pendant vingt-quatre heures (art. 504).

Si le tumulte a été accompagné d'injures ou de voies de fait donnant lieu à l'application de peines correctionnelles ou de police, elles pourront être prononcées par la Cour, séance tenante, et immédiatement après que les faits auront été constatés (art. 505) [8].

Si l'affaire incidente n'était point jugée, séance tenante, la Cour serait dessaisie, et le fait serait porté devant les tribunaux ordinaires [9].

Le magistrat qui aurait été injurié ne doit point se récuser de ce chef [10].

A l'égard des voies de fait qui auraient dégénéré en crimes, ou de tous autres crimes flagrants, et commis à l'audience, la Cour d'assises procédera au jugement tout de suite et sans désemparer.

Elle entendra les témoins, le délinquant et le conseil qu'il aura choisi, ou qui lui aura été désigné par le président; et, après avoir constaté les faits et ouï le procureur général ou son substitut, le tout publiquement, elle appliquera la peine par un arrêt qui sera motivé (art. 507).

Dans ce cas, si les juges présents à l'audience sont au nombre de cinq, il faudra quatre voix pour opérer la condamnation (art. 508).

On s'est demandé, en présence de ce dernier texte, si la Cour d'assises, réduite au nombre de trois juges, avait encore pouvoir de juger d'un crime commis à l'audience [11]?

---

(8) Conf. art. 181, Code inst. crim., et aussi les art. 88 à 92, Cod. proc. civ. — V. LEGRAVEREND, t. 1, chap. 16, sect. 1, § 3; CARNOT, t. 2, p. 14; BOURGUIGNON, t. 1, p. 413; LESELLYER, n° 1678.

(9) Cass. fr. 3 octobre 1851. [S-V.52.1.280.] — 8 décembre 1849. [S-V. 50.1.411.]

(10) Cass. fr. 10 janvier 1852. [S-V.52.1.477.]

(11) Oui, quand la Cour se trouve réduite à trois juges; il suffit de la simple majorité pour condamner.

Cass. fr. 27 février 1832. [S. V.32.1.161.] — PARENT, *Lois de la presse*,

Le jury n'a aucune mission à remplir relativement aux crimes commis à l'audience [12].

§ 2.

Du pouvoir discrétionnaire.

Le pouvoir discrétionnaire peut porter sur tous les actes du débat ; une raison de méthode a fait rejeter sous les différentes rubriques, auxquelles elles se rattachent, les autorités relatives à l'exercice de ce pouvoir. — On en trouvera de nombreuses dans les chapitres VII, VIII, XI, XII, qui traitent des experts, de l'oralité des débats, des témoins, des plaidoiries, etc.

Il n'a été réuni dans ce paragraphe que les arrêts qui déterminent, d'une manière générale, la nature et l'étendue du pouvoir discrétionnaire.

Le président est investi d'un pouvoir discrétionnaire, en vertu duquel il pourra prendre sur lui tout ce qu'il croira utile pour découvrir la vérité ; et la loi charge son honneur et sa conscience d'employer tous ses efforts pour en favoriser la manifestation (art. 268).

Le pouvoir discrétionnaire est *incommunicable, spontané, limité et d'instruction.*

A

INCOMMUNICABILITÉ DU POUVOIR DISCRÉTIONNAIRE.

Le pouvoir discrétionnaire est tellement personnel au président, qu'il y aurait nullité si, même de son consente-

---

p. 266 ; et arrêt de la Cour de cass. fr. y rapporté, du 13 septembre 1832.

Non, la condamnation sans l'assistance du jury est un mode exceptionnel, et ce mode ne saurait être suivi en dehors des cas précis prévus par le législateur. — DE FRÉMINVILLE, *Proc. crim.* ; FOUCHER, *Revue de législ.*, t. 1, p. 443.

(12) Cass. fr. 27 février 1832, [S-V.32.1.161.]

ment, la Cour ordonnait quelque mesure qui dépendît de ce pouvoir [13].

De même, il y aurait nullité, si le ministère public, avec l'assentiment du président, donnait lecture d'une pièce, que ce dernier eût seul pu rendre publique en vertu de son pouvoir discrétionnaire [14].

Mais il faut distinguer entre l'ordonnance du président et l'exécution de cette même ordonnance. Ainsi, la Cour peut connaître des mesures d'exécution qu'elle nécessite, ordonner par exemple que la mesure prise par le président sera exécutée par elle [15].

De même, le président peut déléguer un des assesseurs pour exécuter l'ordonnance qu'il a rendue [16].

Ce pouvoir est tellement incommunicable, que le président ne peut en subordonner l'exercice à la volonté de personnes étrangères [17].

Mais ce n'est pas subordonner l'exercice du pouvoir discrétionnaire à la volonté du jury que de lui demander s'il désire entendre de nouveau certains témoins [18].

Il a été jugé dans ce même ordre d'idées, que le président pouvait consulter ses assesseurs sur l'opportunité de l'exercice de son pouvoir discrétionnaire [19].

L'opposition du ministère public ou de l'accusé à une

---

(13) Jurispr. const. — Cass. fr. 30 décembre 1831, D. R., v° *Inst. crim.*, n° 2163. — 14 février 1835. [S-V.35.1.289,] — 27 avril 1837, D. R., v° *Inst. crim.*, n° 2160 ; 20 septembre 1845. [S-V.46.1.94.] — Et toute la doctrine. — V. spéc. RAUTER, t. 2, n° 781, et CUBAIN, *Cours d'ass.*, n° 100.

(14) Cass. fr. 1er juillet 1837, D. R., v° *Inst. crim.*, n° 2162. — 14 juillet 1841, *eod. loc.*

(15) Cass. fr. 20 septembre 1845. [S-V.46.1.94.]

(16) Cass. fr. 24 janvier 1839, D. R., v° *Inst. crim.*, n° 2161.

(17) V. D. R., v° *Inst. crim.*, n° 2159 ; CUBAIN, *Cours d'ass.*, n° 101.

(18) Cass. fr. 13 octobre 1832, D. R., v° *Inst. crim.*, n° 2159, et [S-V. 12.1.730.]

(19) Cass. fr. 6 février 1840. [S-V.40.1.654.]

mesure prise dans les limites du pouvoir discrétionnaire ne saurait créer une question contentieuse sur laquelle la Cour aurait à statuer [20].

Mais si l'accusé prenait des conclusions écrites et adressées à la Cour à propos d'un acte relatif à ce pouvoir, celle-ci devrait statuer par arrêt [21].

B

SPONTANÉITÉ DU POUVOIR DISCRÉTIONNAIRE.

Le président agit spontanément, il ne doit compte à personne des motifs qui le décident à exercer son pouvoir discrétionnaire [22].

Il ne peut donc être requis, ni par le ministère public, ni par l'accusé, de prendre une mesure relative au pouvoir discrétionnaire ; cependant rien n'empêche que l'une ou l'autre des parties provoque, par une demande, l'exercice de ce pouvoir; dans ce cas, le président ne devra rendre aucun compte, s'il refuse, des motifs qui le guident [23].

Le président peut revenir sur les ordonnances qu'il a

---

(20) Cass. 28 janvier 1851. [P.51.1.114.]—3 avril 1854. [P.54.1.199.] —Cass. fr. 15 avril 1830. [D.P.30.1.220.]—17 août 1821 [C.N.6.]

(21) Cass. 27 avril 1846. [P.46.1.373.]—Mais cet arrêt ne pourrait régler le pouvoir discrétionnaire dans son exercice; il se bornerait à écarter l'obstacle à l'initiative du président. — CUBAIN, *Cours d'ass.*, n° 99.—Cass. 28 janvier 1851. [P.51.1.114.]—3 avril 1854. [P.54.1.199.] — 27 avril 1846. [P.46.1.373.]—Cass. fr. 8 avril 1843. [S-V.43.1.619.]—Ainsi jugé *in terminis* qu'il n'appartient pas à la Cour d'assises de fixer des limites au pouvoir discrétionnaire du président. — Cour d'ass. du Gard, 5 novembre 1842, D. R., v° *Inst. crim.*, n° 2140.

(22) CARNOT, t. 2, p. 345 ; BOURGUIGNON, *Manuel*, t. 1, p. 367 ; F. HÉLIE, *Encycl. du dr.*, v° *Cours d'ass.*, n° 120. — Cass. fr. 16 janvier 1836. [S-V.36.1.224.]—20 avril 1838, *Bull.*, n° 107.

(23) Cass. fr. 8 juin 1815 et 11 janvier 1821, rapp. D.R., v° *Inst. crim.*, n° 2168 ; 16 janvier 1836. [S-V.36.1.224.]—CUBAIN, *Cours d'ass.*, n° 98; F. HÉLIE, *Encycl. du dr.*, v° *Cours d'ass.*, n° 126.

rendues; ainsi il peut ordonner des mesures qu'il avait précédemment refusées, interrompre l'exécution de mesures qu'il avait précédemment ordonnées (24).

C

LIMITES DU POUVOIR DISCRÉTIONNAIRE.

Ce pouvoir est limité :

1° Quant à son temps, par la durée même des débats; dès que les débats sont clos, il n'existe plus (25).

2° Quant à son étendue :

a, Par toutes les dispositions de la loi, c'est-à-dire que le président ne peut point, en vertu de son pouvoir discrétionnaire, prendre une mesure qui est prohibée par la loi (26).

Ainsi, il y aurait nullité, si le président, en vertu de son pouvoir discrétionnaire, renvoyait l'affaire à une autre session, pour permettre l'audition d'un nouveau témoin indiqué par les débats. Cette ordonnance serait en effet contraire au prescrit des art. 353, 331 et 306 (27).

De même, si le président ordonnait la translation de

---

(24) Cass. fr. 17 août 1821. [C.N.6.]—CUBAIN, *Cours d'ass.*, n° 98.

(25) CUBAIN, *Cours d'ass.*, n° 93.

(26) LEGRAVEREND (*Des lacunes et des besoins de la législ. crim.*, t. 1, p. 160) s'exprime ainsi :

« Si l'on accorde que le pouvoir discrétionnaire s'applique à tout ce qui « n'a point été prévu, et qu'il peut autoriser tout ce qui n'a point été dé« fendu par la loi, tout ce qui n'est point contraire à ses dispositions, on « aura sans doute fait la concession la plus large qu'il soit possible d'exiger, « et il semble que la raison et la justice doivent se réunir pour repousser « tout ce qui dépasserait ces bornes. »

L'arrêt Cass. 23 juillet 1850 [P.50.1.459] porte :

« Attendu que le pouvoir discrétionnaire dont est investi le président, « quelque étendu qu'il soit, ne l'autorise pas cependant à faire ou à per« mettre ce qui est défendu par la loi. »

Cass. fr. 21 mars 1813. [S.20.1.502.]—29 janvier 1841. [Pal.42.1.260.]

(27) Cass. fr. 10 janvier 1824. [S.24.1.207.]

l'accusé dans un lieu autre que la maison de justice, une telle ordonnance serait une cause de nullité, puisqu'elle est contraire aux dispositions de l'art. 243 [28].

Mais tout ce qui n'est pas défendu par la loi est permis au président, agissant en vertu du pouvoir que lui donne l'art. 268; ainsi le président peut faire imprimer un tableau contenant les noms des différents accusés avec les chefs d'accusations relatifs à chacun d'eux, si du reste cette pièce est soumise à la discussion [29].

Il peut ordonner que la Cour d'assises se transporte sur les lieux du crime, si d'ailleurs toutes les formes de publicité et autres prescrites pendant les débats sont observées pendant ce déplacement [30].

En un mot, les mesures, quelles qu'elles soient, prises en vertu du pouvoir discrétionnaire, ne peuvent jamais fournir un moyen de cassation, tant qu'elles ne sont point en hostilité avec les prescriptions de la loi [31].

L'art. 269, expliquant la nature du pouvoir discrétionnaire, porte :

« Le président pourra, dans le cours des débats, appeler, même par mandat d'amener, et entendre toutes personnes ou se faire apporter toutes nouvelles pièces qui lui paraîtraient, d'après les nouveaux développements donnés à l'audience, soit par les accusés, soit par les témoins, pouvoir répandre un jour utile sur le fait contesté. »

Cet article ne limite point le pouvoir discrétionnaire, il est purement énonciatif, il donne des exemples de l'exercice de ce pouvoir [32].

---

(28) Cass. fr. 21 mars 1813. [S.20.1.502.]
(29) Cass. fr. 14 janvier 1848. [S-V.49.1.75.]
(30) Cass. fr. 23 mars 1843. [S-V.44.1.256.]
(31) Cass. fr. 24 décembre 1812, 6 septembre 1822, rapp. dans D.R, vº *Inst. crim.*, nº 2155.
(32) Cass. 21 mars 1842. [P.42.1.190.]—Cass. fr. 17 janvier 1839, D.R.,

L'art. 270 est ainsi conçu :

« Le président devra rejeter tout ce qui tendrait à prolonger les débats, sans donner lieu d'espérer plus de certitude dans les résultats. »

Cet article s'applique-t-il à tous les actes des débats, ou seulement est-il relatif aux mesures que le président peut prendre en vertu de son pouvoir discrétionnaire? (33).

b. Le pouvoir discrétionnaire ne s'applique pas aux questions contradictoires qui peuvent s'élever dans le cours des débats ; il est limité par tout ce qui est contentieux (34).

Même lorsque le débat s'engage à propos de l'exécution d'une mesure prise par l'initiative du président, en vertu de son pouvoir discrétionnaire (35).

D.

BUT DU POUVOIR DISCRÉTIONNAIRE.

Le président ne peut agir en vertu de son pouvoir discrétionnaire que dans un but d'instruction et pour apporter dans les débats de simples renseignements (36). Il doit prévenir les jurés que les pièces qu'il lit, que les témoins qu'il entend en vertu de ce pouvoir, ne sont lues ou entendus qu'à titre de renseignement (37).

---

v° *Inst. crim.*, n° 2172. — *Contrà*, CUBAIN, *Cours d'ass.*, n° 96. — V. CARNOT, sur l'art. 269.

(33) A tous les actes des débats. — Cass. fr. 1er octobre 1807, 28 août 1829. [S.29.1.414.]—CARNOT, t. 3, p. 138 ; BOURGUIGNON, sur l'art. 268. Aux actes du pouvoir discrétionnaire. — CUBAIN, *Cours d'ass.*, n° 97 ; D.R., v° *Inst. crim.*, n° 2157.

(34) LEGRAVEREND, t. 2, p. 180 ; MORIN, *Dict. de dr. crim.*, v° *Pouvoir discrét.*, p. 608. — Cass. 21 mars 1842. [P.42.1.188.] — Cass. fr. 13 juillet 1838. [S-V.38.1.145.]—5 mai 1844. [S.V.44.1.155.]—V. D.R., v° *Inst. crim.*, n° 2148.—V. cependant chap. 6, note 16.

(35) Cass. fr. 27 juin 1833; D.R., v° *Inst. crim.*, n° 2149.

(36) SERIRE et CARTERET, n° 127 ; D.R., v° *Inst. crim.*, n° 2194.

(37) F. HÉLIE, *Encycl. du dr.*, p. 140.

Cependant l'omission de cet avertissement ne saurait opérer nullité [38].

L'ordonnance rendue par le président, en vertu de son pouvoir discrétionnaire, ne doit point être spécialement signée par lui, il suffit qu'elle fasse corps avec le procès-verbal, dûment tenu et signé [39].

§ 3.

Direction des débats.

Renvoi au chapitre VI où ce pouvoir du président est examiné dans ses rapports avec ceux de la Cour d'assises.

CHAPITRE VI.

De la direction des débats et de la mission de la Cour d'assises pendant les débats.

Les pouvoirs de la Cour d'assises et ceux du président se limitent les uns par les autres; il est donc nécessaire de les examiner dans un même chapitre pour en fixer, d'une manière générale, l'étendue et les limites; on verra dans les chapitres suivants des applications spéciales des distinctions qui sont l'objet du présent chapitre.

Quelques grands principes qui ressortent de la loi et de la jurisprudence permettent de classer, dans un ordre méthodique, les arrêts qui traitent, d'une manière générale, des pouvoirs du président et de ceux de la Cour d'assises.

I. *Le président a seul la direction des débats.* Ainsi il détermine l'ordre entre ceux qui demandent à parler (art. 267).

---

(38) Cass. fr. 16 janvier 1836. [S-V.36.1.223.]

(39) Cass. 21 mars 1842. [P.42.1.187.]

Il détermine quel est celui des accusés qui doit être le premier soumis aux débats, en commençant par le principal accusé, s'il y en a un (art. 334).

Ce dernier article ne doit point être observé à peine de nullité [1].

Ainsi le président ne doit pas commencer les interrogatoires par celui du principal accusé [2].

L'ordre des accusés ne doit point faire l'objet d'une ordonnance spéciale [3].

Le président peut demander aux témoins et à l'accusé tous les éclaircissements qu'il croit nécessaires à la manifestation de la vérité (art. 319).

Les assesseurs du président, le procureur général et les jurés, ont la même faculté en demandant la parole au président ; la partie civile, l'accusé ou son conseil, ne peuvent faire de questions aux témoins que par l'organe du président (art. 319).

Le président est juge de l'opportunité de la question proposée par l'accusé ou la partie civile [4]; ainsi, il peut ajourner une interpellation proposée par le conseil [5], ou l'écarter complétement [6].

Le pouvoir du président est limité d'ailleurs à cet égard, par le respect dû à la liberté de la défense [7]; ainsi, il y aurait nullité si le président refusait d'entendre les observations de l'accusé [8].

---

(1) Cass. 14 décembre 1841. [P.42.1.51.] — Cass. fr. 28 mai 1818. [C. N.5.]—3 mai 1834. [S-V.35.1.778.]

(2) Cass. fr. 3 décembre 1836. [S-V.39.1.82.]

(3) Cass. 20 mars 1843. [P.43.1.184.]

(4) Cass. fr. 6 mars 1812. [S.17.2.315.]—12 mars 1812. [S.17.2.315.] 23 août 1838. [S-V.38.1.991.]

(5) Cass. fr. 21 octobre 1835. [S-V.35.1.850.]

(6) Cass. fr. 28 mai 1813. [S.17.2.315.] — 28 novembre 1844. [S-V. 45.1.386.]

(7) Cass. fr. 18 sept. 1824. [S.25.1.78.]

(8) Cass. fr. 3 décembre 1836. [S-V.38.1.82.]

Le juré supplémentaire a le droit, comme le juré titulaire, après avoir demandé la parole au président, d'interroger le témoin ou l'accusé [9].

II. *Le président dirige les débats par son initiative.*

La Cour ne statue que sur les réquisitions du ministère public ou de l'accusé.

La spontanéité du pouvoir du président n'empêche pas qu'il puisse valablement agir d'après la demande qui lui est faite par une partie aux débats [10].

L'ordonnance qu'il rend ne doit pas, à peine de nullité, être signée de lui; il suffit qu'elle fasse corps avec le procès-verbal [11].

Les pouvoirs du président cessent, et ceux de la Cour commencent lorsque l'incident devient contentieux, c'est-à-dire lorsqu'il s'élève un débat, lorsque l'accusé ou la partie civile prennent des conclusions, lorsque le ministère public formule un réquisitoire [12].

Mais tant qu'il n'y a pas débat, si par exemple le ministère public et l'accusé sont d'accord pour s'opposer à l'audition d'un témoin [13] ou pour demander l'interversion de

---

(9) Cass. fr. 23 décembre 1826. [C.N.8.]

(10) Cass. fr. 28 avril 1843. [S-V.43.1.741.]

(11) Cass. 21 mars 1842. [P.42.1.187.]

(12) Jurisprud. const. — Cass. fr. 18 septembre 1824. [S.25.1.78.] — 22 septembre 1827. [S.28.1.91.] — 3 décembre 1836. [S-V.38.1.82.] — Cass. 8 novembre 1848. [P.48.1.491.] — 3 avril 1854. [P.54.1.199.] — 28 janvier 1851. [P.51.1.114.] — 27 avril 1846. [P.46.1.373.] — 23 décembre 1840. [P.41.1.97.] — 14 septembre 1841. [P.41.1.293.] — 1er septembre 1836. [P.36.1.313.] — 21 mars 1842. [P.42.1.188.] — Cass. fr. 17 avril 1824, 24 août 1827, 30 août 1817, 27 décembre 1822; rapp. dans D.R., vo *Inst. crim.*, no 2141. — V. spéc. l'arrêt-principe du 8 février 1810, D.R., vo *Inst. crim.*, no 2141. — V. CUBAIN, *Cours d'ass.*, no 113, et toute la doctrine.

(13) Cass. 20 mars 1843. [P.43.1.185.]

l'ordre dans lequel les témoins seront entendus [14], le président prononcera seul.

Il y aurait, au contraire, nullité si le président statuait seul sur une contestation relative à la capacité d'un juré [15]; comme il y a débat, la Cour aurait dû statuer par arrêt.

A ce principe général, il est une exception; il ne suffit point que l'incident soit contentieux pour que la Cour doive agir, il faut encore que l'objet du débat ne soit point mis par un texte précis dans les attributions du président [16].

Ainsi, ce dernier déciderait seul des contestations relatives à la police de l'audience [17], à l'ordre des accusés, pour subir l'examen [18].

La Cour d'assises ne peut agir d'office (sauf au cas prévu par l'art. 352). Mais aussi, il y aurait nullité si elle ne statuait point sur les conclusions ou réquisitions des parties [19]. L'accusé, toutefois, ne pourrait tirer un moyen de cassation de ce que la Cour n'aurait point fait droit à un réquisitoire du ministère public, s'il n'y a aucun intérêt [20].

III. *La Cour d'assises ne statue que par arrêt motivé.*

Toutefois, il n'est point prescrit, à peine de nullité, que le président fasse précéder la lecture de l'arrêt incidentel, de celle des textes de loi qui y ont rapport [21].

---

(14) Cass. 28 mai 1844. [P.44.1.193.]

(15) Cass. 28 juin 1839. [P.39.1.130.] — 27 septembre 1839. [P.39.1.194.]

(16) Cass. fr. 2 septembre 1830, D. R., v° *Inst. crim.*, n° 2142.

(17) Cass. fr. 17 avril 1851, 27 août 1852, D. R., v° *Inst. crim.*, n° 2142.

(18) Cass. fr. 4 septembre 1841, D.R., v° *Inst. crim.* n° 2142.

(19) Cass. 21 mars 1842. [P.42.1.180.]—26 avril 1838. [P.38.1.288.]—Cass. fr. 8 février 1810, D. R., v° *Inst. crim.*, n° 2146; CUBAIN, *Cours d'ass.*, n° 113.

(20) Par exemple, de ce que la Cour n'aurait pas statué sur la réquisition du ministère public, tendante à la condamnation à l'amende d'un juré défaillant. —Cass. 21 mars 1842. [P. 42.1.189.]

(21) CUBAIN, *Cours d'ass.*, n° 116.—Cass. 16 mai 1829. [P. à sa date.] Cass. 21 mars 1842. [P.42.1.190.]

L'arrêt incidentel ne doit point être signé des juges qui l'ont rendu, il suffit qu'il fasse corps avec le procès-verbal [22].

IV. *Tout empiétement des pouvoirs du président par la Cour, ou de ceux de la Cour par le président, est une cause de nullité* [23].

Jugé cependant, que si la Cour a statué sur des conclusions qu'elle a rejetées dans un cas où le président en avait seul le droit, il n'y a point nullité si le président a d'ailleurs suffisamment exprimé son refus [24].

CHAPITRE VII.

Des débats.

Publicité. — Huis clos. — Oralité. — Lecture de pièces. — Suspension. — Continuité. — Renvoi.

§ 1er.

Publicité des débats. — Huis clos.

A.

PUBLICITÉ DES DÉBATS.

La publicité des débats criminels n'existe en France que depuis 1789, et en Belgique, depuis 1796, époque où le régime français y fut introduit [1].

Tandis que la Charte de 1814 proclamait de nouveau ce principe libéral dans son art. 64, le Prince souverain

---

(22) Cass. 12 janvier 1846. [P.46.1.130.]
(23) CUBAIN, *Cours d'ass.*, n° 116; SEBIRE et CARTERET, n° 148. — V. D. R., v° *Inst. crim.*, n° 2140.
(24) Cass. fr. 2 juillet 1841, D. R., v° *Inst. crim.*, n° 2144.
(1) Lois fr. du 9 octobre 1789, du 16 août 1790, du 18 pluviôse an IX. — V. introduction, note 40.

des Pays-Bas rétablissait en partie le secret des audiences criminelles, par son arrêté du 6 novembre de la même année [2].

La Constitution belge de 1831, art. 96, s'empressa de remettre en vigueur le principe de la publicité, que proclamait aussi la Charte française de 1830.

Enfin, la Constitution républicaine de 1848, respectée à cet égard par le régime impérial, montre, en la sanctionnant, que la publicité des débats criminels est une de ces conquêtes de la civilisation qu'il serait désormais impossible de lui ravir [3].

La publicité des débats constitue une formalité substantielle, dont l'omission emporte nullité [4].

Il ne suffit pas que la publicité ait existé, il faut encore qu'elle soit légalement constatée [5].

Ainsi le procès-verbal doit fournir, par ses énonciations, la preuve que la séance a été publique dans toutes ses parties [6].

---

(2) V. introduction, note 46. Les audiences criminelles n'étaient publiques qu'à partir des plaidoiries (art. 5).

(3) Après les lois citées dans la note 1, viennent, dans l'ordre chronologique : Loi du 20 avril 1810 ; Charte de 1814, art. 64 ; Charte de 1830, art. 55 ; Constitution de 1848, art. 81.

La Constitution de 1852, d'ailleurs exclusivement politique, est muette à cet égard.

En Belgique, après l'arrêté du 6 novembre 1814, cité dans la note 2, viennent : l'arrêté du 7 octobre 1830 (Gouvernement provisoire), et la Constitution belge, art. 96.

Dans le Code de 1808, il n'y a que l'art. 309 qui parle de publicité, et encore d'une manière implicite.

(4) Principe qui ressort de tous les arrêts sur la matière. — V. spéc. Cass. fr. 19 février 1825. [S.25.1.278.] — 28 janvier 1825. [S.25.1.330.] — CUBAIN, *Cours d'ass.*, nos 367 et 368 ; F. HÉLIE, *Encycl. du dr.*, t. 7, p. 64.

(5) Cass. fr. 19 février 1825 [S.25.1.330], etc.

(6) Cass. fr. 13 septembre 1834, D. R., v° *Inst. crim.*, n° 2130 ; 5 janvier 1832. [S-V.32.1.511.]

Et si le procès-verbal est muet, les débats sont censés n'avoir point été publics [7].

Mais il n'est point question ici de termes sacramentels, il suffit que le procès-verbal ne laisse point de doute raisonnable à cet égard [8].

Ainsi il suffit, pour que la publicité soit établie, que le procès-verbal porte la mention suivante : « Les témoins et *le public* ont été introduits » [9].

Quand le procès-verbal énonce qu'une séance est publique, cette publicité est censée continuer jusqu'à mention contraire [10].

Jugé dans cet ordre d'idées que si une séance a été renvoyée au soir du même jour, il n'y aura pas nullité si le procès-verbal ne parle point de la publicité de cette seconde partie de l'audience [11].

Cependant, si l'affaire occupe plusieurs audiences, il faut, à peine de nullité, que le procès-verbal constate la publicité de chacune d'elles [12].

La Cour de cassation française a vu une mention suffisante de la publicité de la deuxième séance, quand le procès-verbal, après avoir constaté la publicité de la première, dit seulement pour la deuxième, « le jour suivant la séance

---

(7) C'est là un principe commun à l'accomplissement de toute formalité substantielle ou prescrite à peine de nullité. — Cass. 21 septembre 1844. [P.45.1.212.]—Cass. fr. 18 décembre 1823, D.R., v° *Inst. crim.*, n° 2123.

(8) Jurisp. const. 26 janvier 1827, 12 octobre 1837, D. R., v° *Inst. crim.*, n° 2133.—27 avril 1838, *Bull.*, n° 115.—16 septembre 1852, D.R., v° *Inst. crim.*, n° 2133.

(9) Cass. fr. 5 janvier 1832. [S-V.32.1.511.]

(10) Cass. 21 mars 1842. [P.42.1.188.]

(11) Cass. fr. 23 juin 1831, D.R., v° *Inst. crim.*, n° 2131; 12 octobre 1837. [S-V.37.1.1020.]—Conf. 2 avril 1840. [S-V.41.1.257.]

(12) Cass. 18 novembre 1830, D. R., v° *Inst. crim.*, n° 2130.—25 juin 1831. [S-V.31.1.400.]—25 juillet 1833, D. R., v° *Inst. crim.*, n° 2130.

a été *reprise.* » En présence de sa propre jurisprudence, cette interprétation paraît forcée [13].

Quelle que soit l'heure à laquelle commencent les débats (par exemple une heure du matin), il suffit que les portes soient ouvertes pour qu'il y ait publicité légale [14].

La publicité est tellement substantielle, qu'il y aurait nullité si, pendant une suspension d'audience, le président se livrait dans son cabinet à un acte d'instruction [15].

Y aurait-il nullité pour violation du principe de publicité si, au lieu de laisser entrer le public tel qu'il se présente, le président avait distribué des billets sans lesquels on ne pouvait pénétrer dans la salle d'audience [16] ?

Si la Cour d'assises se transporte dans un lieu autre que le local habituel de ses séances, la publicité des opérations auxquelles elle se livre doit exister à peine de nullité [17].

B.

HUIS CLOS.

L'art. 55 de la Charte de 1830 porte : « Les débats sont « publics en matière criminelle, à moins que cette publi-

---

(13) Cass. fr. 22 mars 1832. [S-V.32.1.720.]

(14) Cass. fr. 24 décembre 1835, D.R., v° *Inst. crim.*, n° 2135 ; 28 juin 1838. [S-V.38.1.510.]

(15) Cass. fr. 2 octobre 1845, D.R., v° *Inst. crim.*, n° 2119.

(16) Affirmative : Il est évident que le président, en composant ainsi un public de choix, viole le principe inscrit dans la loi.—LEGRAVEREND, t. 2, p. 25; FAVARD DE LANGLADE, v° *Audience*, § 1; CARNOT, t. 3, p. 293; CUBAIN, *Cours d'ass.*, n° 375; LACUISINE, *Pouv. jud.*, p. 478.

Négative ; C'est un mode qui permet d'éviter le désordre et l'encombrement ; quand des débats attirent une grande affluence, il serait impossible aux femmes d'approcher de la salle d'audience, la publicité n'existerait que pour les forts et pour les audacieux.—Cass. fr, 6 février 1812. [S.12.1.97.] —Conf. D. R., v° *Inst. crim.*, n° 2136.

(17) Cass. fr. 23 mars 1843, 22 mai 1834, rapp. dans D. R., v° *Inst. crim.*, n° 2120.

« cité ne soit dangereuse pour l'ordre et les mœurs, et, « dans ce cas, le tribunal le déclare par un jugement. »

La Constitution belge, art. 96, dit : « Les audiences des « tribunaux sont publiques, à moins que cette publicité « ne soit dangereuse pour l'ordre ou pour les mœurs, et, « dans ce cas, le tribunal le déclare par un jugement.

« En matière de délits, politiques ou de presse, le huis « clos ne peut être prononcé qu'à l'unanimité. »

En France, les débats sont seuls susceptibles de huis clos ; ainsi, toutes les opérations d'audience qui précèdent les débats (*voy.* chap. IV, note 2, 2e partie), comme celles qui suivent la clôture des débats doivent être publiques, à peine de nullité [18].

En Belgique, la jurisprudence, appliquant la lettre de la Constitution, admet que tous les actes de l'audience, jusqu'à l'arrêt de condamnation, peuvent être compris dans le huis clos [19].

---

(18) Il y a inexactitude dans la rédaction de l'article de la Charte de 1830. Ainsi, la Charte, et avec elle les autres lois et Constitutions citées aux notes 1 et 3, disent : « *les débats sont publics.* » La pensée du législateur, développée par la jurisprudence et la doctrine, veut que le principe de la publicité s'applique non-seulement aux débats, mais à tous les autres actes de l'audience ; D. R., v° *Inst. crim.*, n° 2106. Lorsque la Charte continue et dit : « *à moins que cette publicité,* etc. » là, sa lettre est exacte, l'exception du secret ne s'applique qu'aux débats proprement dits.

V. spéc., sur l'étendue du secret, CUBAIN, *Cours d'ass.*, n° 368 ; TRÉBUTIEN, *Cours de dr. crim.*, t. 2, p. 384.—Cass. fr. 22 avril 1820. [S.20.1.296.]—30 août 1822 et 30 septembre 1824, D. R., v° *Inst. crim.*, n° 2122 ; —20 août 1829. [S.29.1.415.]

(19) Il est cependant bien difficile de croire que la Constitution, en étendant la publicité, ait voulu étendre aussi son exception. Il est clair que l'article 96 a été calqué sur les articles français, avec cette substitution, fort juste, du mot *audience* au mot *débat*, quand il s'agissait de publicité ; mais quand on a copié la fin de l'article, on ne s'est pas aperçu probablement que les mots « *à moins que cette publicité* » allaient s'appliquer à un cadre plus vaste, à un cercle d'opérations dont la publicité n'intéresse jamais l'ordre public ou les bonnes mœurs.

Quoi qu'il en soit, la Cour de cassation a parlé.

Il résulte des textes cités que c'est la Cour qui, seule, peut, par un arrêt, ordonner le huis clos [20].

Elle le peut même d'office [21], et sans entendre l'accusé [22]; cependant, si l'accusé demandait à être entendu sur le huis clos, le refus de l'entendre porterait atteinte aux droits de la défense [23].

La Cour peut ordonner le huis clos à la demande, soit du ministère public, soit de l'accusé ou de la partie civile [24].

L'arrêt qui ordonne le huis clos doit être motivé sur l'intérêt de l'ordre et des bonnes mœurs, à peine de nullité, car c'est la seule exception possible au principe général de la publicité [25].

Ainsi, il y aurait nullité si l'arrêt portait pour motif que la publicité des débats occasionnerait des inconvénients et du scandale [26].

Mais dès que la Cour parle d'intérêt de l'ordre et des mœurs, il suffit. Il ne faut pas qu'elle précise les motifs spéciaux à la cause, et sa décision est souveraine, en ce sens que l'accusé ne saurait trouver ouverture à cassation,

---

Cass. 6 mars 1834. [P.34.1.222.] — 18 décembre 1834. [P.34.1.336.] —28 juillet 1851. [P.52.1.231.]

(20) Cass. 9 juillet 1849. [P.50.1.36.]

(21) Cass. fr. 6 novembre 1840, D.R., v° *Inst. crim.*, n° 2127.

(22) Cass. fr. 6 mars 1840. [S-V.41.1.523.] — 8 janvier 1848. [S-V. 48.1.524.]—4 avril 1850. [S-V.50.1.813.]— 29 avril 1826. [S.27.1.68.] —Cass. 28 juillet 1851. [P.52.1.231.]

(23) Cass. fr. 6 novembre 1840, D. R., v° *Inst. crim.*, n° 2127; Sebire et Carteret, n° 243.

(24) Arrêt de la Cour d'ass. de la Seine, 28 juin 1850, aff. Robert-Houdin; D.R., v° *Inst. crim.*, n° 2125.

(25) Cass. fr. 17 mars 1827. [S.29.1.168.]—9 septembre 1830. [S-V. 31.1.186.]—28 avril 1837. [S-V.37.1.300.]—Legraverend, t. 1, p. 414; Cubain, *Cours d'ass.*, n° 372.

(26) Cass. fr. 30 juillet 1852. [D.P.52.1.256.] — Conf. 28 avril 1837. [S-V.37.1.300.]

8

en soutenant que l'ordre ou les mœurs n'étaient pas intéressés au secret des débats [27].

La nécessité des motifs de l'arrêt est tellement impérieuse, qu'il a été jugé qu'il ne suffirait pas de la simple mention de l'art. 55 de la Charte [28].

L'art. 97 de la Constitution belge porte : « Tout jugement est motivé. Il est prononcé en audience publique. »

De là (et le même principe existe en France), l'arrêt ordonnant le huis clos doit être rendu publiquement [29].

Il en est de même des arrêts incidentels qui interviennent pendant les débats à huis clos [30].

Les ordonnances du président ne constituent pas des jugements; elles suivent conséquemment le secret des débats [31].

L'arrêt qui ordonne le huis clos est un arrêt d'instruction; comme tel il ne doit point être spécialement signé par les juges qui l'ont rendu, il suffit qu'il fasse corps avec le procès-verbal [32].

---

(27) Cass. fr. 12 juillet 1833, D.R., v° *Inst. crim.*, n° 2125. — Conf. D.R., v° *Jugement*, n° 830.

(28) Cass. 9 septembre 1830. [S-V.31.1.186.]

(29) Const. belge, art. 97. — DUFOUR, *Conf.*, p. 53 ; CHAUVEAU-CARRÉ, *Quest.*, 1424 ; Cass. 12 décembre 1823, D.R., v° *Jugement*, n° 816. V. cependant 27 décembre 1817, *eod. loco.*

(30) Jurisp. dern. const. Cass. 1er septembre 1836. [P.37.1.141.] — 12 août 1836. [P.36.1.300.] — Cass. fr. 18 octobre 1832. [S-V.33.1.310.] — 15 février 1839. [S-V.39.1.212.] — 14 juillet 1843. [S-V.43.1.734.] — 24 décembre 1840. [S-V.42.1.237.] — 23 juillet 1843. [S-V.43.1.734.] — 27 décembre 1849. [S-V.50.1.610.] — 22 juillet 1852. [D.P.52.5.458.] — 8 juillet 1852. [D.P.52.5.459.] — *Contrà*, Cass. fr. 29 avril 1826, D.R., v° *Jugement*, n° 818 ; 20 avril 1826. [S.27.1.68.]

(31) Cass. fr. 1er février 1839, D.R., v° *Jugement*, n° 819 ; 4 septembre 1840, *eod. loc.*

(32) C'est un arrêt d'instruction. Cass. 9 juillet 1849. [P.50.1.36.] — Cass. fr. 19 janvier 1827, D.R., v° *Inst. crim.*, n° 2126. — Cass. 28 mai 1844. [P.44.1.193.] — 26 septembre 1842. [P.43.1.12.]

Le huis clos peut être ordonné aussitôt le commencement des débats [33].

Il peut l'être également quand les débats sont déjà commencés [34].

Il peut être appliqué à tous les débats, ou seulement à une partie du débat [35].

Le huis clos peut être ordonné pour tout le public ou seulement pour une catégorie du public [36].

Des décisions, et de la doctrine en cette matière, résulte le principe suivant :

Il ne saurait y avoir de nullité pour violation du huis clos [37].

Il est des personnes qui, à raison de leur qualité, ne sont jamais atteintes par l'arrêt du huis clos. Ce sont, en général :

Les jurés de session qui ne sont pas tombés au sort ;

---

(33) En Belgique, au commencement de l'audience, en France, aussitôt après la formation du jury de jugement.—V. chap. 4, note 1, partie 2e,

Cass. fr. 11 janvier 1816, 23 novembre 1827 ; tous deux D.R., v° *Inst. crim.*, n° 2113 ; 13 octobre 1826, même recueil, n° 2115 ; 5 août 1830. [S.30.1.405.]—17 avril 1834. [S-V.34.1.556.]—2 septembre 1840. [S-V. 41.1.668.]—16 juillet 1842, D.R., v° *Inst. crim.*, n° 2113.

(34) Cass. fr. 10 mars 1827. [S.29.1.168.]

(35) Le huis clos peut, par exemple, être restreint à l'audition d'un seul témoin.—Cass. fr. 19 février 1841. [S-V.42.1.43.]—Ou à toute autre partie des débats. — 1er février 1839, D.R., v° *Jugement*, n° 831.—V. de nombreux arrêts y rapportés.

Dans ce cas, il y aurait nullité, si le huis clos était étendu au delà du cercle précis d'opérations pour lequel il a été ordonné.

Cass. 18 décembre 1834. [P.34.1.336.]

(36) Cass. fr. 19 février 1841. [S V.42.1.43.]— CUBAIN, *Cours d'ass.*, n° 377.

(37) Cass. fr. 19 février 1841, DE FRÉMINVILLE, *Proc. crim.*, n° 236. —Car, dit M. LACUISINE, en aucune hypothèse, le retour, même arbitraire, à l'ordre naturel des choses, ne pourrait causer de préjudice aux parties, ni entraîner, dans les actes, une nullité demeurant ici sans objet ; *Traité du Pouv. jud.*, p. 182.

Les magistrats de la Cour ou des tribunaux qui ne siégent pas aux assises [38] ;

Et les avocats [39].

---

(38) D.R., v° *Inst. crim.*, n° 2138.

(39) M. PERRÈVE, ancien procureur du roi, juge au tribunal de Neufchâtel, dans son *Manuel des Cours d'ass.*, p. 222, s'exprime ainsi :

« Le barreau doit-il être exclu des audiences à huis clos? Cette question a été différemment résolue ; dans le ressort de certaines Cours, l'exclusion n'est jamais prononcée contre le barreau ; dans d'autres, il existe des exemples contraires. Il nous semble que les motifs qui font écarter le public de l'audition de certaines causes ne militent point contre les avocats, qui, accoutumés à traiter sérieusement les affaires, dépositaires, par état, des secrets de famille, ne doivent pas être regardés comme pouvant devenir, même pour les causes dont ils ne sont pas chargés, des organes d'indiscrétion et de scandale. Le barreau, comme lieu réservé aux avocats, est distinct de l'auditoire, et l'on ne pourrait les assimiler à des *quidams* sans caractère qu'une vaine curiosité amène dans le prétoire.. »

« Autrefois, dans les grandes audiences, les avocats pouvaient prendre place à la suite de Messieurs sur les fleurs de lis ; quel huissier serait venu les sommer d'en descendre pour sortir avec le public? Aujourd'hui encore ils sont appelés à siéger, en cas d'insuffisance, dans le nombre des juges ; ils sont juges suppléants nés. L'exclusion peut être blessante pour eux sans être profitable à l'administration de la justice ; quant aux jeunes avocats, il est de leur devoir d'assister à toutes les audiences, et ce devoir est plus impérieux encore lorsqu'il s'agit d'une audience à huis clos, car c'est surtout dans ces affaires délicates que d'étroites convenances sont imposées à l'avocat, et que, mieux que tous les préceptes, l'exemple peut apprendre à les connaître et à les respecter. Il nous semble qu'il est convenable d'admettre que le droit d'assister indistinctement à toutes les audiences est une des prérogatives du barreau. »

CUBAIN, *Cours d'ass.*, n° 377, note, présente les mêmes idées : « On ne comprend pas, dit-il, que l'on exagère les effets du huis clos au point d'exclure, comme on l'a fait quelquefois, les avocats. Peut-on convenablement admettre que la présence des avocats dans la salle d'audience constitue un danger pour l'ordre public ou les mœurs? »

Conf. D.R., v° *Inst. crim.*, n° 2138.

« Il est dans l'usage, dit M. DE FRÉMINVILLE, d'admettre les avocats en robe à assister aux débats dans les affaires où le huis clos est ordonné. — *Proc. crim.*, n° 236.

§ 2.

Oralité des débats. — Lecture de pièces et de dépositions.

Le principe de l'oralité des débats ne s'applique qu'aux témoignages (art. 317) (40).

C'est sur les témoignages oraux seuls que doit se former la conviction du jury (art. 341), sauf le cas prévu par l'art. 477.

Ainsi, rien n'empêche que les déclarations écrites des accusés, les rapports d'experts, le réquisitoire et la plaidoirie, écrits d'avance, soient lus ensuite à l'audience. (41).

D'un autre côté, le président peut, en vertu de son pouvoir discrétionnaire, lire et joindre au dossier telles pièces qu'il juge utile à la manifestation de la vérité (42).

Suivant les principes généraux développés plus haut (chap. VI, 2e partie, *De la direction des débats*), si l'accusé ou le ministère public s'opposent par conclusion à la lecture d'une pièce, la Cour devra statuer, parce qu'il y aurait, dans ce cas, incident contentieux (43).

Néanmoins, toutes pièces ainsi lues ne le sont qu'à titre de renseignement, et le président fera bien en avertissant le jury de leur caractère (44).

Mais la lecture d'une déposition écrite entraîne nullité (45).

Toutes les difficultés qui surgissent de l'application du principe de l'oralité des débats se restreignent donc à la

---

(40) Principe qui ressort des arrêts cités ci-après. — CUBAIN, *Cours d'ass.*, n° 379.

(41) CUBAIN, *Cours d'ass.*, n° 317 et s.

(42) Cass. fr. 20 janvier 1848. [D.P.48.5.85.] — 27 août 1852. [D.P. 52.5.165.] — Cass. 11 août 1841. [P.41.1.287.]

(43) Cass. fr. 27 août 1852. [D.P.52.5.165.]

(44) Cass. fr. 13 novembre 1823. [D.R. v° Inst. crim., n° 2295.] — Conf. même ouvrage, n° 2206.

(45) Tous les arrêts spéc. Cass. 15 juillet 1840. [P.40.1.442.]

question de savoir si telles ou telles pièces lues à l'audience constituent ou non des dépositions écrites.

Jugé à cet égard :

Les rapports d'experts, procès-verbaux de médecins ou chirurgiens ne peuvent jamais être considérés comme dépositions écrites [46],

Quand même ces experts sont ensuite entendus comme témoins [47];

Non plus que les interrogatoires écrits de l'accusé [48], ni même l'interrogatoire d'un coaccusé qui ensuite, non poursuivi, est entendu devant la Cour comme témoin [49];

Ni une lettre émanée d'un membre du parquet, entendu ensuite comme témoin [50];

Ni une lettre anonyme que l'un des témoins remet au président, et dont celui-ci donne lecture après l'avoir jointe au dossier [51];

Ni un document de statistique judiciaire émané d'une personne entendue ensuite comme témoin [52].

Ne peuvent être considérées comme dépositions écrites lues à l'audience, les déclarations des filles de l'accusé, contenues dans un procès-verbal du délit [53];

---

(46) Cass. 16 juillet 1851. [P.51.1.334.] — Cass. fr. 30 octobre 1806, — 11 août 1808, 25 mars 1819, 28 janvier 1825, rapp. dans D.R., v° *Inst. crim.*, n° 2303; Cass. 24 janvier 1842. [P.42.1.58.]

(47) Cass. 27 septembre 1839, [P.39.1,194.] — 22 février 1842. [P.42.1,154.] — 24 janvier 1842. [P.42.1.58.] — Cass. 16 juillet 1851. [P.51.1.334.]

(48) Cass. fr. 3 septembre 1812, 22 juin 1820, 27 juin 1823, 28 déc. 1838; rapp. dans D.R., v° *Inst. crim.*, n° 2305.

(49) Cass. 11 août 1841. [P.41.1.287.]

(50) Cass. 21 mars 1842. [P.42.1.188.]

(51) Cass. 6 mai 1845. [P.46.1.20.]

(52) Cass. 27 juillet 1841. [P.41.1.236.]

(53) Cass. fr. 24 juillet 1841, D.R., v° *Inst. crim.*, n° 2297.

Il en serait sans doute autrement si les dépositions étaient textuellement transcrites dans le procès-verbal. — V. arrêts analogues, part. 1re, chap. 1, notes 5 et 6.

Ni, en général, les dires et déclarations consignés par la gendarmerie dans les procès-verbaux qu'elle dresse pour la constatation du délit [54].

Cependant, si ces déclarations constituaient de véritables dépositions, les procès-verbaux ne pourraient être remis en cet état au jury; il faudrait, pour que la remise soit possible, que les dépositions fussent voilées [55].

Mais il y aurait nullité pour lecture d'une déposition écrite si le président faisait remarquer la concordance d'une déposition avec un certificat émané d'une personne étrangère, certificat dont il est donné lecture [56].

Du reste, et c'est un principe souvent répété déjà, pour que l'accusé puisse trouver ouverture à cassation dans la lecture d'une déposition écrite, il faut que la preuve de cette infraction puisse être administrée par les pièces du procès [57].

Appliqué aux dépositions d'audience, le principe de l'oralité des débats est évident dans ses conséquences :

Un témoin qui lirait sa déposition, ou seulement s'aiderait de notes, violerait ouvertement l'art. 317 [58].

Il a été toutefois jugé que la nullité produite par une pareille déposition serait couverte si le président annulait la déposition, ordonnait que les notes lues fussent jointes au dossier, et procédait à une nouvelle audition du témoin [59].

Jugé que le témoin qui, dans le cours de sa déposition

---

(54) Cass. 17 juin 1844. [P.45.1.36.]

(55) Cass. 13 juin 1842. [P.42.1.253.]

(56) Cass. 15 juillet 1840. [P.40.1.442.]

(57) Cass. 29 mars 1834. [P.34.1.233.]—L. H. 14 janvier 1826. [P. à sa date.]

(58) CUBAIN, *Cours d'ass.*, n° 380 ; Cass. fr. 7 avril 1836. — L'oralité du témoignage constitue une formalité substantielle.—Cass. 15 juillet 1840. [P.40.1.442.]

(59) Cass. fr. 12 avril 1839. [D.P.39.1.38.] — CUBAIN, *Cours d'ass.*, n° 380, *in fine*.

orale, donne lecture d'une lettre, ne contrevient pas au principe substantiel de l'oralité des débats [60].

L'application du principe de l'oralité à la lecture des dépositions des témoins absents ou décédés rencontre plus de difficultés.

La Cour de cassation belge, d'accord dans sa jurisprudence avec l'esprit de la loi, d'accord avec toute la doctrine française [61], a constamment décidé que la lecture de telles dépositions opère nullité, comme contraire au principe de l'oralité des débats [62].

Il n'en est pas de même de la Cour de cassation de France. Jugé par elle que telles dépositions peuvent être lues [63], surtout si l'accusé ne s'est point opposé à cette lecture [64];

Que cette lecture est une conséquence du pouvoir discrétionnaire du président [65];

Que lecture peut être donnée de la déposition écrite d'un militaire que son service empêche de paraître à l'audience [66];

---

(60) Cass. fr. 22 janvier 1841. [P.42.1.262.]

(61) LEGRAVEREND, t. 3, p. 168; BOURGUIGNON, *Man. d'inst. crim.*, t. 1, p. 402; F. HÉLIE, *Encycl. du droit*, t. 7, p. 70, n° 257; SERRES, *Man. des Cours d'ass.*, t. 1, p. 317; MORIN, *Dict.*, v° *Témoins*; RAUTER, n° 787; CARNOT, qui avait d'abord professé une opinion contraire, *Comm.* sur l'art. 317, n° 10, se range à la doctrine de la Cour de cassation belge, t. 3, p. 170. — Cependant, *Contrà*, CUBAIN, *Cours d'ass.*, n° 381, 382, 383.

(62) Cass. 23 juillet 1850. [P.50.1.459.] — 8 janvier 1844. [P.44.1.107.]—28 février 1839. [P.39.1.26.]—15 juillet 1840. [P.40.1.442.]

(63) Cass. fr. 24 décembre 1818. 11 janvier 1816; rapp. dans D.R., v° *Inst. crim.*, n° 2294; 3 juillet 1834, 7 janvier 1841, 16 juin 1832, 15 juin 1839. Ces quatre arrêts, rapportés par CUBAIN, *Cours d'ass.*, n° 380, notes, et 2, p. 230.

(64) Cass. fr. 28 oct. 1814. D. R., v° *Inst. crim.*, n° 2294.

(65) Cass. fr. 13 novembre 1823. D.R., v° *Inst. crim.*, n° 2295. — V. même recueil, n° 2296.

(66) Cass. fr. 14 avril 1815. [S.15.1.317.]

Que la lecture de la déposition d'un témoin absent, par l'une des parties, n'est pas contraire à l'oralité des débats, bien qu'elle n'ait eu lieu que du consentement tacite du président [67].

On trouve plusieurs arrêts de la même Cour qui cassent, par le motif que la Cour d'assises avait ordonné la lecture des dépositions des témoins absents, et que ce fait constituait un empiétement sur le pouvoir discrétionnaire du président [68].

L'art. 318 porte : « Le président fera tenir note par le « greffier des additions, changements ou variations qui « pourraient exister entre la déposition d'un témoin et ses « précédentes déclarations.

« Le procureur général et l'accusé pourront requérir le « président de faire tenir note de ces changements. »

Le président peut donc lire les dépositions écrites des témoins présents, mais seulement ce qui en est indispensable pour accuser ces additions ou variations [69], et seulement après la déposition orale, à peine de nullité [70].

La disposition du premier paragraphe de l'art. 318 n'est point prescrite, à peine de nullité [71].

Mais si, sur la réquisition de l'accusé, il se forme un débat contentieux, la Cour doit statuer, à peine de nullité [72].

---

(67) Cass. fr. 17 février 1843, D.R., v° *Inst. crim.*, n° 2296.

(68) Cass. fr. 16 juin, 22 septembre, 22 novembre 1831, 24 décembre 1835, 30 juillet 1836, 27 avril 1837; tous rapp. *Pasicrisie*, partie française, à leurs dates.

(69) Et avec la plus grande réserve : LEGRAVEREND, t. 2, p. 200 ; CARNOT, sur l'art. 318, n° 3.

(70) Cass. fr. 7 avril 1836. [S-V.36.1.701.] — Proposition admise sans contestation.

(71) En d'autres termes, le président n'est pas obligé, à peine de nullité, de faire tenir note.—Cass. fr. 22 septembre 1848. [S-V.49.1.303.] — 23 avril 1835. [S-V.35.1.746.]—11 avril 1817. [S-V.18.1 162.]

(72) Cass. fr. 19 août 1819. [S.20.1.32.]

§ 3.

Continuité des débats.—Suspension.—Renvoi.

A.

CONTINUITÉ.

L'examen et les débats entamés devront être continués sans interruption et *sans aucune espèce de communication* (73) au dehors, jusqu'après la déclaration du jury inclusivement (art. 353).

La continuité des débats constitue un principe substantiel, dont la violation entraînerait nullité (74). Il y aurait interruption, et par conséquent vice de procédure, dans l'intercalation d'une nouvelle affaire pendant les débats (75).

Mais ne peut être considérée comme interruption des débats la vérification des pièces invoquées par le procureur général, et déniées pour la première fois devant la Cour par l'accusé (76).

B.

SUSPENSION DES DÉBATS.

Le président ne pourra, dit la loi, suspendre les débats

---

(73) La communication au dehors, qui peut vicier la procédure, est relative aux devoirs des jurés pendant et après les débats. — V. 3e part., chap. 4.

(74) SEBIRE ET CARTERET, n° 262; CUBAIN, *Cours d'ass.*, n° 384.—Conf. cependant Cass. fr. 17 avril 1812, D.R., v° *Inst. crim.*, n° 2083.

(75) V. spéc. Cass. fr. 27 juin 1833. [D.P.33.1.378.]—DE FRÉMINVILLE, *Proc. crim.*, n° 222.—Il est des interruptions prescrites par la loi même, dans le cas de tumulte ou de délits commis à l'audience, mais sans que le jury soit appelé à en décider.—V. chap. 5, § 1er, 2e partie.

(76) Cass. 27 septembre 1839. [P.39.1.106.]

que pendant les intervalles nécessaires pour le repos des juges, des jurés, des témoins et des accusés (art. 353).

La jurisprudence a largement étendu ce pouvoir du président, elle admet qu'il peut suspendre les débats, non-seulement pour donner un repos nécessaire, mais encore pour faire rechercher un témoin absent (77); pour permettre de vérifier l'exactitude d'un fait (78), et, en général, chaque fois que la bonne administration de la justice y est intéressée (79).

La durée de la suspension est laissée à la discrétion du président, et jamais, quelque longue qu'elle ait été, les Cours de cassation n'y ont trouvé un motif d'annulation de la procédure; ainsi, la suspension peut être de plusieurs heures, s'étendre à une nuit (80), trente-six heures (81), et même à deux jours (82).

Le président ne commet point de nullité en consultant les jurés sur la durée de la suspension (83).

Il n'y aura point de nullité si, après la suspension, le président néglige de dire que l'audience est reprise, si d'ailleurs il n'y a point de doute possible sur la présence de tous ceux qui ont une mission à remplir (84).

---

(77) Cass. fr. 22 mars 1821, D.R., v° *Inst. crim.*, n° 2088.

(78) Cass. 6 mai 1814. [P.14.1.74.]

(79) Cass. 8 février 1833. [P.33.1.33.]—25 juillet 1834. [P.34.1.288.]—21 novembre 1827. [P.27.1.323.]—5 septembre 1811, D.R., v° *Inst. crim.*, n° 2090; 14 août 1832, 27 juin 1833, même recueil, n° 2091; 14 octobre 1850. [D.P.50.5.101.]—*Contrà*, SEBIRE ET CARTERET, n° 263.

(80) Cass. fr. 15 octobre 1813. [S.17.2.317.]—17 août 1815. [S.15.1.297.]—4 avril 1816, D.R., v° *Inst. crim.*, n° 2086; 26 mai 1826. [S.27.1.177.]—16 décembre 1825, D.R., v° *Inst. crim.*, n° 2085. — Cependant conf. LEGRAVEREND, t. 2, p. 84; BOURGUIGNON, sur l'art. 353, n° 3.

(81) Cass. fr. 5 avril 1832. [S-V.33.1.153.]

(82) Cass. fr. 23 mars 1827. [C.N.8.]—23 juin 1831, D.R., v° *Inst. crim.*, n° 2086; 1er août 1830. [S.30.1.319.]—27 janvier 1844, D.R., v° *Inst. crim.*, n° 2087.

(83) Cass. fr. 4 novembre 1836. [S-V.37.1.988.]

(84) Cass. fr. 23 avril 1835. [S-V.35.1.746.]

Le procès-verbal qui doit faire mention de la suspension ne doit point en donner les motifs (85).

Il n'y a point de termes sacramentels en cette matière; ainsi il n'y aurait point nullité, si le procès-verbal portait que la séance a été *levée* au lieu de *suspendue* (86).

Quand une affaire est suspendue et reprise le même jour, il n'est point nécessaire qu'il y ait deux procès-verbaux, les deux séances sont censées n'en faire qu'une (87).

C.

RENVOI A LA SESSION PROCHAINE *ou à une autre série.*

On a vu au chapitre V de la 1re partie, que, tant que les débats n'étaient point commencés, il appartenait au président de renvoyer l'affaire à une autre session (88).

Dès que l'examen est entamé, la Cour seule peut ordonner le renvoi, et il y aurait nullité si le président usurpait ce pouvoir (89).

La loi prévoit trois hypothèses de renvoi par la Cour d'assises.

I. Lorsqu'un témoin, qui aura été cité, ne comparaîtra pas, la Cour pourra, sur la réquisition du procureur général et avant l'audition du premier témoin inscrit sur la liste, renvoyer l'affaire à la prochaine session (art. 354).

Il ne faut pas inférer de ce texte que le renvoi n'est pos-

---

(85) Cass. 23 décembre 1840. [P.41.1.100.] — Cass. fr. 12 janvier 1843 et 21 juin 1846, D.R., v° *Inst. crim.*, n° 2103.

(86) Cass. fr. 12 décembre 1834, D.R., v° *Inst. crim.*, n° 2102.

(87) Cass. 11 septembre 1834. [P.35.1.134.] — Cass. fr. 23 mai 1846. [S-V.46.1.508.]

(88) V. 1re part., chap. 5, note 7.

(89) Cass. fr. 10 octobre 1839. [S-V.30.1.055.] — 10 janvier 1824, D.R., v° *Inst. crim.*, n° 2032.

sible que du consentement du ministère public [90]; la Cour n'est point liée ainsi; elle peut renvoyer l'affaire même contre l'avis du procureur général [91].

Mais le ministère public doit toujours être entendu à cet égard [92], tandis que l'accusé est dans une position autre; il peut prendre, sans doute, les conclusions qu'il jugera convenir, mais il ne saurait y avoir nullité, par cela seul qu'il n'aurait point été requis de s'expliquer sur le renvoi [93].

II. Dans le cas où une déposition paraîtrait fausse et où l'arrestation du témoin aurait été ordonnée, le procureur général, la partie civile ou l'accusé pourront immédiatement requérir, et la Cour ordonner, même d'office, le renvoi de l'affaire à la prochaine session (331).

Mais ici, encore, la Cour reste libre d'accorder ou de refuser le renvoi [94], quelles que soient les réquisitions des parties [95].

III. Enfin, la loi parle, dans l'art. 352, d'une troisième hypothèse où il y a lieu à renvoi, lorsque les juges sont unanimement convaincus que les jurés se sont trompés au fond. Ce pouvoir de la Cour sera examiné dans la troisième partie.

---

(90) Cass. fr. 20 août 1824, D.R., v° *Inst. crim.*, n° 2027; 25 avril 1839; *eod. loc.*, n° 2036; CUBAIN, *Cours d'ass.*, n° 388.

(91) Cass. fr. 12 janv. 1832, D.R., v° *Inst. crim.*, n° 2029; 13 novembre 1823, *eod. loc.*, n° 2031; cependant *Contrà*, CARNOT, sur l'art. 354, n° 7; LEGRAVEREND, t. 2, p. 193.

(92) Cass. fr. 20 août 1824. [S.25.1.296.]

(93) Cass. fr. 13 octobre 1815. [S.17.1.16.] — 14 décembre 1837. [S-V.38.1.81.] — 21 mars 1844. [S-V.44.1.668.)

(94) Cass. 27 juin 1848. [P.48.1.408.] — Cass. fr. 8 mai 1818, D. R., v° *Inst. crim.*, n° 2039.

(95) Cass. 29 octobre 1835. [P.35.1.151.] — 27 juin 1848. [P.48.1.408.]

En dehors des cas prévus par la loi, la Cour d'assises peut prononcer le renvoi pour des causes graves (96).

En d'autres termes, les art. 330, 331 et 354 sont purement énonciatifs; ils indiquent des cas de renvoi sans les limiter (97).

La Cour a un pouvoir discrétionnaire pour apprécier les motifs de renvoi (98).

Il devait en être ainsi, car plusieurs faits peuvent rendre la continuation de l'affaire impossible; ainsi, la maladie de l'accusé, l'empêchement des juges, celui des jurés (99).

D'autres faits peuvent rendre le renvoi désirable dans l'intérêt de la bonne administration de la justice. Ainsi jugé que la Cour peut ordonner le renvoi pour entendre la déposition d'un témoin absent, quand même plusieurs témoins ont déjà été entendus (100); jugé qu'elle le peut également si, à l'audience et pour la première fois, l'accusé propose une défense établie sur des documents étrangers à l'instruction écrite, inconnus au ministère public, et qu'il importe de vérifier (101).

---

(96) Cass. fr. 1er octobre 1813, D.R., v° *Inst. crim.*, n° 2014; 6 juillet 1815. [S.16.1.141.] — 12 février 1818 [C.N.5.]

(97) Cass. fr. 11 novembre 1830. [S-V.31.1.366.] — CARNOT, sur l'article 406, n° 4; TRÉBUTIEN, *Cours de dr. crim.*, t. 2, p. 393. — *Contrà*, CUBAIN, n° 390. — Mais cette dernière opinion est isolée.

(98) Jurisp. const. Cass. 21 mars 1842. [P.42.1.188.] — 2 novembre 1846. [P.47.1.193.] — Cass. fr. 25 septembre 1824. [S.25.1.87.] — 21 mars 1839. [P.39.2.412.] — 3 mai 1839. [P.39.2.669.] — Conf. Cass. 21 mars 1842. [P. 42.1.189.]

(99) On a vu, dans la 1re partie, quelques cas où il est impossible de continuer les débats. — V. chap. IX, notes 25 et 34. — Il en serait de même si un ou plusieurs jurés se trouvaient ou se mettaient dans l'impossibilité de continuer à siéger. — V. à cet égard, 3e part., chap. 4. — Conf. Cass. fr. 22 novembre 1838. [P.39.2.633.] — 10 juin 1830. [S.30.2.191.] — Ass. de Paris, 11 juin 1831 [S-V.32.2.74.], etc.

(100) Cass. fr. 26 novembre 1829. [S.30.1.113.]

(101) Ass. de l'Aisne, 17 mai 1834. S.COD. ann., n° 10, sur l'art. 406.

Cette jurisprudence se trouve corroborée par le texte de l'art. 406 :

« Si, par *quelque événement*, l'examen des accusés sur les délits ou quelques-uns des délits compris dans l'acte ou dans les actes d'accusation est renvoyé à la session suivante, il sera fait une autre liste ; il sera procédé à de nouvelles récusations et à la formation d'un nouveau tableau de douze jurés, d'après les règles prescrites ci-dessus, à peine de nullité. »

Il résulte de ce texte, et il a été jugé souvent, qu'il y aurait nullité si la Cour, au lieu de prononcer le renvoi à la session prochaine, renvoyait l'affaire à un autre jour de la même session (102).

Cependant, la jurisprudence admet la possibilité du renvoi à un autre jour de la même session, mais seulement du consentement de toutes les parties au procès (103).

Du pouvoir discrétionnaire de la Cour en matière de renvoi, résulte que son refus ne pourra point fournir un moyen de cassation (104).

Ainsi, quand même plusieurs témoins à décharge seraient absents, l'accusé ne peut se plaindre du refus que la Cour a opposé à la demande de renvoi (105).

Cependant, si son refus s'appuyait sur un motif contraire à la loi, il y aurait évidemment nullité ; ainsi, la Cour de cassation a cassé, pour fausse application de l'art. 354, un

---

(102) Cass. fr. 31 mars 1842. [S-V.45.1.315.] — 12 décembre 1844. [S-V.45.1.315.] — 12 décembre 1850, *Bull.*, n° 416.

(103) Cass. fr. 17 février 1848. [S-V.49.1.74.] — 12 décembre 1844. [S-V.45.1.315.] — 7 novembre 1839. [S-V.40.1.253.] — *Contrà*, CUBAIN, *Cours d'ass.*, n° 292.

(104) Cass. 2 novembre 1846. [P.47.1.193.] — Cass. fr. 21 mars 1839. [P.39.2.112.] — 1er avril 1819, D.R., v° *Inst. crim.*, n° 2016.

(105) Cass. 18 avril 1834. [P.34.1.241.]

arrêt qui refusait le renvoi par le motif que la partie publique s'y opposait (106); un autre arrêt qui donnait pour motif de renvoi, la plaidoirie inconvenante du conseil de l'accusé (107); un arrêt se fondant sur ce qu'une nullité de procédure aurait été commise (108).

L'arrêt qui ordonne le renvoi est un arrêt d'instruction contre lequel le pourvoi en cassation n'est recevable qu'après l'arrêt définitif (109).

Un premier renvoi n'empêche point la Cour d'en prononcer un second (110).

La Cour d'assises n'est pas liée par son arrêt portant ou refusant renvoi; elle peut ensuite revenir sur sa décision (111).

La Cour de cassation peut dessaisir une Cour d'assises du jugement d'une affaire par des motifs tirés de l'ordre public (112).

Dans le cas où il y a plusieurs séries, la loi belge du 15 mai 1838, art. 17, porte que la Cour d'assises, dans le cas où la loi autorise le renvoi à une prochaine session, pourra, si l'accusé en forme la demande, ordonner le renvoi de l'affaire d'une série à une autre.

---

(106) Cass. fr. 12 janvier 1832. [S-V.32.1.272.]

(107) Cass. 11 brum. an 12, D.R., v° *Inst. crim.*, n° 2020; CARNOT, sur l'art. 406, n° 8.

(108) Cass. fr. 28 février 1833. [S-V.33.1.414.] — C'est, en effet, à la Cour de cassation seule qu'appartient la connaissance d'une pareille question.

(109) Cass. 7 septembre 1838. [P.38.1.377.]—16 juillet 1837. [P.37.1.133.]—28 décembre 1852. [P.53.1.280.] — V. cependant, en sens contraire, Cass. fr. 29 mars 1849, D.R., v° *Inst. crim.*, n° 2021; 15 septembre 1837. [S-V.39.1.420.]

(110) Cass. fr. 12 juillet 1839, D.R., v° *Inst. crim.*, n° 2021.

(111) Cass. fr. 11 janvier 1817, 11 octobre 1821, *eod. loc.*, n° 2046, et 26 novembre 1829, n° 2047.

(112) Cass. 6 avril 1833. [P.33.1.80.]

CHAPITRE VIII.

De l'interprète.

Mission de l'interprète. — Serment. — Age. — Personnalité. — Récusation.

§ 1.

Mission de l'interprète. — Quand elle est nécessaire. — Sur quoi elle porte.

A

QUAND LA MISSION DE L'INTERPRÈTE EST NÉCESSAIRE

Dans le cas où l'accusé, les témoins ou l'un d'eux, ne parleraient pas la même langue ou le même idiome, le président nommera d'office, à peine de nullité, un interprète (art. 332).

Cette formalité est substantielle; la nullité qui résulterait de son omission ne serait point couverte par le consentement de l'accusé [1];

L'art. 332 est énonciatif. Le président peut nommer un interprète dans d'autres cas que ceux qu'a prévus la loi [2].

Ainsi, quand même les langages ne sont pas différents, mais qu'un idiome est peu intelligible [3];

Quand l'accusé est atteint d'une extinction de voix [4];

---

(1) Cass. fr. 21 février 1812. [S-V.12.1.337.] — CARNOT, t. 2, p. 562; SEBIRE et CARTERET, n° 431; CUBAIN, *Cours d'ass.*, n° 431.

(2) Cass. fr. 26 septembre 1843. [S-V.43.1.818.] — Arg. de Cass. 21 février 1839. [P.39.1.17.]

(3) Cass. fr. 21 juillet 1843. [S-V.44.1.90.]

(4) Cass. 16 juillet 1855. [P.55.1.314.]

Quand un des jurés parle un langage différent (5);

Quand un des juges n'entend pas la langue de l'accusé (6).

La nullité qui résulte du défaut d'interprète ne peut exister que s'il est constant par les pièces mêmes du procès ou par la réclamation de l'accusé que l'intervention de ce fonctionnaire était indispensable (7) ; ainsi, l'accusé ne saurait trouver un moyen de cassation dans ce fait qu'il ne lui a pas été nommé d'interprète, si rien aux débats n'en a montré la nécessité (8).

Jugé même qu'il n'y a pas lieu de nommer un interprète quand un témoin parle une autre langue que l'accusé, si ce dernier entend cette langue (9).

Quand même l'accusé est étranger, le président ne devra pas lui désigner un interprète, si rien n'indique au procès que l'accusé ne comprend pas la langue des débats ; et, à plus forte raison, s'il a déclaré comprendre l'idiome du pays (10).

Le fait qu'un juré a adressé une question à un témoin en idiome wallon ne nécessite pas la nomination d'un interprète (11).

Quand l'accusé n'entend pas la langue des débats, à quel moment de l'audience l'interprète doit-il être nommé ?

---

(5) Cass. 20 mars 1843. [P.43.1.184.] — Cass. fr. 20 mai 1843, D.R., v° *Inst. crim.*, n° 2318.

(6) SEBIRE et CARTERET, n° 434 ; RAUTER, *Droit crim.*, t. 2, p. 364. — Conf. cependant, 23 septembre 1810, D.R., v° *Inst. crim.*, n° 2310.

(7) Si l'accusé en a fait la demande : Cass. fr. 28 avril 1836. [S-V.36.1.597.] — 7 octobre 1841. [S-V.42.1.98.]

Si les pièces ou les faits du procès rendent la nécessité certaine : Cass. fr. 30 janvier 1851. [D.P.51.5.47.] — 15 juillet 1830, D.R., v° *Inst. crim.*, n° 2312.

(8) Cass. fr. 20 novembre 1829. [S.29.1.115.]

(9) Cass. fr. 30 janvier 1851. [S.-V.51.1.72.]

(10) Cass. 14 avril 1840. [P.40.1.355.]

(11) Cass. 21 mars 1842. [P.42.1.188.]

Jugé constamment par la Cour de cassation de Belgique, qu'il suffit que l'interprète soit nommé après la formation du tableau [12].

La Cour de cassation de France, au contraire, décide qu'il y a nullité, si la nomination n'a point précédé le tirage au sort du jury [13]. Cette dernière jurisprudence s'appuie avec raison sur ce qu'il serait impossible à l'accusé d'exercer d'une manière complète son droit de récusation, sans le secours du traducteur.

Mais, évidemment, il n'y aurait nullité pour défaut de nomination à un moment déterminé de la procédure, que si la nécessité d'un interprète était déjà patente alors [14].

Si l'accusé est sourd et muet, et ne sait pas écrire, le président nommera d'office, pour son interprète, la personne qui aura le plus l'habitude de converser avec lui.

Il en sera de même à l'égard du témoin sourd et muet (art. 333).

Cet article n'est pas limitatif ; ainsi, il y a lieu de l'appliquer, si l'accusé est seulement sourd, et s'il ne sait que épeler fort difficilement [15].

Si la Cour suppose que l'accusé feint d'être sourd et muet, elle peut nommer des experts et sur leurs conclusions décider que les débats auront lieu oralement et que aucun interprète ne sera nommé [16].

Il ne faut pas oublier que le silence ou le refus de ré-

---

(12) Cass. 8 novembre 1848. [P. 48.1.491.] — 11 août 1841. [P.41.1 286.] — 26 avril 1841. [P.41.1.330.] — 27 juillet 1841. [P.41.1.236.] — 28 mars 1843. [P.43.1.165.]

(13) Cass. fr. 18 août 1832. — 8 juin 1843. [D. R., v° *Inst. crim.*, n° 2325.

(14) Cass. fr. 7 octobre 1844. D.R., v° *Inst. crim.*, n° 2326.

(15) Cass. 21 février 1839. [P.39.1.17.]—CUBAIN, *Cours d'ass.*, n° 263.

(16) Cass. fr. 30 juillet 1835. [D.P.35.1.415.]

pondre de l'accusé ne peut jamais former un indice contre lui [17].

Si la partie civile parle un autre idiome, faut-il nommer un interprète [18] ?

Il ressort des principes généraux, que s'il s'élève un débat sur la nomination de l'interprète, c'est la Cour et non le président qui décidera de la contestation, mais le président seul nommera l'interprète, s'il y a lieu [19].

B

CE QUE L'INTERPRÈTE DOIT TRADUIRE.

L'interprète doit traduire fidèlement les discours à transmettre entre ceux qui parlent des langages différents (article 332).

Ainsi doivent être traduites, à peine de nullité, toutes les dépositions de témoins, et aussi les interrogatoires des coaccusés [20].

Il en est de même des dépositions écrites dont le président a donné lecture [21].

Mais l'interprète ne doit point traduire, à peine de nullité :

Les réquisitions du ministère public [22] ;

---

(17) LEGRAVEREND, t. 1, chap. 2, nos 1 et 3; BOURGUIGNON, sur l'art. 333, § 2.

(18) On peut nommer un interprète dans ce cas : CARNOT, sur l'art. 332, n° 3.

(19) Cass. fr. 6 sept. 1822. D.R., v° *Instr. crim.*, n° 2322.

(20) Cass. fr. 30 juin 1838. [S.-V.38.1.760.] — 8 février 1838, *Bull.*, n° 37.

(21) Cass. fr. 3 mars 1836. [S.-V.36.1.599.] — Conférez sur les dépositions écrites, les notes 56, 57 et 58 du chapitre précédent.

(22) Cass. 27 avril 1846. [P.46.1.373.] — 27 mars 1835. [P.35.1.57.] — Cass. fr. 19 juillet 1832. [S.-V. 33.1.130.]

Les plaidoiries [23];

A moins que l'accusé ne réclame expressément cette traduction [24];

L'acte d'accusation [25];

La liste des témoins [26];

La formule du serment des témoins [27].

Il est admis par la jurisprudence que l'interprète est censé avoir convenablement rempli sa mission, si le contraire n'est pas établi par la teneur du procès-verbal [28].

C'est, en définitive, une question de bon sens que de juger si les énonciations du procès-verbal sont suffisantes à cet égard [29].

Ainsi jugé que le procès-verbal ne doit point dire à peine de nullité que les demandes et les réponses des témoins ont été traduites par l'interprète [30].

Mais il faut, à peine de nullité, que le procès-verbal contienne une mention relative à la mission de l'interprète [31].

§ 2.

Serment de l'interprète.

Le président lui fera, à peine de nullité, prêter serment de traduire fidèlement (art. 332).

---

(23) Cass. 2 avril 1838. [P.38.1.347.] — Cass. fr. 19 juillet 1832. [S.-V.33.1.430.] — 29 février 1844, *Bull.*, n° 69.

(24) Cass. fr. 24 juillet 1841 et 19 juillet 1832, D. R., v° *Inst. crim.*, n° 528; SEBIRE et CARTERET, n° 452; CUBAIN, *Cours d'ass.*, n° 265.

(25) Cass. fr. 11 septembre 1835. [P.35.1.134.]

(26) Cass. 26 avril 1841. [P.41.1.330.] — 11 avril 1835. [P.35.1.66.] — 21 février 1839. [P.39.1.17.]

(27) Cass. fr. 24 août 1827, S. *C. ann.* sur l'art. 332, n° 36.

(28) Cass. 2 décembre 1846. [P.47.1.148 et la note.] — 28 février 1839. [P.39.1.17.] — Cass. fr. 24 septembre 1829. [S.29.1.427.]

(29) Cass. 27 février 1843. [P.43.1.121.]

(30) Cass. 16 juillet 1851. [P.51.1.334.]

(31) Cass. 26 janvier 1847. [P.48.1.411.] — Cass. fr. 6 janvier 1826, D. R., v° *Inst. crim.*, n° 2345.

Une simple promesse ne suffirait pas [32].

En Belgique, le serment doit contenir l'invocation de la divinité [33].

Mais les termes mêmes du serment ne sont pas sacramentels [34].

Le traducteur assermenté qui revêt les fonctions d'interprète doit, comme toute autre personne, prêter le serment prescrit par la loi [35].

Le serment de l'interprète prêté lors de la formation du jury suffit ; il ne faut pas qu'il soit répété à l'audience [36].

Cependant la Cour de cassation de Belgique décide qu'il est plus régulier que le serment soit renouvelé à l'audience [37].

Et que si ce second serment est prêté, il y aura nullité du moment où il n'est pas régulier en sa teneur [38].

L'interprète ne doit pas répéter son serment à toutes les audiences d'une même affaire [39].

Mais il doit prêter serment pour chaque affaire d'une même session [40].

L'interprète peut être appelé à traduire une pièce du procès; dans ce cas, il devient expert, et doit, à peine de nullité, prêter un nouveau serment en cette qualité [41].

---

(32) Cass. fr. 4 juin 1812. [S.13.1.49.]

(33) Cass. 11 juillet 1854. [P.54.1.316.] — Arr. du 14 novembre 1814.

(34) Il suffit que le sens soit le même. Cass. fr. 15 avril 1844. [S.24.1.325.] — *Contrà*, CUBAIN, *Cours d'ass.*, nº 271. Conf. Cass. 20 novembre 1849. [P.50.1.33.]

(35) Cass. fr. 21 octobre 1813. [C. n. 4.]

(36) Cass. fr. 1ᵉʳ avril 1837. [S.-V.38.1.924.]

(37) Cass. 24 janvier 1848. [P.48.1.40.]

(38) Cass. 11 juillet 1854. [P.54.1.316.]

(39) Cass. 28 juillet 1851. [P.51.1.461.] — 27 février 1843. [P.43.1.121.] — Cass. fr. 15 juillet 1813. [S.17.2.314.] — 16 juillet 1812. [C. n. 4.]

(40) Cass. fr. 10 décembre 1836. [S.-V.37.1.613.] — CUBAIN, *Cours d'ass.*, 271.

(41) Cass. 26 novembre 1849. [P.50.1.33.] — SEBIRE et CARTERET, nº 447; HÉLIE, *Encycl. du dr.*, t. 7, p. 121. — Cass. fr. 12 juillet 1816. [S.16.1.320.]

Le procès-verbal doit constater l'accomplissement de la formalité du serment [42].

Mais il n'y aura pas nullité si le procès-verbal porte : l'*interprète a prêté serment. . . . .*, sans répéter ces mots : *je jure* [43].

Si le procès-verbal signé du président et du greffier porte : *Nous avons reçu le serment de l'interprète.....*, on ne pourrait y trouver ouverture à cassation en soutenant qu'il est douteux de savoir qui du président ou du greffier a reçu le serment [44].

§ 3.

Age de l'interprète.

L'interprète doit être âgé de vingt et un ans au moins (art. 332), à peine de nullité.

On verra plus loin que l'expert (par exemple le traducteur de pièces du procès) ne doit pas, à peine de nullité, être mineur [45].

Mais s'il s'agit de donner un interprète à un accusé sourd et muet, la condition d'âge disparaît, et un mineur peut valablement être nommé [46].

Toutefois, ce mineur doit être en âge de prêter serment [47].

§ 4.

Personnalité de l'interprète.

L'interprète ne pourra, à peine de nullité, même du con-

---

(42) Cass. fr. 8 juillet 1813. [C. n. 4.] — Cass. 11 juillet 1854. [P.54.1.316.] — 12 août 1850. [P.50.1.454.]

(43) Cass. 12 août 1850. [P.50.1.454.]

(44) Cass. fr. 21 décembre 1852. D.R., v° *Inst. crim.*, n° 2361.

(45) Cass. 18 avril 1834. [P.34.1.241.]

(46) Cass. fr. 23 décembre 1824. [S.25.1.162.] — LEGRAVEREND, t. 1, p. 224 ; CUBAIN, *Cours d'ass.*, n° 270 ; Conf. cependant CARNOT, sur l'art. 333 ; DUVERGER, *Juge d'instr.*, t. 1, n° 150.

(47) C'est là une remarque fort juste de M. CUBAIN, n° 270.

sentement de l'accusé et du procureur général, être pris parmi les témoins [48], les juges et les jurés (art. 332).

Mais peuvent être nommés interprètes :

Un juré qui ne fait point partie du tableau de jugement [49];

Une femme de vingt et un ans [50] ;

Un étranger [51] ;

Un domestique [52] ;

Le greffier tenant l'audience [53].

Jugé que le ministère public qui se livre à une traduction dans le cours de son réquisitoire n'empiète point sur les fonctions de l'interprète [54].

§ 5.

Récusation de l'interprète.

L'accusé et le procureur général pourront récuser l'interprète en donnant leurs motifs de récusation ; la Cour prononcera (art. 332).

La Cour est souveraine dans son appréciation à cet égard, et sa décision ne saurait donner ouverture à cassation [55].

La loi n'exige pas que le président avertisse l'accusé de son droit de récusation [56].

---

(48) Cass. fr. 28 septembre 1843, D.R., v° *Inst. crim.*, n° 2340.

(49) Cass. fr. 21 mai 1812. [S.17.2.314.]—LEGRAVEREND, t. 1, p. 245; CUBAIN, n° 269.

(50) LEGRAVEREND, t. 1, p. 246.

(51) Cass. 19 février 1836. [P.36.1.194.]—Cass. fr. 2 mars 1827. [S.27.1.433.]

(52) Cass. fr. 2 mars 1827. [S,27.1.433.]

(53) LEGRAVEREND, t. 1, p. 246; CARNOT sur l'art. 332, n° 4; BOURGUIGNON, *Jurispr.*, t. 2, p. 68; *Contrà*, CUBAIN, n° 269.

(54) Cass. 8 novembre 1848. [P.48.1.491.]

(55) SEBIRE ET CARTERET, n° 441 ; F. HÉLIE, *Encycl. du droit*, t. 7, p. 121 ; CARNOT, t. 2, p. 560.

(56) Cass. 22 février 1842, [P.42.1.154.] — 11 sept. 1835. [P.35.1.134. — Cass. fr. 31 mars 1835, S. *C. ann.*, sur l'art. 332, n° 29.

CHAPITRE IX.

Des experts.

Nomination.—Personnalité.—Serment.

§ 1.

Nomination.

Pendant le cours de l'instruction écrite, les experts sont désignés par le ministère public.

Le procureur impérial, porte l'article 43, se fera accompagner, au besoin, d'une ou de deux personnes, présumées par leur art ou leur profession, capables d'apprécier la nature et les circonstances du crime ou du délit.

Ces mêmes experts peuvent être appelés devant la Cour d'assises comme témoins, pour expliquer leurs rapports, ou comme experts, pour se livrer à de nouvelles expertises.

Enfin, l'utilité des expertises peut ne se révéler que pendant le cours des débats, et alors les experts sont nommés, soit :

1° Sur la réquisition d'une partie par le président [1], ou par la Cour s'il n'y a pas d'opposition à cet égard;

Par la Cour s'il naît un incident contentieux à ce sujet [2];

2° Sans réquisition, par le président en vertu de son pouvoir discrétionnaire [3].

On verra l'utilité de ces distinctions au § 3, qui traite du serment des experts.

---

(1) Il n'est point nécessaire que la Cour intervienne pour nommer un expert quand il n'y a pas d'opposition : Cass. 20 mars 1843. [P.43.1.185.] — Cass. fr. 26 juin 1828. [S.28.1.252.]

(2) Cass. fr. 27 avril 1832, S. *C. ann.*, sur l'art. 268, n° 21.

(3) Cass. fr. 6 février 1837. [D.P.37.1.618.]—5 février 1819. [C. N. 6.]

L'accusé ne peut, en cassation, se plaindre de ce qu'une expertise n'a pas eu lieu, s'il n'y a pas eu de réclamation de sa part pendant les débats [4].

§ 2.

Personnalité de l'expert.

La loi n'a point spécialement déterminé d'incompatibilité avec les fonctions d'expert.

Jugé qu'un juré de session, ne faisant point partie du jury de jugement, peut être expert [5].

Un expert qui a déposé un rapport pendant l'instruction écrite peut de nouveau être nommé pendant les débats [6].

Un témoin peut devenir expert [7].

Mais ne peuvent être nommés en cette qualité, les juges et les jurés en fonctions [8];

Celui qui n'est point capable de prêter serment [9].

Les personnes désignées dans l'art. 322 peuvent-elles remplir ces fonctions? [10]

Peut-on récuser les experts par application de l'art. 310 du Code de procédure civile? [11]

Un expert qui, dans son rapport, a désigné l'accusé

---

(4) Cass. 6 mai 1845. [P.46.1.20.]

(5) Cass. fr. 5 juin 1837. [P.37.1.608.]

(6) Cass. fr. 20 février 1834. [S-V.34.1.717.] — 19 septembre 1839. [D.P.40.1.334.] — 15 janvier 1829. [S.29.1.205.]

(7) Jurisp. constante. V. les arrêts rapportés aux notes 16 et 17.

(8) CUBAIN, *Cours d'ass.*, n° 545, et la note 2.

(9) Art. 34, C. pénal, et 44, C. d'instr. crim. comb.

(10) « On doit tenir pour certain que les dispositions de l'art. 322 s'ap- « pliquent aux experts comme elles s'appliquent aux témoins. » Ainsi s'exprime M. CUBAIN, au n° 545.

(11) Cette question, qui n'a point fait l'objet d'une décision judiciaire, est résolue affirmativement par le même auteur, n° 545.

comme l'auteur du crime, ne peut jamais être considéré comme dénonciateur [12].

§ 3.

Serment des experts.

Le serment des experts, suivant les termes de l'art. 44, constitue une formalité substantielle [13].

Il faut, à peine de nullité, que ce serment soit prêté en Belgique, sous l'invocation religieuse déterminée par l'arrêté du 4 novembre 1814 [14].

Le consentement des parties ne couvrirait point la nullité qui résulte de l'omission de ce serment [15].

Si un témoin est appelé à faire une expertise, le serment qu'il a prêté comme témoin ne le dispense pas du serment de l'art. 44 [16].

Mais si l'expert qui a déposé un rapport pendant l'instruction écrite, est appelé devant la Cour uniquement pour s'expliquer oralement, le serment de l'art. 317 suffit [17].

Quant aux experts nommés par le président, en vertu de son pouvoir discrétionnaire, la Cour de cassation de

---

(12) Cass. 27 septembre 1839. [P.39.1.194.]

(13) Cass. fr. 27 août 1834. [S-V.35.1.309.] — 13 août 1835. S-V.36. 1.148. — 19 janvier 1827. [S.28.1.57.]

(14) Cass. 11 juillet 1839. [P.39.1.136.]

(15) Cass. fr. 23 janvier 1841. [P.42.1.83.]

(16) Et de même si un expert est amené à porter témoignage, il devrait, après avoir prêté le serment de l'art. 44, prêter encore à peine de nullité, celui de l'art. 317. — Cass. fr. 27 avril 1827. [C.N. 8.]—20 février 1834. [S-V.34.1.716.] — 21 août 1835. [S-V.35.1.601.] — 16 janvier 1836. [S-V.36.1.224.] —10 octobre 1839. [S-V.39.1.955.] — 8 octobre 1840. [S-V.40,1.1000.] — 5 novembre 1846. [P.49.2.455.]

(17) Cass. 20 mars 1843. [P.43.1.185.] — 29 décembre 1829, Br. Cass. — Cass. fr. 19 janvier 1827. [S.28.1.57.] — 13 août 1835. [S-V.36.1. 148.]

France juge constamment qu'ils ne sont pas tenus de prêter serment [18]; et, d'un autre côté, que leur serment ne saurait être une cause de nullité de la procédure [19].

La Cour de cassation de Belgique n'a pas été appelée à décider cette question, mais elle a incidemment reconnu que le serment prêté par un expert, nommé en vertu du pouvoir discrétionnaire, n'est point une cause de nullité [20].

CHAPITRE X.

Des pièces de conviction.

L'art. 329 porte « Dans le cours ou à la suite des dé-« positions, le président fera représenter à l'accusé toutes « les pièces relatives au délit et pouvant servir à convic-« tion; il l'interpellera de répondre personnellement s'il « les reconnaît : le président les fera aussi représenter aux « témoins s'il y a lieu. »

L'omission de l'interpellation prescrite par ce texte ne cause pas nullité [1].

---

(18) Ils sont appelés dans ce cas à titre de renseignement, et le jury est averti de ce caractère, sans que le défaut d'avertissement puisse être une cause de nullité.—Cass. fr. 2 avril 1831. [S-V.31.1.365.] — 20 février 1834. [S-V.34.1.716.]—20 mai 1840. [S-V.41.1.598.]—18 mai 1849. [P.50.2.442.] — 16 janvier 1836. [S-V.36.1.224.]—29 mai 1840. [S-V.41.1.598.] — 4 février 1819. [S.10.1.320.]

(19) Si l'accusé ne s'est point opposé à la prestation de serment : Cass. fr. 4 novembre 1836. [S-V.37.1.988.] — 30 avril 1841. [S-V.42.1.50.] 28 août 1847. [P.49.2.274.]

(20) Cass. 23 décembre 1839. [P.39.1.194.]—L'arrêtiste belge, en rapportant cet arrêt, dit qu'il est contraire à la jurisprudence française (note 18). — C'est une erreur, la Cour de cassation belge n'a point dit que les experts appelés par le pouvoir discrétionnaire devaient, à peine de nullité, prêter serment; elle a dit, ce qui est conforme aux arrêts rapportés note 19, que le serment de pareils experts ne vicie point la procédure.

(1) Cass. fr. 2 avril 1840. [S-V.41.1.257.]

Bien plus, l'omission de la représentation à l'accusé des pièces de conviction ne vicie point la procédure [2].

A plus forte raison, il ne peut y avoir nullité, quand rien ne constate qu'il y eût au procès des pièces de conviction [3].

Le mode suivi pour représenter les pièces à l'accusé est indifférent; il ne saurait de ce chef avoir ouverture à cassation [4].

Mais l'omission de la représentation de ces pièces entraînerait nullité, si l'accusé avait réclamé l'exécution de cette formalité [5].

La représentation des pièces aux témoins est purement facultative; le président est juge de savoir s'il y a lieu ou non d'interpeller les témoins à cet égard [6].

Les pièces de conviction ne peuvent, à peine de nullité, être présentées aux témoins, qu'après leur prestation de serment, puisqu'il est évident que leurs explications à ce sujet font partie de leur déposition [7].

Le procès-verbal ne peut, à peine de nullité, mentionner les réponses des accusés aux interpellations du président; ce serait là une violation de l'art. 372 [8].

---

(2) Juris. cons. Cass. 10 mars 1847. [P.48.1.497.] — 24 septembre 1842. [P.43.1.10.] — 17 juin 1844. [P.45.1.36.] — 4 juillet 1853. [P.53.1.381.] — 28 juillet 1851. [P.51.1.461.] — 20 décembre 1840. [P.41.1.100.] — Cass. fr. 10 février 1835. [S-V.35.1.301.] — 15 juillet 1837. [S-V.39.1.395.] — 16 avril 1840. [S-V.40.1,432.] — 6 novembre 1840. [S-V.41.1.523.]

(3) Cass. 24 octobre 1833. [P.33.1.164.]

(4) Cass. 5 janvier 1852. [P.52.1.187.]

(5) Cass. 27 septembre 1839. [P.39.1.194.] — 18 février 1836. [P.36.1.194.] — Cass. fr. 6 novembre 1840. [S-V.40.1.523.] — 8 janvier 1842. [S-V.42.1.884.] — CARNOT, t. 2, p. 545, n° 1; CUBAIN, *Cours d'ass.*, n° 542.

(6) Cass. 28 juillet 1851. [P.51.1.461.] Cass. fr. 8 janvier 1842. [S-V.42.1.882.] 2 février 1843. [S-V.43.1.302.]

(7) Cass. fr. 18 mars 1841, *Bull.* n° 71.

(8) V. troisième partie : *du procès-verbal*. — Cass. fr. 2 janv. 1843,

CHAPITRE XI.

Des témoins.

Incapacité.—Serment. — Formes des dépositions. — Témoins entendus à titre de renseignements.

SECTION I.

DES INCAPACITÉS.

Incapacités absolues.—Indignité.—Age.—Incapacités relatives. — Parents. — Dénonciateurs.—Profession.—Secret.—Incapacités à raison de l'affaire. —Mission de la Cour et du président.

§ 1.

Incapacités absolues.

A

INDIGNITÉ.

Celui qui a encouru une peine afflictive ou infamante ne peut pas être témoin [1].

Mais seulement du jour où la condamnation est devenue irrévocable [2].

De là cette conséquence que le prévenu peut encore être témoin, sauf à prendre sa déposition pour ce qu'elle peut valoir au point de vue de la preuve [3].

Une jurisprudence constante admet, malgré la nature absolue de cette incapacité, que le serment prêté par un

---

Bull., n° 2.—Conf. cependant 13 octobre 1843, [P.43.2.140.] qui décide qu'il n'y a pas nullité, si le procès-verbal ne contient que quelques indications de la réponse des accusés.

(1) Cass. 6 mars 1849. [P.49.1.173.] — Conf. art. 28, 34 et 43, C. pénal.

(2) Cass. fr. 13 janvier 1838. [D.P.38.1.437.] — Conf. 29 mars 1832. [S-V.32.1.857.]

(3) Cass. fr. 29 juin 1839. [S-V.39.1.987.]

repris de justice ne peut causer nullité, s'il n'y a pas eu d'opposition à cet égard [4].

Le ministère public qui désigne, en les notifiant, d'anciens forçats, comme devant être entendus seulement à titre de renseignement, n'empiète pas sur le pouvoir du président [5].

B

AGE.

La loi ne s'occupe de l'âge des témoins qu'à propos de l'instruction écrite :

Les enfants de l'un et l'autre sexe, au-dessous de l'âge de 15 ans, pourront être entendus par forme de déclaration et sans prestation de serment (art. 79).

La jurisprudence de la Cour de cassation belge a varié sur l'application de cet article à la procédure orale.

Jugé : 1° que l'enfant de moins de quinze ans doit, à peine de nullité, prêter serment devant la Cour d'assises [6];

2° Que le président est juge de la question de savoir s'il est ou non opportun de faire prêter serment à l'enfant de moins de quinze ans [7];

3° Que l'enfant ne peut, à peine de nullité, prêter serment devant la Cour d'assises [8].

La Cour de cassation de France, après avoir également

---

(4) Cass. 25 janvier 1847. [P.47.1.435.] — 19 février 1844. [P.44.1.116.] — Cass. fr. 22 janvier 1825. [S.25.1.318.] — 18 novembre 1819. [S.25.1.314.] — 13 octobre 1832. [S-V.32.1.730.] — *Contrà*, CUBAIN, *Cours d'ass.*, n° 453.

(5) Cass. 4 avril 1835. [P.35.1.60.]

(6) Cass. 31 mars 1836. [P.36.1.219.] — 8 avril 1836. [P.36.1.224.]

(7) Cass. 19 février 1836. [P.36.1.195.] — 26 mai 1837. [P.37.1.98.]

(8) Cass. 13 août 1836. [P.36.1.300.] — 6 juillet 1839. [P.39.1.183.] — 2 décembre 1840. [P.40.1.100.] — 20 février 1843. [P.43.1.112.] — 26 mai 1845. [P.45.1.515.]

hésité devant l'application de l'art. 79 (9), a adopté une jurisprudence par laquelle elle reconnaît au président le pouvoir de faire ou de ne pas faire prêter serment au mineur de quinze ans (10).

L'âge d'un témoin peut être prouvé par un acte de naissance annexé au procès-verbal (11).

En cas de silence du procès-verbal sur l'âge d'un témoin, il peut y être suppléé par d'autres pièces du dossier criminel (12).

La qualité d'avocat inscrite au procès-verbal prouve que le témoin dont il s'agit a plus de quinze ans (13).

§ 2.

Incapacités relatives.

A

PARENTÉ.

Ne pourront être reçues les dépositions :

1° Du père, de la mère ou de tout autre ascendant de l'accusé ou de l'un des accusés présents et soumis au même débat ;

2° Du fils, de la fille ou de tout autre descendant ;

3° Des frères et sœurs ;

4° Des alliés au même degré ;

5° Du mari ou de la femme, même après le divorce prononcé.

---

(9) Conf. deux arrêts anciens de l'année 1812, rapp. par CUBAIN, *Cours d'ass.*, n° 442.

(10) Cass. 25 avril 1834. [S-V.34.1.835.] — 8 mars 1835. [S-V.38.1.444.] — Conf. CARNOT, t. 1, p. 356 ; LEGRAVEREND, t. 1, p. 292 ; MERLIN, *Rép.*, v° *Témoin judic.* ; F. HÉLIE, t. 5, p. 600.

(11) Cass. 11 juin 1849. [P.49.1.468.]

(12) Cass. 12 juillet 1845. [P.47.1.46.] — 20 janvier 1845. [P.45.1.230.]

(13) Cass. 6 août 1849. [P.49.1.468.]

Sans néanmoins que l'audition des personnes ci-dessus désignées puisse opérer une nullité, lorsque, ni le procureur général, ni l'accusé, ni la partie civile, ne se sont opposés à ce qu'elles soient entendues (art. 322).

Le témoin parent ou allié de l'un des accusés ne peut être entendu à l'égard des autres [14].

Ne peut être entendu l'allié au degré prohibé, alors même que le conjoint qui produisait l'affinité est décédé sans enfants [15].

Les parents naturels rentrent dans la prohibition de l'article 322 [16].

Mais l'article, à raison de son caractère exceptionnel, ne peut être étendu à des cas non prévus ; ainsi, peuvent être témoins :

Le beau-frère ou la belle-sœur par alliance [17];

Le père volé par son fils quand on instruit la cause du complice [18];

L'enfant naturel non reconnu [19];

L'oncle ou la tante [20];

La nièce ou le neveu [21];

Les parents de la partie civile [22];

Le témoin qui déclare qu'il croit être le parent de l'ac-

---

(14) Cass. 1er septembre 1836. [P.36.1.313.] — Cass. fr. 28 avril 1808. [S.8.1.501.]

(15) Cass. fr. 19 avril 1836. [S-V.36.2.510.] — 16 octobre 1839. [S-V.39.1.955.] — 10 mai 1843. [S-V.43.1.434.]

(16) Cass. 11 août 1841. [P.41.1.286.]

(17) Cass. 6 juin 1853. [P.53.1.314.] — Cass. fr. 11 avril 1811. [S.17.2.314.]

(18) Cass. 3 août 1847. [P.47.1.439.]

(19) Cass. 27 avril 1846. [P.46.1.373.] — Il en est de même des père et mère naturels quand il n'est pas intervenu de reconnaissance : Cass. fr. 24 décembre 1823. [S.25.1.375.]

(20) Cass. fr. 13 janvier 1820. [S.260.1.173.]

(21) Cass. fr. 23 janvier 1835. [S-V.35.1.565.]

(22) Cass. fr. 5 octobre 1833. [S-V.34.1.64.]

cusé doit être tenu pour parent éloigné, et doit prêter serment, à peine de nullité [23].

La prohibition de l'art. 322 n'empêche point que le juge d'instruction ou tout autre témoin rappelle dans sa déposition ce qu'il a entendu dire aux personnes dont le témoignage ne peut être reçu [24].

On ne saurait invoquer l'art. 322 pour prétendre qu'il faut disjoindre des accusations, parce que les accusés sont dans les rapports de parenté prévus par cet article [25].

Les prohibitions de l'art. 322 ne regardent que les débats et non point l'instruction préliminaire [26].

B.

DÉNONCIATEURS.

Ne pourront être reçues les dépositions :

6° Des dénonciateurs dont la dénonciation est récompensée pécuniairement par la loi,

Sans que leur audition puisse causer nullité s'il n'y a pas eu d'opposition à cet égard (art. 322).

Les dénonciateurs autres que ceux récompensés pécuniairement par la loi pourront être entendus comme témoins, mais le jury sera averti de leur qualité de dénonciateurs (art. 323).

Ne sont point considérés comme dénonciateurs :

Les témoins dont les dires provoqués par la police ont amené l'arrestation de l'accusé [27];

---

(23) Cass. fr. 17 octobre 1836. [S-V.37.1.607.]

(24) Jurisp. const. C'est ce qu'on doctrine on a coutume d'appeler témoignage par ouï-dire : Cass. 25 janvier 1847. [P.47.1.196.] — 19 janvier 1841. [P.41.1.104.] — 12 août 1836. [P.36.1.300.] — 5 septembre 1839. [P.39.1.196.] — 14 août 1843. [P.44.1.15.]

(25) Cass. fr. 8 janvier 1824. [S.24.1.104.]

(26) Cass. 14 décembre 1841. [P.42.1.51.]

(27) Cass. 8 février 1833. [P.33.1.33.]

La partie lésée, même quand elle a porté plainte (28);

Celui qui a seulement rempli le devoir prescrit par l'article 30 (29).

Ces questions n'ont qu'une médiocre importance devant une jurisprudence constante, qui admet que l'omission de l'avertissement prescrit par l'art. 323 n'opère point nullité (30).

La Cour d'assises est d'ailleurs souveraine appréciatrice de la qualité de dénonciateur; son arrêt échappe à la censure de la Cour de cassation (31).

C.

PROFESSION.

Un témoin doit à la justice tout ce qu'il sait de l'affaire, y compris ce qui lui a été confié sous le sceau du secret.

Il y a cependant exception pour les personnes dépositaires par état ou profession des secrets qu'on leur confie (art. 378, Code pénal) (32).

---

(28) Cass. fr. 1er septembre 1832. [S-V.33.1.192.] — 30 avril 1835. [S-V. 35.1.784.] — 24 décembre 1840. [S-V.41.1.558.] — 30 mars 1848. [S-V. 49.1.377.] — CUBAIN, *Cours d'ass.*, n° 48.

(29) Cass. fr. 5 janvier 1827. S. *C. ann.* sur l'art. 323, n° 3.

(30) Cass. 23 décembre 1840. [P.41.1.100.] — 8 septembre 1836. [P.36. 1.316.] — Cass. fr. 16 juillet 1818. [S.19.1.116.] — 30 avril 1835. [S-V. 35.1.734.] — 16 avril 1840. [S-V.40.1.381.] — 24 décembre 1840. [S-V. 41.1.558.] — 30 mars 1848. [S-V.49.1.377.]

(31) Cass. fr. 11 novembre 1830. [S-V.31.1.306.]

(32) Les questions qui se rattachent aux secrets qu'on ne doit point révéler à la justice sont des plus délicates. Il sortirait du cadre de cet ouvrage de les examiner dans toutes leurs conséquences. Ces questions seront seulement indiquées par un renvoi aux auteurs qui les ont traitées. — V. sur la nature générale du devoir de tout dire; MERLIN, *Répert.*, v° *Déposition*, et *Quest.*, v° *Témoin judic.*; DUVERGER, *Jug. d'instr.*, t. 2, p. 259; Conf. CARNOT, t. 1, p. 286.

Ainsi, les avocats ne peuvent déposer des faits qui leur ont été confiés à raison de leur ministère [33].

Il en est de même des avoués [34], des médecins [35].

Cependant ce dernier point est l'objet de vives controverses [36].

Les notaires doivent déposer des faits relatifs à leur profession [37]; à moins qu'ils ne déclarent que ces faits leur ont été confiés à raison de leurs fonctions et sous le sceau du secret, ils peuvent ne point en déposer [38].

D.

INCAPACITÉS A RAISON DE L'AFFAIRE.

La partie civile ne peut être entendue comme témoin [39].

Cependant son audition ne vicierait point la procédure si elle avait lieu sans opposition [40].

---

(33) Cass. fr. 22 février 1828. [D.P.28.1.144.]—11 mai 1844. [S-V.44.1.529.]

(34) Cass. fr. 19 juin 1835. [S-V.35.1.920.]

(35) Cass. fr. 26 juillet 1845. [S-V.45.1.582.]—RAUTER, t. 2, p. 105; DUVERGER, *Jug. d'instr.*, t. 2, n° 261.

(36) Conf. Brux. 3 juin 1855. [P.55.2.242.] — MERLIN, *Répert.*, v° *Déposition*; CARNOT, t. 1, p. 667; BOURGUIGNON, t. 1, p. 256; LEGRAVEREND, t. 1, p. 266; TRÉBUCHET, *Jurisp. de la médecine*, p. 278. — La Cour d'appel de Bruxelles a jugé, le 6 octobre 1856 (arrêt non encore rapporté), que le membre d'un jury de concours ne peut pas révéler à la justice ce qui s'est passé pendant les délibérations (aff. Hymans contre l'*Indépendance belge*).

(37) Cass. fr. 23 juillet 1830. [S.30.1.290.]

(38) Cass. fr. 10 juin 1853. [S-V.53.1.379.]— FERRIÈRE, v° *Notaire*, t. 2, p. 239; JOUSSE, t. 2, p. 104; LEGRAVEREND, t. 1, p. 271; BOURGUIGNON, *Jurisp.*, t. 2, p. 35; RAUTER, t. 2, p. 331; DUVERGER, t. 2, n° 264.

(39) Cass. fr. 1er septembre 1832. [S-V.33.1.192.] — 30 avril 1835. [S-V.35.1.734.] — 21 juin 1832. [S-V.33.1.152.] — 10 mars 1843. [S-V.43.1.349.]

(40) Cass. fr. 28 novembre 1844. [S-V.45.1.386.] — 12 novembre 1846. [S-V.49.1.476.]

Le témoin déjà entendu peut ensuite se porter partie civile [41].

Celui qui s'est porté partie civile peut, après cassation, être entendu comme témoin devant la Cour de renvoi s'il ne prend plus cette position au débat [42].

Rien n'empêche que les créanciers du failli soient entendus comme témoins, quand même le syndic (ou curateur) s'est porté partie civile [43].

De même, le juge-commissaire à la faillite peut être entendu comme témoin [44].

Doivent être reçues les dépositions :

De la partie plaignante [45] ;

Du procureur du roi [46] ;

Du juge d'instruction [47], et en général des officiers de police judiciaire [48].

Les juges, les jurés, le ministère public ne peuvent évidemment être témoins. La qualité de témoin est donc un motif de dispense pour le juré [49].

§ 3.

Mission du président et de la Cour.

Lorsqu'il ne s'élève point de débat sur la question de sa-

(41) Cass. fr. 23 février 1843. [S-V.43.1.349.]

(42) Cass. fr. 11 novembre 1841. [S-V.42.1.363.]

(43) Cass. fr. 15 avril 1825. [S. 26.1.95.] — 14 mai 1847. [S-V.48.1.751.]

(44) Cass. fr. 3 décembre 1838. [S-V.38.1.82.]

(45) Cass. fr. 8 janvier 1849. [P.49.1.468.]

(46) Cass. 5 sept. 1839. [P.34.1.190.] — 11 novembre 1837. [P. 37.1.154.]

(47) Cass. fr. 13 juin 1842. [P.42.1.254.] — 14 décembre 1841. [P.42.1.51.] — 19 janvier 1841. [P.41.1.104.] — 25 janvier 1847. [P.47.1.196.] — 28 juillet 1851. [P.82.1.231.] — Cass. fr. 1 février 1839. [D.P.39.1.377.] — 11 avril 1811. [S.17.1.341.] — 8 août 1851. [S-V.52.1.220.]

(48) Cass. fr. 23 janvier 1835. [S-V.35.1.565.] — 9 janvier 1840. [S-V.40.1.802.] — 11 décembre 1851. [D.P.51.5.518.]

(49) Cass. 6 mai 1845. [P.46.1.20.] — 26 juin 1848. [P.49.1.468.]

voir si un témoin est capable ou non, le président décidera seul [50].

Ainsi, quand il s'agit d'un témoin idiot, la Cour ne doit pas intervenir pour le rejeter des débats quand il n'y a point d'opposition [51].

Mais si la capacité d'un témoin donne lieu à un contentieux, la Cour doit, à peine de nullité, intervenir par arrêt [52].

L'accusé ne peut cependant se faire un moyen de cassation, de ce qu'il n'a pas été statué sur son opposition par la Cour, si d'ailleurs le témoin n'a pas été entendu : l'accusé est sans intérêt à se plaindre [53].

La Cour peut rejeter la déposition, non-seulement d'un témoin incapable, mais encore d'un témoin capable, si elle reconnaît que les faits sur lesquels le ministère public veut le faire entendre sont étrangers au débat [54].

L'arrêt qui décide si un témoin sera ou non entendu est un arrêt préparatoire et comme tel ne peut être l'objet d'un pourvoi avant l'arrêt définitif [55].

SECTION II.

DU SERMENT DES TÉMOINS.

Forme. — Constatation.

§ 1er.

Forme.

Avant de déposer, les témoins prêteront, à peine de

---

(50) Cass. 20 mars 1843. [P.43.1.185.] — 3 avril 1854. [P.54.1.199.] — V. 2e partie, chap. VI, où ce principe est expliqué d'une manière générale.

(51) Cass. 28 mai 1844. [P.44.1.193.]

(52) Cass. 26 juillet 1843. [P.44.1.12.] — V. 2e partie, chap. 6. — MERLIN, *Quest.*, v° *Nullité*, 41, n° 9 ; BERRIAT SAINT-PRIX, p. 111, n° 1 ; RAUTER. *Droit crim.*, n° 796 ; LEGRAVEREND, t. 3, p. 180 ; CARNOT, sur l'art. 315, n°s 6 et 7.

(53) Cass. 27 septembre 1821, 3 juin 1828. [P. à leurs dates.]

(54) Cass. 27 septembre 1847. [P.47.1.478.]

(55) Cass. 20 décembre 1850. [P.51.1.70.]

nullité, le serment de parler sans haine et sans crainte, de dire toute la vérité et rien que la vérité (art. 317).

Les termes de ce serment sont sacramentels, un changement ou une omission dans sa teneur serait une cause de nullité [56].

Ainsi, jugé que la procédure est viciée si le témoin a omis les mots : « *toute la vérité* [57], ou *rien que la vérité* » [58], ou les mots : « *sans haine et sans crainte* » [59].

Le serment doit, en Belgique, à peine de nullité, être fait sous l'invocation religieuse prescrite par l'arrêté du 4 novembre 1814 [60].

Cependant il suffit de l'invocation de la divinité; celle de tous les saints n'est point rigoureusement nécessaire [61].

Il résulte de la formule sacramentelle du serment que si un témoin voulait en changer les termes, il devrait être écarté des débats par la Cour d'assises [62].

Le témoin doit, en prêtant serment, lever la main droite; cette formalité n'est point substantielle [63].

Le fait qu'un militaire ne s'est point désarmé en

---

(56) MERLIN, *Répert.*, v° *Serment*; F. HÉLIE, *Encycl. du dr.*, t. 7, p. 83; CUBAIN, *Cours d'ass.*, n° 470.

(57) Cass. fr. 6 octobre 1814. [S.15.1.87.] — 2 février 1843. [S-V. 44. 1.160.] — 13 septembre 1849. [S-V.51.1.147.]

(58) Cass. 8 février 1841. [P.41.1.147.] — 18 juillet 1839. [P.39.1. 137.]

(59) Cass. fr. 5 janv. 1815. [S.15.1.211.] — 20 septembre 1842. [S-V. 42.1.785.]

(60) Cass. 14 décembre 1846. [P.47.1.148.] — 12 mars 1849. [P.49.1. 180.]

(61) Ainsi, dans la province de Namur, on s'est toujours borné à l'invocation de Dieu, sans faire mention des saints. — Cass. 7 mai 1849. [P.50.1.474.] — 18 octobre et 8 novembre 1847.

(62) Cass. fr. 15 décembre 1832. [S-V.33.1.42.]

(63) Cass. fr. 8 octobre 1840. [S-V.40.1.1000.]

prêtant serment ne saurait être une cause de nullité (64).

Il n'y aurait pas non plus nullité si un témoin, après avoir prêté le serment prescrit par la loi, ajoutait à ce serment quelque autre promesse qui n'en changerait point la portée (65).

Plusieurs témoins peuvent prêter serment en même temps; la séparation dont parle la loi ne porte que sur les dépositions (66).

Un témoin régulièrement cité ne peut, à peine de nullité, être entendu que sous la foi du serment, quel que soit le prétexte que l'on invoque pour l'entendre à titre de renseignement (67).

Le consentement de toutes les parties ne suffirait point pour couvrir la nullité d'une telle audition (68).

Le témoin est toujours admis pour la partie religieuse de son serment à suivre le rite de sa propre religion (69).

Mais il n'y aurait pas nullité s'il n'usait point de cette faculté que lui reconnaît la jurisprudence (70).

§ 2.

Constatation du serment.

Il faut, à peine de nullité, que le procès-verbal constate la prestation du serment, comme d'ailleurs l'accomplisse-

---

(64) Cass. fr. 16 janvier 1836. [S-V.36.1.813.]

(65) Cass. fr. 12 novembre 1835. [S-V.36.1.323.]

(66) Cass. fr. 15 décembre 1832. [S-V.33.1.42.]

(67) Soit que l'on prétende qu'ayant entendu la déposition d'un autre témoin, il ne peut déposer lui-même sous serment, soit parce qu'il ne serait pas resté dans la chambre des témoins. Il n'y a d'autre alternative que de l'entendre sous serment ou de le rejeter des débats. — Cass. fr. 30 juin 1831. [S-V.31.1.376.] — 17 mai 1844. [S-V.44.1.753.] — Cependant Conf. 13 août 1813 [S.17.2.313.]

(68) MITTERMAIER et ALEXANDRE, *De la preuve crim.*, p. 61.

(69) Cass. fr. 1er avril 1815. [S.17.2.315.]—15 février 1835. [S-V.38 1.914.]—V. cependant arrêté royal du 26 octobre 1818.

(70) Cass. fr. 18 novembre 1847. [S-V.48.1.175.]

ment de toutes autres formalités substantielles ou prescrites à peine de nullité (71).

Il est de jurisprudence que le procès-verbal peut constater d'une manière globale l'accomplissement de formalités identiques ; ainsi, il suffit qu'il porte une fois que tous les témoins ont régulièrement prêté serment (72).

Mais il faut, à peine de nullité, que cette mention globale se retrouve à chaque séance (73).

Il faut que le procès-verbal mentionne les termes mêmes du serment et de l'invocation religieuse (74).

Ainsi, il y aurait nullité si le procès-verbal portait seulement : « *Les témoins ont prêté le serment voulu par la loi* » (75), ou bien : « *Les témoins ont été entendus sous la foi du serment* » (76), ou encore : « *Dans les termes prescrits par l'art.* 317 » (77).

Jugé toutefois qu'il n'y a point nullité si le procès-verbal ne porte point les mots : « *Je jure,* » mais dit seulement : « *A prêté serment de parler,* » etc. (78).

---

(71) Cass. 14 décembre 1846. [P.47.1.148.] — Cass. fr. 3 janvier 1812. [S.12.1.237.] — V. notes suivantes.

(72) Cass. 28 juillet 1851. [P.52.1.231.]—18 août 1833. [P.33.1.241.] —Cass. fr. 11 juillet 1839. [S-V.40.1.830.] — 28 avril 1843. [S-V.43.1.741.] — 14 décembre 1848. [S-V.50.1.72.]

(73) Cass. 27 mars 1841. [P.41.1.232.]—5 janvier 1852. [P.52.1.187.] Cass. fr. 18 avril 1812. [S.12.1.307.]

(74) Cass. 14 décembre 1846. [P.47.1.148.] — 12 mars 1819. [P.40.1.180.] — V. note 71.

(75) Cass. 22 juillet 1844. [P.44.1.197.]—12 juillet 1841. [P.41.1.356.] —Cass. fr. 20 mars 1846. [S-V.46.1.571.] —24 septembre 1847. [S-V.47.1.752.] —Cependant conf. 24 novembre 1832. [S-V.33.1.595.] — Et 5 juillet 1832. [S-V.32.1.751.]

(76) Cass. 6 novembre 1843. [P.44.1.54.] — 12 février 1843. [P.43.1.61.]

(77) Cass. 14 août 1844. [P.44.1.197.]

(78) Cass. 12 août, 1850. [P.50.1.454.]—Il faut remarquer que les mots *je jure* ne sont pas inscrits dans l'art. 317.

SECTION III.

FORME DES DÉPOSITIONS.

Formes extrinsèques. — Forme intrinsèque.

§ 1er.

Formes extrinsèques (79).

Chambre des témoins. — Ordre des témoins. — Interpellations aux témoins et aux accusés. — Présence dans l'auditoire. — Confrontation. — Droit de prendre note.

A.

CHAMBRE DES TÉMOINS.

Le président ordonnera aux témoins de se retirer dans la chambre qui leur est destinée.

Le président prendra des précautions, s'il en est besoin, pour empêcher les témoins de conférer entre eux du délit et de l'accusé avant leur déposition (art. 316).

La disposition de ce texte n'est point prescrite, à peine de nullité (80).

Ainsi, spécialement : le témoin qui, absent au moment de l'appel, se présente dans le cours des débats, sera entendu (81).

La communication d'un témoin, qui n'a point fait sa déposition, avec un témoin déjà entendu ne vicie point la procédure (82).

---

(79) Sur les variations des témoins, V. art. 318. — V. 2e partie, chap. VII, § 2, notes 64 et suiv., p. 120.

Sur le droit d'interroger les témoins, V. 2e partie, chap. VI, notes 4 et suiv., p. 105.

(80) Cass. fr. 15 décembre 1852. [S-V.83.1.42.] — 29 mai 1840. [D.P. 40.1.418.] — 16 octobre 1850. [D.P.50.5.14.]

(81) Cass. 15 février 1842. [P.42.1.68.]

(82) Cass. 29 mars 1841. [P.41.1.232.]

Il en est de même de la présence, dans l'auditoire, d'un témoin non encore entendu [83] ;

Et qui par conséquent assiste à la déposition d'un témoin précédent [84].

De là, si le procès-verbal ne constate pas que les témoins se sont retirés, son silence à cet égard ne pourra fournir un moyen de cassation [85].

Jugé qu'il y aurait nullité si, avant de compléter sa déposition, un témoin était admis à conférer secrètement avec le conseil de l'accusé [86].

B.

ORDRE DES TÉMOINS.

Les témoins déposeront dans l'ordre établi par le procureur général (art. 317).

Après l'audition des témoins produits par le procureur général et par la partie civile, l'accusé fera entendre ceux dont il aura notifié la liste, soit sur les faits mentionnés dans l'acte d'accusation, soit pour attester qu'il est homme d'honneur, de probité et d'une conduite irréprochable (art. 321).

L'interversion de l'ordre établi par le procureur général ne cause pas nullité [87].

Il en est de même de l'ordre entre les témoins à charge et ceux produits par l'accusé; ainsi, rien n'empêche qu'un

---

(83) Cass. fr. 15 octobre 1848. [S-V.48.1.301.]

(84) Cass. 8 février 1833. [P.33.1.33.] — Cass. fr. 3 avril 1848. [C.N.5.]

(85) Cass. fr. 23 janvier 1838. [D.P.38.1.441.] — 12 septembre 1835. [S-V.36.1.152.] — Il n'y aurait non plus de nullité si un ou plusieurs témoins étaient sortis de la chambre qui leur est destinée. — Conf. 13 mai 1844. [P.44.1.182.] — 14 décembre 1841. [P.42.1.51.]

(86) Cass. fr. 20 janvier 1841. [D.P.41.1.400.]

(87) Cass. 21 février 1839. [P.39.1.17.] — Conf. fr. 14 juillet 1827. [S. 28.1.17.]

témoin produit par le procureur général soit entendu après un ou plusieurs témoins à décharge [88].

C.

INTERPELLATION.

Le président a trois interpellations à faire à l'égard de chaque témoin :

1° Avant la déposition, il demande au témoin ses nom, prénoms, âge, profession, domicile ou résidence; s'il connaissait l'accusé avant le fait mentionné dans l'acte d'accusation; s'il est parent ou allié, soit de l'accusé, soit de la partie civile, et à quel degré, et s'il n'est pas attaché au service de l'un ou de l'autre (art. 317);

2° Après la déposition, il demande au témoin si c'est de l'accusé présent qu'il a entendu parler (art. 319);

3° Il demande ensuite à l'accusé s'il veut répondre à ce qui vient d'être dit contre lui (art. 319).

L'ordre des interpellations ne doit point être suivi à peine de nullité [89].

Bien plus, l'omission de ces interpellations ne vicierait point la procédure :

Ainsi, l'interpellation qui précède la déposition [90];

Celle qui la suit [91];

L'interpellation à l'accusé [92].

---

(88) Cass. fr. 14 décembre 1837. [D.P.38.1.428.]—6 mai 1824. [C.N.7.]

(89) Cass. fr. 8 juin 1850. [D.P.50.1.173.] — 30 janvier 1851. [D.P.51. 1.47.]

(90) Cass. fr. 10 octobre 1828. [D.P.28.1.432.] — 15 avril 1830. [S. 30.1.251, et la note suivante.]

(91) Cass. 27 juin 1818. [P.48.1.408.] — 4 septembre 1846. [P.48.1. 311.] — Même s'il y a des accusés non présents. — 26 avril 1841. [P.41. 1.331.]

(92) Cass. 22 juin 1839. [S-V.40.1.91.] — 28 avril 1843. [S-V.43.1. 741.]

Devant cette jurisprudence, les décisions suivantes n'ont qu'un intérêt médiocre.

Jugé que la mention au procès-verbal, que le prescrit de l'art. 317 a été observé, est suffisante (93) ;

Que les interpellations ont été régulièrement faites, si le procès-verbal porte que les dispositions des art. 317 et 319 ont été suivies (94);

Que le procès-verbal ne doit pas contenir les réponses faites aux interpellations du président (95);

Si l'accusé use de son droit de réponse, c'est au président qu'il appartient de réprimer les écarts auxquels il pourrait se livrer (96).

D.

PRÉSENCE DES TÉMOINS DANS L'AUDITOIRE.

Chaque témoin, après sa déposition, restera dans l'auditoire, si le président n'en a ordonné autrement, jusqu'à ce que les jurés se soient retirés pour donner leur déclaration (art. 320).

La présence des témoins dans l'auditoire ne constitue pas une formalité substantielle (97).

Il ne faut donc pas, à peine de nullité, que le procès-verbal la mentionne (98).

Le président peut, sans causer un vice de procédure, autoriser quelques-uns des témoins à revoir les lieux du délit; le fait qu'ils s'y sont rencontrés est indifférent (99).

---

(93) Cass. 11 juin 1849. [P.49.1.468.]

(94) Cass. 2 novembre 1846. [P.49.1.193.] — 24 mai 1843. [P.43.1.213.] — 7 février 1843. [P.43.1.98.] — 2 février 1841. [P.41.1.145.]

(95) Cass. 12 juillet 1834. [P.34.1.285.]

(96) Cass. fr. 15 mars 1812. [S.17.2.315.] — 23 août 1838. [S-V.38.1.991.]

(97) Cass. fr. 23 avril 1835. [S-V.35.1.746.]—Cass. 28 juin 1839. [P.39.1.130.]

(98) Cass. 16 juill. 1851. [P.51.1.334.] — Cass. fr. 7 avril 1827. [C.N.8.]

(99) Cass. 21 mars 1842. [P.42.1.188.]

E.

CONFRONTATION DES TÉMOINS.

L'accusé ou le procureur général pourront demander, après chaque déposition, que les témoins qu'ils désigneront, se retirent de l'auditoire et qu'un ou plusieurs d'entre eux soient introduits et entendus de nouveau, soit séparément, soit en présence les uns des autres (art. 326).

En cas de contestation, il faut, à peine de nullité, que la Cour statue sur la demande de l'accusé [100].

Mais la Cour peut la rejeter [101].

Il est évident que les témoins ainsi entendus de nouveau ne doivent point de nouveau prêter serment [102].

F.

DROIT DE PRENDRE DES NOTES.

Pendant l'examen, les jurés, le procureur général et les juges pourront prendre note de ce qui leur paraîtra important, soit dans les dépositions des témoins, soit dans la défense de l'accusé, pourvu que la discussion n'en soit pas interrompue (art. 328).

§ 2.

Forme intrinsèque de la déposition.

Nature de la déposition. — Déposition fausse.

A.

NATURE DE LA DÉPOSITION.

1. La déposition doit être orale (Renvoi au chap. VII, § 2, p. 110, notes 58 et s. de la deuxième partie).

(100) Cass. fr. 11 janvier 1817. [S.17.1.104.]
(101) CARNOT, t. 2, p. 540.
(102) Cass. fr. 13 avril 1816. [S.20.1.504.]

II. Les témoins déposeront séparément (art. 317).

Cette disposition de la loi n'empêche point que plusieurs témoins soient entendus simultanément [103], mais cependant après que chacun d'eux aura une première fois fait une déposition séparée [104].

III. Le témoin ne pourra être interrompu (art, 319).

IV. Les témoins ne pourront s'interpeller entre eux (art. 325).

La violation de l'art. 325 ne peut fournir un moyen de cassation [105].

B.

DÉPOSITION FAUSSE.

Si, d'après les débats, la déposition d'un témoin paraît fausse, le président pourra, sur la réquisition du procureur général, de l'accusé ou de la partie civile et même d'office, faire sur-le-champ mettre le témoin en état d'arrestation. Le procureur général et le président ou le juge par lui commis rempliront à son égard, le premier, les fonctions d'officier de police judiciaire, le second les fonctions attribuées au juge d'instruction dans les autres cas.

Les pièces d'instruction seront ensuite transmises à la Cour d'appel pour y être statué sur la mise en accusation (art. 330).

Ce texte, tout exceptionnel, ne peut être étendu dans son application ; ainsi, il y aurait nullité si un témoin était mis en état d'arrestation en raison d'indices de complicité révélés par les débats [106].

Le droit de faire arrêter un témoin dont la déposition paraît fausse est personnel au président [107].

---

(103) Cass. fr. 3 janvier 1833. [D.P.34.1.431.]

(104) LEGRAVEREND, t. 2, p. 205.

(105) Cass. fr. 11 avril 1817. [S.18.1.162.]—CARNOT, t. 2, p. 535.

(106) Cass. fr. 26 février 1847. [S-V.47.1.573.]

(107) Cass. fr. 28 décembre 1838, *Bull.*, n° 391,—23 avril 1840. [S-V. 40.1.667.]—F. HÉLIE, *Encycl. du dr.*, t. 7, p. 115.

Cependant jugé qu'il n'y a point nullité si la Cour intervient [108].

Le président, au lieu de faire mettre en état d'arrestation, peut ordonner que le témoin sera gardé à vue seulement [109].

Il est évident que, dans le cas d'arrestation pour faux témoignage, l'accusé n'est point fondé à se plaindre de ce que le témoin n'est point resté dans l'auditoire, suivant les termes de l'art. 320 [110].

Le témoin qui n'a pas été mis en état d'arrestation sur la réquisition d'une des parties, peut cependant être poursuivi ultérieurement pour faux témoignage [111].

Si le témoin se rétracte avant la clôture des débats, il est par ce fait à l'abri de toute poursuite [112].

On a vu plus haut que la Cour pourrait, si elle le jugeait convenable, ordonner, dans le cas d'arrestation d'un témoin, le renvoi de l'affaire à une autre session ou à une autre série [113].

Dans le cas de renvoi, l'affaire incidente en faux témoignage doit être jugée avant l'affaire principale [114].

SECTION IV.

TÉMOINS ENTENDUS A TITRE DE RENSEIGNEMENT.

Le président pourra, en vertu de son pouvoir discrétion-

---

(108) Cass. 8 mai 1849. [P.51.1.438.] — Il est difficile de faire cadrer cet arrêt avec celui du 26 février 1847. [S-V.47.1.573.] — Rapporté note 106. — V. aussi chap. 6, 2e part.

(109) Jurisp. const. V. 23 avril 1840. [S-V.40.1.667.]—28 mars 1829. [S.29.1.214.]

(110) Cass. 8 novembre 1848. [P.48.1.491.]—V. d'ailleurs *suprà*, notes 96 et suiv.

(111) MERLIN, *Répert.*, v° *Faux tém.*, n° 6; LEGRAVEREND, t. 2, p. 209.

(112) Cass. fr. 4 juillet 1833.—Paris, 5 juin 1838. [S-V.38.2.135.]

(113) Partie 2, chap. 7, § 3, litt. c.

(114) Cass. fr. 20 décembre 1845. [S-V.46.1.265.]

naire, appeler dans le cours des débats et entendre toutes personnes qui lui paraîtraient pouvoir répandre un jour utile sur le fait contesté (art. 269).

D'après les principes généraux exposés au chap. V, § 2, litt. A, il y aurait nullité si la Cour ordonnait l'audition d'un témoin à titre de renseignement [115].

Le pouvoir du président de faire entendre toute personne qu'il juge convenable, sous forme de déclaration et sans prestation de serment, subsiste tant que les débats ne sont pas clos ; il pourrait donc faire entendre un tel témoin pendant ou après les plaidoiries [116].

Le président peut faire entendre à titre de renseignement :

Un témoin de l'instruction écrite qui n'a pas figuré sur la liste des témoins selon l'art. 315 [117] ;

Un témoin dont la notification a été irrégulière, s'il ne s'élève point de débats à cet égard [118] ;

Le témoin qui a été écarté comme tel par la Cour pour cause d'incapacité [119];

Le témoin dont le serment a été annulé [120];

Les personnes mentionnées dans l'art. 322, qui, à raison de leur parenté avec l'accusé, ou de leur qualité de dénonciateurs récompensés, ne peuvent prêter serment [121];

---

(115) Cass. 12 mai 1851, [P.51.1.381.] — 21 février 1839. [P.39.1.17.]

(116) Cass. fr. 27 février 1834. [S-V.34.1.441.]

(117) Cass. fr. 10 août 1838. [S-V.38.1.777.] — 12 décembre 1840. [S-V.40.1.948.]

(118) Cass. fr. 21 août 1835. [S-V.35.1.601.] — 22 juillet 1843. [S-V.43.1.688.]

(119) Cass. fr. 29 mai 1840. [S-V.41.1.598.]—22 juillet 1843. [S-V.43.1.687.]

(120) Cass. fr. 12 décembre 1840. [S-V.40.1.948.]

(121) Cass. 4 août 1847. [P.48.1.265.]—6 juin 1853. [P.53.1.394.]—12 mai 1851. [P.51.1.381.]—21 février 1839. [P.39.1.17.] — Cass. fr. 22 décembre 1842. [P.43.2.71.] — 4 novembre 1830. [S-V. 31.1.366.] — 27 mars 1828. [S-V.28.1.381.]

En général, toutes personnes, sauf les témoins régulièrement cités, qui doivent, à peine de nullité, prêter serment [122].

En supposant même qu'un témoin régulièrement notifié ne comparaisse pas, et qu'il soit réassigné par les ordres du président, ce témoin ne pourra être entendu que sous la foi du serment [123].

Le motif de cette exception réside dans l'art. 324, qui porte :

« Les témoins produits par le procureur général ou par l'accusé seront entendus dans les débats, même lorsqu'ils n'auraient pas préalablement déposé par écrit, lorsqu'ils n'auraient reçu aucune assignation, pourvu, dans tous les cas, que ces témoins soient portés sur la liste mentionnée dans l'art. 315. »

Ces témoins régulièrement notifiés ne peuvent donc être entendus que sous serment, mais aucun texte n'oblige le ministère public à faire entendre tous les témoins qu'il a produits [124].

De même, l'accusé peut renoncer à l'audition des témoins qu'il a notifiés, mais sa renonciation doit être expresse à peine de nullité [125].

L'ordonnance du président, en vertu de son pouvoir discrétionnaire, ne doit point être écrite [126].

---

(122) Cass. fr. 25 juillet 1844, *Bull.*, n° 275.
(123) Cass. 18 avril 1844. [P.44.1.175.]
(124) Cass. fr. 20 janvier 1844. [D.P.44.1.127.]
(125) F. Hélie, *Encycl. du dr.*, t. 7, p. 99.
(126) Cass. fr. 2 avril 1842. [S-V.42.1.887.]

CHAPITRE XII.

Droits et devoirs généraux du ministère public et du défenseur pendant les débats [1].

Présence aux débats. — Conclusions. — Demandes d'actes. — Réquisitions. — Plaidoiries.

§ 1er.

Présence aux débats.

A.

PRÉSENCE DU DÉFENSEUR.

On a vu au chapitre II, § 3, de la première partie, la nécessité de la désignation d'un défenseur [2].

Il faut, à peine de nullité, que ce défenseur soit présent aux débats et aux actes d'audience qui les suivent [3].

Cependant, cette nullité ne sera prononcée que si l'absence du défenseur résulte du fait du président, de la Cour ou du ministère public [4].

Ainsi l'accusé peut déclarer qu'il ne veut point de défenseur [5].

L'absence volontaire du défenseur ne peut causer nullité [6].

Le procès-verbal ne doit point porter les motifs de la substitution d'un défenseur à celui qui a été désigné d'office [7].

---

(1) Les droits et devoirs de la partie civile, pendant et après les débats, font l'objet d'un chapitre de la troisième partie.

(2) Notes 10 à 17.

(3) Cass. fr. 13 juillet 1849. [P.50.2,165.] — 22 avril 1813 — [S.13.1. 341.] — BOURGUIGNON, *Jurisp.*, sur l'art. 294.

(4) Cass. fr. 3 octobre 1822. [S.22.1.394.] — 18 juin 1830. [S.30.1. 375.]

(5) Cass. fr. 3 avril 1848. [S-V. 48.1.156.]

(6) V. 1re part., chap. II, § 3, note 11, p. 7.

(7) Cass. fr. 3 décembre 1829. [S.30.1.154.]

B.

PRÉSENCE DU MINISTÈRE PUBLIC.

La nécessité de la présence du ministère public à tous les actes des débats, et le mode de son remplacement, s'il est empêché, ont été examinés au chapitre IX, § 3, de la première partie [8].

La preuve de la présence du ministère public se fait comme celle de toutes autres formalités substantielles, par les énonciations du procès-verbal : jugé à cet égard qu'il n'y aura point nullité, si le procès-verbal de la première séance ne donne point le nom du magistrat accusateur, si le nom se trouve sur la feuille du jour où il a parlé [9].

§ 2.

Conclusions et demandes d'acte.

A.

DU DÉFENSEUR.

Il y aura nullité de la procédure lorsqu'il aura été omis ou refusé de prononcer, soit sur une ou plusieurs demandes de l'accusé, soit sur une ou plusieurs réquisitions du ministère public, tendant à user d'une faculté ou d'un droit accordé par la loi, bien que la peine de nullité ne fût pas textuellement attachée à l'absence de la formalité dont l'exécution aura été demandée ou requise (art. 408).

De ce texte cette distinction : s'il s'agit dans la demande d'une formalité non substantielle, il suffit que la Cour ou

---

(8) Notes 33 à 38.

(9) Cass. 31 mars 1842. [P.42.1.186.] — V. 1re partie, ch. IX, § 3, note 36, p. 59.

le président, suivant leurs attributions, statue, pour qu'il ne puisse y avoir nullité [10].

S'agit-il d'une formalité substantielle, pour éviter la nullité, il faut non-seulement qu'il intervienne une décision, mais il faut encore que cette décision soit conforme à la loi [11].

D'après les principes généraux exposés au chapitre VI de la deuxième partie, c'est la Cour et non le président qui doit statuer sur les conclusions [12].

Pour que le refus de statuer puisse donner ouverture à cassation, il faut que les énonciations du procès-verbal en fournissent la preuve [13].

Il n'y a point nullité dans la remise au lendemain du prononcé sur les conclusions du défenseur [14].

Bien que les conclusions soient prises au nom de l'accusé, il est d'usage qu'elles soient signées du défenseur [15].

Une demande d'acte en vue de réserver l'usage d'un droit est suffisamment prise en considération par son inscription au procès-verbal [16].

L'arrêt qui statue sur une demande d'acte est incidentel, et, comme tel, ne doit point être signé par les juges qui l'ont rendu; il peut faire corps avec le procès-verbal [17].

(10 et 11) Anciennement, il existait une jurisprudence contraire; on soutenait alors que la décision, quelle qu'elle fût, empêchait la nullité de se produire, aux termes de l'art. 408. Mais cette doctrine a été depuis, et avec raison, abandonnée. Cass. fr. 17 septembre 1824. [C.N.7.] — 12 avril 1827. [S.27.1.514.] — BOURGUIGNON, *Manuel*, t. 1, p. 515; CARNOT, t. 2, p. 540; LEGRAVEREND, t. 2, p. 430.

(12) V. deuxième partie, chap. VI, note 12, p. 106, et spéc. Cass. 8 novembre 1848. [P.48.1.401.]

(13) Cass. 30 juin 1846. [P.46.1.507.]

(14) Cass. 12 mai 1851. [P.51.1.881.]

(15) F. HÉLIE, *Encycl. du dr.*, t. 7, p. 49.

(16) Cass. 21 mars 1842. [P.42.1.188.] — Renvoi.

(17) Cass. 26 avril 1838. [P.38.1.288.]

La prise en considération d'une demande d'acte n'est pas un jugement, et ne saurait, par conséquent, créer chose jugée sur le fond de la demande [18].

Le défenseur peut prendre toutes conclusions, faire telles demandes d'actes qu'il jugera au cas appartenir, mais il n'y aura pas nullité dans le refus de donner acte d'un fait insignifiant [19].

B.

RÉQUISITIONS DU MINISTÈRE PUBLIC.

Il doit, à peine de nullité, être statué sur toutes les réquisitions du ministère public [20].

Mais l'accusé ne peut se prévaloir de cette nullité, s'il y a pour lui défaut évident d'intérêt [21].

Le procureur général n'est point tenu de prendre la parole sur toutes les réquisitions de l'accusé; il ne doit y répondre que si la loi lui en fait un devoir [22].

L'art. 277 porte : « Les réquisitions du procureur gé« néral seront de lui signées. » Néanmoins la jurisprudence est constante pour reconnaître que cette signature n'est point nécessaire, et qu'il suffit que ces réquisitions fassent corps avec le procès-verbal [23].

---

(18) Cass. 12 mars 1835. [P.35.1.44.] — Cet arrêt parle d'une demande d'acte devant la chambre du conseil, mais le principe qui en découle est sans doute applicable à une demande d'acte devant la Cour d'assises.

(19) Cass. 26 novembre 1849. [P.50.1.33.]

(20) Cass. fr. 30 novembre 1815. [S.16.1.265.]—24 août 1832, *Bull.*, n° 320. — 4 mars 1825. [S-V.26.1.36.] — 13 novembre 1834, *Bull.*, n° 369.

(21) Cass. 21 mars 1842. [P.42.1.189.] — Cass. 3 mai 1819. [P. à sa date.]

(22) Cass. 13 juillet 1841. [P.41.1.234.]

(23) Cass. 8 novembre 1847. [P.48.1.491.] — 16 juillet 1851. [P.51.1.334.]—8 février 1848. [P.48.1.176.] — 14 août 1844. [P.44.1.15.] — 11 avril 1839. [P.39.1.73.]—Conf. 21 mars 1842. [P.42.1.187.] —Cass. fr. 28 juin 1832. [S-V.33.1.245.]—12 décembre 1840. [S-V.40.1.948.]

Même s'il s'agit de la réquisition relative à la peine [24].

§ 3.

Des plaidoiries.

A la suite des dépositions des témoins et des dires respectifs auxquels elles auront donné lieu, la partie civile ou son conseil [25] et le procureur général seront entendus.

L'accusé et son conseil pourront leur répondre.

La réplique sera permise à la partie civile et au procureur général, mais l'accusé et son conseil auront toujours la parole les derniers (art. 335).

Le président peut cependant changer l'ordre des plaidoiries, sans causer de nullité, pourvu que l'accusé ait eu la parole le dernier [26].

A.

PLAIDOIRIES DU DÉFENSEUR.

Le droit de parole du défenseur est extrêmement large; il doit être entendu sur tous les points du litige quand il en fait la demande [27].

Il doit, à peine de nullité, être entendu sur les incidents contentieux [28].

Cependant s'il n'use point de ce droit, le président n'est point tenu de l'interpeller à cet égard [29].

---

(24) Cass. 5 octobre 1849. [P.50.1.36.] — 31 juillet 1849. [P.49.1.468.] — 30 juin 1845. [P.46.1.507.]

(25) V. note 1.

(26) Cass. fr. 8 juin 1850. [S-V.50.1.483.] — 3 décembre 1836. [S-V.38.1.82.]

(27) Dès que l'intérêt de la défense le commande : Cass. fr. 28 janvier 1830. [S.30.1.66.]

(28) Cass. fr. 11 janvier 1839. [D.P.39.1.389.] — 12 décembre 1840. [S-V.40.1.948.]

(29) Cass. 8 novembre 1848. [P.48.1.491.] — Sauf quand la loi le dit textuellement, comme dans les cas prévus par les art. 319, 335, 363.

Nulle loi ne limite les éléments de la plaidoirie du défenseur [30].

Il peut, sauf les dispositions prohibitives de la loi [31], se servir de tous les documents qu'il juge utiles à sa cause [32].

Cette grande liberté est limitée : 1° par le respect dû aux lois.

Ainsi, l'avocat ne peut plaider que la loi est trop sévère [33];

Soutenir que la liberté de la tribune nationale est chose mauvaise [34] ;

2° Par la décence et la modération ;

Ainsi jugé qu'un président peut défendre à l'accusé de plaider en vers, cette forme ne cadrant pas avec la majesté de la justice [35];

3° Par le caractère du jury qui ne peut juger que du fait;

Ainsi, l'avocat doit s'abstenir de toute discussion de droit [36];

Il ne doit point faire connaître au jury la peine portée par la loi [37];

Il ne peut lire des décisions analogues à la cause rendues par certaines Cours d'assises [38];

---

(30) Cass. 17 février 1843. [P.43.2.539.]

(31) V. par exemple ce qui regarde les dépositions écrites, 2e partie, chapitre VII, § 2, p. 117.

(32) Cass. fr. 11 août 1808. [S.8.1.430.] — F. Hélie, *Encycl. du dr.*, t. 7, p. 129; Berriat Saint-Prix, *Manuel des jurés*, p. 111. — Cependant Cass. fr. 15 mars 1822. [S.22.1.212.]

(33) Cass. fr. 25 mars 1836. [S-V.36.1.273.]

(34) Cass. fr. 20 mai 1831. [S-V.32,1.213.]

(35) Cass. fr. 13 juin 1834. [S-V.34.1.482.]

(36) Cass. fr. 20 mai 1831. [S-V.32.1.213.] — 26 septembre 1846. [S-V.47.1.559.]

(37) Cass. fr. 25 mars 1836. [S-V.36.1.273.]

(38) Cass. fr. 28 août 1829. [S.29.1.414.] — Conf. cependant 7 février 1833. [S-V.33.1.592.]

Présenter l'ivresse comme une excuse [39].

Le président peut d'ailleurs toujours signaler une erreur de droit soutenue par le défenseur [40].

Le défenseur, dans un procès de presse, ne commet point un nouveau délit en maintenant, dans sa plaidoirie, l'article incriminé [41].

Le président peut-il, en vertu de l'art. 270, arrêter le défenseur dans des développements qui lui paraissent prolonger les débats, sans donner lieu d'espérer plus de certitude dans les résultats [42] ?

Le président peut-il limiter le temps de la plaidoirie [43] ?

Il y aurait nullité, si l'accusé n'avait pas eu la parole le dernier [44].

Il en est de même pour les plaidoiries relatives à des incidents qui naissent dans le cours des débats [45].

---

(39) Cass. fr. 1er juin 1843. [S-V.43.1.844.]

(40) Cass. fr. 13 avril 1837. [D.P.37.1.520.] — 10 septembre 1835. [S-V.36.1.151.]

(41) Cass. fr. 27 février 1832. [S-V.32 1.161.]

(42) Affirmative.—Cass. fr. 12 janvier 1833. [D.P.34.1.433.]—Mais avec la plus grande circonspection : BOURGUIGNON, sur l'art. 268 ; CARNOT, t. 3, p. 138. — Mais ce droit du président ne peut jamais aller jusqu'à entraver la défense. Ce sera dans chaque espèce une question de fait. Conf. CUBAIN, *Cours d'ass.*, n° 90.

Négative : L'art. 270 ne s'applique qu'aux mesures prises en vertu du pouvoir discrétionnaire.—V. deuxième partie, chap. V, note 21, p. 100.

(43) Cette question n'a pas été jugée *in terminis ;* jugé que le président ne cause pas nullité en fixant au défenseur un temps déterminé pour sa réplique, si de fait cette réplique n'a pas été interrompue. — Cass. fr. 3 décembre 1836. [S-V.38.1.82.]

(44) Cass. 21 mars 1812. [P.42.1.188.] — Cass. fr. 5 mai 1826. [S.27.1.38.]

(45) Cass. fr. 28 août 1841. *Jour. du dr. crim.*, t. 13, p. 270.—5 mai 1826. [S.27.1.38.] — Conf. Cass. 21 mars 1812. [P.42.1.188.]

Mais cette nullité n'existerait que dans le cas où l'accusé aurait réclamé son tour de parole (46).

B

PLAIDOIRIE DU MINISTÈRE PUBLIC.

Le ministère public, parlant au nom de la société, ne doit point, comme le défenseur, se placer à un point de vue exclusif; s'il doit développer les moyens d'accusation, il doit également dire ce qui est favorable à l'accusé (47).

La loi ne détermine pas les éléments de la plaidoirie du procureur général. Jugé spécialement que, dans une question de science, il peut invoquer des documents et certificats, sans les avoir communiqués à l'accusé (48).

CHAPITRE XIII.

Clôture des débats.

Le président déclarera ensuite que les débats sont terminés (art. 335).

Après la clôture des débats, il y aurait nullité, s'il intervenait un acte qui en fît partie, par exemple, l'audition d'un témoin (1).

Mais le président peut rapporter son ordonnance de clôture s'il s'aperçoit qu'il a omis une formalité substantielle (2);

S'il se présente un témoin à entendre (3).

---

(46) Cass. fr. 20 août 1840. [S-V.40.1.744.]— 8 avril 1813. [S-V.17.2. 314.]

(47) BOURGUIGNON, sur l'art. 335; CUBAIN, *Cours d'ass.*, n° 561.

(48) Cass. 23 février 1847. [P.48.1.269.]

(1) Cass. fr. 30 août 1817. [S.18.1.29.]—CARNOT, t. 2, p. 568.

(2) Cass. fr. 10 janvier 1833. [D.P.34.1.434.] — 20 mai 1837. [S-V.37. 1.653.]

(3) Cass. fr. 19 avril 1838, *Bull.*, n° 103; *Contrà*, CARNOT, sur l'art. 335.

Dans le cas où l'accusé ou le procureur général s'opposerait à la réouverture des débats, la Cour devrait statuer par arrêt [4].

Le procès-verbal doit contenir la mention de la clôture des débats; mais son silence sur ce point peut être réparé par les énonciations d'autres pièces du dossier criminel [5].

---

[4] Cass. fr. 30 août 1817. [S.18.1.29.] — CUBAIN, n° 568. — Cass. fr 7 novembre 1832. *Jour. du dr. crim.*, 33, p. 120.

[5] Cass. fr. 24 septembre 1829. Conférez Déc. anal., chap. IX, note 3, deuxième partie.

FIN DE LA DEUXIÈME PARTIE.

TROISIÈME PARTIE.

PROCÉDURE POSTÉRIEURE AUX DÉBATS.

CHAPITRE Ier.

De la position des questions.

Ce que doivent contenir les questions.—Forme des questions.—Incidents.

SECTION I.

CE QUE DOIVENT CONTENIR LES QUESTIONS.

Questions résultant de l'acte d'accusation. — Des débats. — Des excuses. — Du discernement.

§ 1er.

Questions résultant de l'acte d'accusation.

L'art. 337 porte : La question résultant de l'acte d'accusation sera posée en ces termes : L'accusé est-il coupable d'avoir commis tel meurtre, tel vol ou tout autre crime [1]?

---

[1] L'art. 337 portait : « *avec toutes les circonstances comprises dans le résumé de l'acte d'accusation.* » Cette partie de l'article a été abrogée en Belgique par l'art. 20 de la loi du 15 mai 1838 et en France par l'art. 1 de la loi du 13 mai 1836. V. section II du présent chapitre. V. CUBAIN, *Cours d'ass.*, n° 602.—PERRÈVE, *Manuel des Cours d'ass.* sur l'art. 337, p. 319.

Deux principes ressortent de la jurisprudence en matière de position des questions résultant de l'acte d'accusation.

I. *Les questions ne peuvent, à peine de nullité, porter sur d'autres faits que ceux repris dans l'acte d'accusation.*

D'après les termes de l'art. 271, l'acte d'accusation ne peut contenir que les faits repris en l'arrêt de renvoi, de sorte qu'il est aussi vrai de dire que les questions ne peuvent porter, à peine de nullité, que sur les faits énoncés dans l'arrêt de renvoi [2].

Cette remarque est importante parce que, si l'acte d'accusation contient dans son résumé de fausses qualifications ou des omissions, c'est à l'arrêt de renvoi, qui seul saisit la Cour d'assises, que le président devra recourir pour poser les questions [3].

---

[2] Art. 271 : « Le procureur général poursuivra, soit par lui-même, soit par son substitut, toute personne mise en accusation suivant les formes prescrites au chapitre 1er du présent titre. Il ne pourra porter à la Cour *aucune autre accusation* à peine de nullité, et, s'il y a lieu, de prise à partie. »

[3] Cass. fr. 26 janvier 1827. [S.28.1.37.]—2 septembre 1831. [D.P. 31.1.814.]—16 octobre 1817. [S.18.1.75.]—Cass. 14 mai 1849. [P.49. 1.249.]

Ce dernier arrêt porte la notice suivante : « Dans une accusation d'incendie, l'omission du mot « *volontaire* » dans l'arrêt de renvoi et le résumé de l'acte d'accusation peut être réparée par *d'autres pièces de la procédure* et notamment par l'ordonnance de prise de corps, alors même que la chambre des mises en accusation ne l'a pas confirmée purement et simplement. »

Ce sommaire est doublement inexact : d'abord il n'est pas question dans l'arrêt *d'autres pièces de procédure* que de l'ordonnance de prise de corps, et cette pièce elle-même n'a été invoquée que parce que, confirmée par la chambre des mises en accusation, elle formait ainsi partie intégrante de l'arrêt de renvoi lui-même, qui réparait ainsi l'omission du mot « volontaire » dans le résumé de l'acte d'accusation.

De là aussi cette conséquence que l'acte d'accusation défectueux n'opère pas nullité par lui-même ; cette nullité n'est encourue que si ses vices de rédaction se transmettent aux questions [4]. (Voyez Chap. I, partie I, note 7).

Toute question, en effet, qui change la prévention que l'arrêt de renvoi détermine, et que l'acte d'accusation doit contenir dans son résumé, emporte nullité [5].

Ainsi il y aura nullité, si, dans une accusation d'assassinat commis en portant volontairement des coups et blessures qui ont occasionné la mort, le président pose une première question sur les *coups et blessures volontaires ayant occasionné la mort*, et une seconde sur la circonstance de *préméditation* [6].

De même, il y aura changement de prévention, si la question porte : *provocation* à la guerre civile, sans parler des *effets* de cette provocation, si le fait est qualifié dans l'arrêt de renvoi d'*attentat* dans le but de provoquer à la guerre civile [7];

---

[4] Cass. fr. 2 décembre 1825. [S.26.1.295.]—NOUGUIER, *Encycl. du droit*, v° *Acte d'acc.*, n°s 30 et s.

Cependant jugé que l'acte d'accusation opère nullité, s'il ne contient pas toutes les circonstances caractéristiques du crime. Cass. fr. 21 septembre 1827. [S.28.1.109.]

L'acte d'accusation, suivant LEGRAVEREND, t. 1, p. 446, et CARNOT, t. 2, p. 270, fournira utilement un moyen de cassation, s'il contient des assertions ou des inductions tendant à violenter la conscience des jurés.— V. encore sur les questions analogues, Cass. fr. 11 mars 1841, *Bull.* n° 59; 13 janvier 1843. [S.-V.43.1.368.]—10 décembre 1825. [S.26.1.320.]— 24 décembre 1822. [S.22.1.151.]—LOCRÉ, t. 25; LEGRAVEREND, t. 1, p. 446; Cass. fr. 3 novembre 1842, *Bull.* 289.

[5] Art. 361 et 271 combinés.—V. LACUISINE, *Traité du pouvoir judiciaire*, p. 415 et s.—CUBAIN, *Cours d'ass.*, n° 583.—DE FRÉMINVILLE, *Proc. crim.*, n°s 468 et s.

[6] Cass. fr. 4 août 1843. [S-V.43.1.879.]

[7] Cass. fr. 12 avril 1833. [S-V.33.1.715.]

Si l'on substitue au fait de complicité *par aide et assistance* le fait de complicité par *recel* (8);

Si l'on substitue au crime de *viol* celui *d'attentat à la pudeur consommé avec violence* (9).

Jugé que l'accusé est sans intérêt, et partant sans droit, d'invoquer devant la Cour de cassation la nullité résultant de la position de pareilles questions, quand le jury les a résolues négativement (10).

Ne peuvent être considérées comme changeant la prévention les questions qui portent une qualification de l'accusé autre que celle qui lui est attribuée par le résumé de l'acte d'accusation (11);

Ni celles qui portent sur le point de savoir si chacun des accusés a commis le vol avec une autre personne, quand les deux accusés ont été renvoyés devant la Cour sous la prévention d'un vol commis à deux (12).

Dans une accusation d'*extorsion de signature avec violence*, ce n'est point changer la prévention que de poser une question sur les *coups et blessures* dont l'acte d'accusation fait mention d'une manière implicite (13).

La loi n'exige point pour les questions de formes sacramentelles (14).

---

(8) Cass. fr. 22 juin 1832. [S-V.33.1.110.]

(9) Cass. fr. 17 février 1820. [S.20.1.202.]—V. encore 30 mai 1833. [D.P.33.1.379.]—10 février 1832. [S-V.32.1.620.]—28 juillet 1826. [D.P.26.1.432.]

(10) Cass. 29 mars 1841. [P.41.1.232.]

(11) Cass. fr. 10 décembre 1824. [S.26.1.241.]

(12) Cass. 11 novembre 1837. [P.37.1.154.]

(13) Cass. fr. 19 juin 1845. [S-V.45.1.614.]

(14) Jurisp. const. Cass. 13 juin 1842. [P.42.1.254.]—2 février 1841. [P.41.1.145.]—27 septembre 1839. [P.39.1.194.]—Cass. fr. 13 août 1818. [S.18.1.384.]—3 février 1821. [S.21.1.216.]—2 septembre 1830. [D.P.30.1.364.]—27 août 1847. [S-V.48.1.171.]

Ainsi, on ne saurait voir un changement de prévention, si les questions ne reproduisent pas textuellement les termes du résumé de l'acte d'accusation : des équivalents suffisent [15].

Le président pourra, par exemple, remplacer dans la question le mot « *effraction* » du résumé par les circonstances qui caractérisent cette modalité du délit [16].

Mais il ne saurait y avoir nullité tirée de ce que les circonstances de la cause ne sont pas énumérées dans les questions ; en d'autres termes, sont bien posées les questions qui rappellent seulement la qualification légale du fait, ainsi qu'elle figure au résumé de l'acte d'accusation [17].

Le président est toutefois juge de l'opportunité de rappeler dans les questions quelques-unes des circonstances de la cause, en vue de préciser, encore que ces circonstances énumérées dans l'acte d'accusation ne soient point répétées dans son résumé [18].

On le voit donc, le point de savoir si une question change ou non la prévention, et par conséquent emporte ou non la nullité, sera dans chaque espèce une œuvre de raisonnement et de bon sens appliquée aux circonstances particulières de la cause.

On remarque qu'en pareille matière la Cour de cassa-

---

(15) Cass. 29 octobre 1849. [P.50.1.25.]—8 février 1847. [P.47.1.438.]—13 août 1845. [P.45.1.510.]—6 mai 1845. [P.46.1.20.]—20 février 1843. [P.43.1.110.]—13 juin 1842. [P.42.1.254.]—2 février 1841. [P.41.1.145.]—Cass. fr. 27 août 1847. [S-V.48.1.170.]—17 décembre 1812. [C.N.4.] etc.

(16) Cass. 18 avril 1853. [P.53.1.348.]

(17) Cass. 25 juin 1849. [P.49.1.439.]—Cass. fr. 20 avril 1838. [S-V.38.1.561.]

(18) Cass. 4 juillet 1853. [P.53.1.381.]—Cass. fr. 2 septembre 1830. [D.P.30.1.364.]—20 avril 1831. [D.P.31.1.184.]

tion de France se montre d'une sévérité plus grande que la Cour de cassation de Belgique [19].

II. *Les questions résultant de l'acte d'accusation doivent, à peine de nullité, contenir tous les éléments du crime ou du délit.*

Les questions qui omettraient quelqu'une des conditions essentielles de l'existence du fait criminel, qui ne porteraient point sur ce fait même, ne pourraient amener une réponse du jury pouvant servir de base à un arrêt de condamnation : de pareilles questions emportent donc nullité [20].

Par voie de conséquence, sont inattaquables les questions qui reproduisent tous les éléments du crime ou du délit [21].

Les applications de ce principe sont fort nombreuses; on les trouvera aux arrêts déjà cités aux deux notes précédentes; en voici d'ailleurs quelques exemples principaux :

Jugé qu'il y a nullité, si le jury n'est pas interrogé sur le caractère commercial de l'écriture dans une accusation de faux en *écriture de commerce* [22];

---

(19) Cette remarque peut avec justesse être étendue à toutes les applications des prohibitions du Code d'inst. crim.—(V., par exemple, 1re partie, chap. VI, note 96 à 101.) Presque constamment d'accord sur les principes, la Cour française en admet la violation plus facilement que la Cour belge.

(20) Jurisp. const., Cass. 22 décembre 1846. [P.47.1.240.] — 10 janvier 1844. [P.44.1.111.]—3 janvier 1844. [P.44.1.109.]—12 février 1844. [P.44.1.113.]—13 août 1835. [P.35.1.128.]—12 juin 1850. [P.50.1. 398.]—8 août 1839. [P.39.1.161.]—1er février 1838. [P.38.1.229.]—7 mai 1850. [P.50.1.399.]—Cass. fr. 15 septembre 1826. [S.27.1.310.]—6 février 1818. [S.18.1.84.]—12 novembre 1829. [S.30.1.356.]—28 juin 1832. [S-V.33.1.245.] — 8 avril 1826. [S.27.1.10.]—DE FRÉMINVILLE, *Proc. crim.*, nos 530 et 538.—CUBAIN, *Cours d'ass.*, no 557.

(21) Mêmes arrêts et spéc. Cass. 16 juillet 1841. [P.41.1.232.]

(22) Cass. 5 mai 1845. [P.45.1.238.]—V. ci-après même chap., section 11, § 3, Des questions de droits.

Si la question ne porte pas sur l'intention criminelle dans une accusation de *coups et blessures volontaires* [23].

De même, il y a nullité chaque fois que la question est tellement posée que la criminalité ne puisse s'établir par la réponse du jury [24].

Sont nulles : la question portant sur la *complicité*, qui omet les mots « *avec connaissance* » [25], ou leur équivalent [26];

La question portant sur une accusation de tentative de crime, qui omet un des éléments de la tentative [27].

La question posée à propos de l'accusation d'*attentat à la pudeur avec violence* sera nulle si les mots « à la pudeur » ont été omis [28].

Le principe dont il est parlé ici s'exprime encore d'une autre manière, à savoir : *que la question doit, à peine de nullité, être précise;* on conçoit en effet que l'on arrive au même résultat en omettant un élément du crime ou en laissant du doute par l'ambiguïté de la rédaction, sur le point de savoir si cet élément est contenu dans la question [29].

Le point de savoir si une question est ou non précise dépend évidemment des circonstances et des particularités de l'espèce [30].

---

(23) Cass. fr. 23 décembre 1841. [S-V.42.1.141.]

(24) Cass. fr. 1er avril 1826. [S.27.1.81.]—14 avril 1827. [S.27.1.514.]

(25) Cass. 13 août 1833. [P.35.1.128.]—Cass. fr. 2 mars 1827. [S.27.1.433.]—5 février 1824. [S.24.1.288.]—3 mars 1814. [S.14.1.113.]—14 octobre 1826. [S.27.1.43.]—Conf. F. Hélie, *Encycl. du droit*, t. 7, p. 144.—V. cependant Cass. fr. 18 mai 1815. [S.15.1.398.]

(26) Cass. fr. 2 juin 1832. [D.P.32.1.336.]

(27) Jurisp. const., Cass. fr. 11 avril 1840, *Bull.*, n° 111.—15 septembre 1837, *Bull.*, n° 275.—23 mars 1815, *Bull.*, n° 19.

(28) Cass. fr. 24 décembre 1840. [S-V.42.1.67.]

(29) Cass. fr. 30 décembre 1830. [D.P.31.1.53.]—1er février 1839. [D.P.39.1.378.]

(30) Conf., par exemple, Cass. fr. 28 janvier 1825. [S.25.1.278.]

§ 2.

Questions résultant des débats.

L'art. 338 porte : S'il résulte des débats une ou plusieurs circonstances aggravantes non mentionnées dans l'acte d'accusation, le président ajoutera la question suivante : « L'accusé a-t-il commis le crime avec telle ou telle circonstance [31] ? »

Cette prescription de la loi ne souffre point d'exception : ainsi l'accusé ne pourrait, se fondant sur la liberté de la défense, soutenir qu'il n'a pu préparer ses moyens pour répondre à une accusation que l'acte d'accusation ne contenait point [32], puisque la loi a voulu par là même réparer les omissions de l'acte d'accusation et de l'arrêt de renvoi [33].

Ainsi, quand même l'arrêt de renvoi aurait écarté la prévention d'usage de fausses clefs admise par l'ordonnance de prise de corps, le président pourra poser, comme résultant des débats, une question sur cette circonstance aggravante [34].

La loi est générale, en effet, elle ne distingue pas entre les circonstances aggravantes qui résultent uniquement des débats et celles dont il a été question dans l'instruction préliminaire [35].

La jurisprudence a étendu le pouvoir du président en cette matière, puisqu'elle permet, à côté des questions por-

---

(31) Code du 3 brumaire an 4, art. 373, 379.

(32) Cass. fr. 22 avril 1842. D.R., v° *Inst. crim.*, n° 2516.—23 septembre 1830, *eod. loc.*

(33) Cass. fr. 22 avril 1842. D.R., v° *Inst. crim.*, n° 2515.

(34) Cass. fr. 19 août 1830. D.R., v° *Inst. crim.*, n° 2520.

(35) Cass. 26 septembre 1842. [P.43.1.12.]—MERLIN, *Rép.*, v° *Questions* (*proc. par jurés*), n° 6.

tant sur des circonstances aggravantes, questions seules prévues par la loi, de poser, comme résultant des débats, « toute question qui, quoique formulant une accusation « différente de la première, en ce sens qu'elle est prévue « par une autre disposition de la loi, n'est toutefois que la « reproduction du *fait primitif* envisagé sous un nouveau « point de vue, et présentant un autre caractère pénal (36), » en exigeant cependant que la nouvelle qualification légale soit implicitement contenue dans la première (37).

Ainsi, dans une accusation de *vol avec violence*, le président peut poser comme résultant des débats une question portant sur les *coups et blessures* (38);

Dans une accusation de vol, une question sur l'*usage de fausses clefs* (39), une question portant sur un *recel* (40);

Dans une accusation d'*homicide volontaire*, une question portant sur *les coups et blessures* ou sur une *tentative de vol* (41);

Dans une accusation de *coups et blessures*, une question sur la *provocation* (42).

Jugé que le président peut poser une question sur *une force irrésistible* à laquelle aurait obéi l'accusé (43).

Dans une accusation de *viol*, pourra résulter des débats

---

(36) Texte de l'arrêt.—Cass. fr. 16 mai 1840. [D.P.40.1.420.]

(37) Cass. fr. 16 février 1816. [S.17.1.316.]—16 mai 1840. [D.P.40.1.420.]—Conf. 25 février 1849. [D.P.49.5.96.]—CUBAIN, *Cours d'ass.*, nos 582 et s.—DE FRÉMINVILLE, *Proc. crim.*, nos 504 et 511.—Conf. MORIN, *Dict. de droit crim.*, vo *Questions*, p. 654.

(38) Cass. fr. 10 décembre 1836. [S-V.37.1.830.]

(39) Cass. fr. 19 août 1830. [S-V.31.1.186.]

(40) Cass. fr. 13 août 1818. [S.18.1.384.]—29 décembre 1832. [S-V.33.1.333.]

(41) Coups et blessures :—Cass. fr. 16 mars 1840. [D.P.40.1.420.]—DE FRÉMINVILLE, *Proc. crim.*, no 510.—Tentative de vol : Cass. fr. 3 octobre 1839. [S-V.40.1.90.]—Ce dernier arrêt est-il irréprochable ?

(42) Cass. fr. 6 juillet 1826. [S.27.1.64.]

(43) Cass. fr. 10 janvier 1834. [S-V.34.1.66.]

une question sur l'*attentat à la pudeur avec violence* (44); mais dans une accusation d'*attentat à la pudeur avec violence*, le président ne pourrait poser, comme résultant des débats, une question sur le *viol*, attendu que le viol n'est pas implicitement contenu dans l'attentat à la pudeur (45).

Dans l'accusation d'un crime, les questions de *tentative* (46) ou de *complicité* (47) pourront être posées.

De même, dans l'accusation de *tentative* ou de *complicité*, pourra surgir la question d'*auteur* principal (48).

Quand il s'agit de la prévention d'*infanticide*, le président pourra poser la question d'*homicide par imprudence* (49).

Dans l'accusation de *complot*, peut-on poser la question de *non-révélation* (50)?

Dans l'accusation d'*incendie*, peut-on poser la question de *menace d'incendie* (51)?

Tout fait distinct du crime repris dans l'acte d'accusation ne peut, à peine de nullité, être l'objet d'une question posée comme résultant des débats; ce serait en effet priver arbitrairement l'accusé des garanties de l'instruction préalable (52).

---

(44) Cass. fr. 16 janvier 1818. [S.18.1.193.]—30 avril 1847. [D.P.47.4.116.]—8 juin 1846. [D.P.46.4.135.]

(45) Cass. fr. 9 septembre 1853. [D.P.53.5.138.]

(46) Cass. fr. 10 décembre 1812. [S.13.1.206.]—10 juin 1830. [S.30.1.373.]—23 septembre 1830. [S-V.31.1.51.]—10 juillet 1817. D.R. v° *Inst. crim.*, n° 2522.

(47) Cass. 17 janvier 1833. [P.33.1.15.]—Cass. fr. 22 janvier 1841, *Bull.* n° 19.—De Fréminville, *Proc. crim.*, n° 514.

(48) Cass. fr. 19 juin 1829. [D.P.29.1.277.]—13 juillet 1832. [S-V. 33.1.125.]

(49) Cass. fr. 20 août 1825. [S.26.1.4.]

(50) Négative: Cubain, *Cours d'ass.*, n° 584, note; la non-révélation du complot est en effet un délit distinct du crime de complot.

Affirmative: Cass. fr. 30 mai 1831. D.R., v° *Inst. crim.*, n° 2517.

(51) Affirmative : Cass. fr. 28 pluviôse an 8.

Négative : Cubain, *Cours d'ass.*, n° 584, note.

(52) Ce principe est commun aux questions résultant de l'acte d'accusa-

Sont nulles : la question sur le *vagabondage* dans une accusation de *vol* (53) ;

La question sur l'*escroquerie* (54) ou le *faux* (55), dans une accusation de *banqueroute frauduleuse ;*

La question de *suppression d'enfant*, dans l'accusation d'*infanticide* (56) ;

La question de *concussion*, dans une accusation de *soustraction de pièces* par un fonctionnaire (57) ;

La question de *port d'armes prohibées*, dans une accusation de *tentative de meurtre* (58).

Faut-il, à peine de nullité, que la question posée en vertu de l'art. 338 porte la mention qu'elle est résultée des débats (59) ?

---

tion et à celles résultant des débats ; la seule différence entre elles, c'est que les premières doivent strictement se rapporter à la prévention telle qu'elle existe dans l'arrêt de renvoi, tandis que les secondes portent sur de nouvelles circonstances ou sur un changement de qualification légale du fait incriminé.

(53) Cass. 7, 9 et 12 septembre 1833. [P.1833.1.51.]—CUBAIN, *Cours d'ass.*, n° 579.— Cass. fr. 11 janvier 1834, *Bull.* n° 27.

(54) Cass. fr. 30 juin 1826. [S.27.1.207.]

(55) Cass. fr. 1er février 1844, *Bull.* n° 27.

(56) Cass. fr. 19 avril 1839. [S-V.39.1.777.]—DE FRÉMINVILLE, *Proc. crim.*, n° 504.—*Contrà*, Cass. fr. 7 juillet 1837. [S-V.39.1.779.]

(57) Cass. fr. 16 septembre 1819. [S.20.1.42.]

(58) Cass. fr. 14 mars 1844. [S-V.44.1.323.]

(59) Il faut que cette mention soit faite, sans quoi la Cour de cassation, ne pouvant juger si la question est résultée des débats, doit l'envisager comme résultant de l'acte d'accusation et prononcer par conséquent la nullité de la question comme s'écartant du résumé de l'acte.—Cass. fr. 22 juin et 14 juillet 1832, arrêts rapportés par DE FRÉMINVILLE, *Proc. crim.*, n. 519.—*Sic* CUBAIN, *Cours d'ass.*, n° 587.—MORIN, *Dict. du droit crim.*, v° *Question*, p. 655.

V. en sens contraire, Cass. fr. 8 avril 1830. [S.30.1.297.]—18 mars 1826. [S.26.1.420.]

§ 3.

Questions résultant des excuses.

Lorque l'accusé aura proposé pour excuse un fait admis comme tel par la loi, la question sera ainsi conçue : « Tel fait est-il constant ? » (Art. 339.) [60].

Chaque fois que l'accusé proposera un fait d'excuse, la question devra être posée au jury à peine de nullité [61].

La Cour d'assises n'est pas juge en effet de décider si la question doit ou ne doit pas être posée, sous prétexte que le fait d'excuse résulterait ou non des débats [62].

Ainsi, le fonctionnaire accusé de meurtre peut exiger que l'on pose au jury la question de savoir s'il a *agi avec motif légitime* [63].

Dans une accusation de *meurtre*, l'accusé peut exiger que l'on pose la question de *provocation* [64].

---

(60) Cet article a été abrogé en France par la loi du 28 avril 1832, et remplacé comme suit : « Lorsque l'accusé aura proposé pour excuse un « fait admis comme tel par la loi, *le président devra, à peine de nullité,* « poser la question ainsi qu'il suit : « Tel fait est-il constant ? » Les mots *à peine de nullité* ont été introduits dans l'article nouveau pour ôter aux Cours d'assises le droit qu'elles s'étaient arrogé d'apprécier l'opportunité des questions d'excuses en décidant si les faits allégués étaient résultés des débats. On le voit donc, l'article ancien resté dans la législation belge est interprété par la Cour de cassation belge dans le sens de l'article introduit en France par la loi de 1832.

(61) Cass. 5 janvier 1837. [P.37.1.11.]

(62) Cour d'ass. du Brabant, 24 août 1842. [P.42.2.192.]—LEGRAVEREND, t. 2, p. 149. Mais la Cour examine en droit si le fait allégué offre le caractère d'une excuse légale.—Cass. 5 janvier 1837. [P.37. 1.14.]

(63) Cass. fr. 1ᵉʳ octobre 1835. [S-V.36.1.254.]

(64) Cass. fr. 30 janvier 1835. [S-V.35.1.429.]—4 septembre 1828. [S.28.1.349.]

Dans une accusation d'*empoisonnement*, la question de savoir si les substances étaient vénéneuses [65].

Ainsi encore, la question de savoir si un accusé a, par ses révélations, procuré l'arrestation d'un coaccusé, doit être soumise au jury, à peine de nullité [66].

On pourrait multiplier ces exemples, mais ils présenteraient peu d'intérêt en présence de la fixité de la jurisprudence en cette matière ; on trouvera d'ailleurs les principaux cas d'excuse aux articles suivants du Code pénal : 65, 107, 108, 114, 115, 116, 137, 138, 141, 143, 186, 190, 247, 321, 322, 324 à 329, 343 et 357.

L'accusé ne peut, pour la première fois devant la Cour de cassation, se plaindre qu'une question d'excuse n'a point été posée, si rien n'indique qu'il en a fait la réclamation devant la Cour d'assises [67].

Le jury ne peut être interrogé que sur le fait d'excuse ; la question de savoir si le fait proposé comme excuse est admis comme tel par la loi est de la compétence de la Cour d'assises [68].

Le président peut poser d'office une question d'excuse, et le ministère public peut en faire la réquisition [69], quand l'accusé ne la réclame pas ou même s'oppose à ce qu'elle soit posée ; mais, dans ces deux cas, il ne saurait y avoir nullité, si la question d'excuse n'était point posée [70].

Il est des circonstances prévues par la loi qui ne sont point, à proprement parler, des excuses, qui sont plus que

---

(65) Cass. fr. 17 juin 1810. [S.11.1.123.]

(66) Cass. 27 août 1836. [P.36.1.310.]

(67) Cass. 8 février 1833. [P.33.1.33.]

(68) Cass. fr. 27 février 1813. [S.13.1.248.]—16 juin 1815. [S.15.1.196.]

(69) Cass. fr. 28 juin 1839, *Bull.*, n° 211.

(70) Cass. fr. 16 mars 1844. [S-V.44.1.320.]—CUBAIN, *Cours d'ass.*, n° 589.

des excuses, parce qu'elles sont destructives de toute criminalité ; telles sont : *la démence*, *la légitime défense*, etc. Il s'est élevé une grave controverse sur le point de savoir si le président doit, à peine de nullité, poser une question sur ces circonstances quand l'accusé le réclame (71).

La question d'excuse doit être soumise au jury avant qu'il ait rendu son verdict ; si la question était posée après le verdict, il y aurait violation de la chose jugée (72).

§ 4.

Questions relatives au discernement.

Si l'accusé a moins de seize ans, le président posera cette question : « L'accusé a-t-il agi avec discernement ? » (Art. 340.)

L'omission de cette question entraîne nullité (73).

Dans le cas où il s'élèverait du doute sur le point de

---

(71) Négative : La loi ne parle que des excuses et non des circonstances destructives de la criminalité ; celles-ci sont contenues dans la question principale de culpabilité. — Cass. fr. 26 octobre 1815. [S.17.1.17.] — 9 septembre 1825. [S.26.1.449.] — 6 juin 1839, *Bull.*, n° 181 ; DE FRÉMINVILLE, *Proc. crim.*, n° 488. D. R., v° *Inst. crim.*, n° 2562.

Affirmative : L'intérêt de l'accusé le veut ainsi, car le jury pourrait ne pas saisir le rapport de la culpabilité et des circonstances qui la détruisent ; la loi n'est pas contraire à cette redondance de questions, puisqu'après la question de culpabilité elle prévoit la question de discernement, qui est également destructive de la culpabilité. — Cass. fr. 1er octobre 1835. [S-V. 36.1.254.] — 10 janvier 1834. [S-V.34.1.66.] — Ces deux arrêts déjà repris aux notes 65 et 43 du présent chapitre, CUBAIN, *Cours d'ass.*, n° 591, LACUISINE, *Pouv. jud.*, n° 422. — Cette dernière opinion doit être préférée.

(72) Cass. fr. 12 mars 1813. [S.13.1.343.] — MERLIN, *Rép.*, v° *Révision de procès*, § 3, art. 2, n° 8.

(73) La loi française du 28 août 1832 a, comme pour l'article précédent, ajouté les mots « *à peine de nullité.* » Cette addition était inutile, car personne n'a jamais mis en doute que la question de discernement constituât une formalité substantielle.

savoir si l'accusé a moins de seize ans, appartient-il à la Cour d'assises ou au jury de décider de l'âge de l'accusé [74] ?

L'accusé qui n'a point réclamé contre la position des questions devant la Cour d'assises peut cependant, devant la Cour de cassation, invoquer la nullité résultant de l'omission de la question de discernement, en prouvant, pour la première fois, qu'il avait moins de 16 ans au moment du crime [75].

Si le jury, en répondant à la question principale, ajoute à son affirmation les mots « *mais sans discernement,* » ces mots n'ont aucun effet légal [76].

SECTION II.

FORME DES QUESTIONS.

Forme extrinsèque. — Forme intrinsèque : Fait principal, Circonstance aggravante, Questions de droit, Complexité.

§ 1.

Forme extrinsèque.

Les questions posées au jury doivent être écrites [77].

---

(74) Au jury :

Ainsi il faut, à peine de nullité, soumettre dans ce cas au jury la question de savoir si l'accusé avait 16 ans au moment du crime, puis subsidiairement, dans le cas de la négative, la question de discernement. —Cass. fr. 26 septembre 1850. [S-V.50.1.691.]—26 septembre 1846. [S V.46.1.756.]—20 avril 1837. [S-V.37.1.175.]—4 mai 1839. [S-V.39.1. 947.]—LEGRAVEREND, t. 2, p. 229, CHAUVEAU et HÉLIE, *Théorie du Code pénal*, t. 1, p. 183.

A la Cour :

Cass. fr. 16 septembre 1836. [S-V.37.1.175.]—CUBAIN, *Cours d'ass.*, n° 594.

(75) Cass. fr. 20 avril 1827.—Rapporté à sa date dans la *Pasicrisie*, partie française, et C.N., et Cass. fr. 17 septembre 1818, CHAUVEAU et HÉLIE, *Théorie du Code pén.*, t. 6, p. 196. *Contrà*, Cass. fr. 16 septembre 1836, *ubi sup.*, à sa date, et 18 avril 1821. [S-V.38.1.943.]

(76) Cass. fr. 1er septembre 1826. [S.27.1.263.]

(77) Ce principe ressort de la nature même des dispositions en cette ma-

La forme prescrite par l'art. 337 n'est point sacramentelle [78].

Ainsi la question ne doit point, à peine de nullité, commencer par les mots « *l'accusé est-il coupable ?* » Il suffit d'équivalents, pourvu toutefois que l'intention criminelle résulte de la teneur de la question [79].

Il n'est point obligatoire que les questions soient posées dans l'ordre indiqué par le résumé de l'acte d'accusation [80].

Les art. 336 et 341 combinés imposent implicitement au président de la Cour d'assises le devoir de signer les questions qu'il remet aux jurés ; l'omission de cette formalité entraîne-t-elle nullité [81] ?

Aucune disposition n'exige que les questions posées par

---

tière, CUBAIN, *Cours d'ass.*, n° 610, DE FRÉMINVILLE, *Proc. crim.*, n° 458.

(78) Cass. 27 septembre 1839. [P.39.1.194.]—Cass. fr. 13 août 1818. [S.18.1.384.]—3 février 1821. [S.21.1.216.]—Conf. la note 15 du présent chapitre.

(79) Cass. 19 décembre 1821. [P. à sa date.]—18 mai 1815. [P. à sa date.]—Cass. fr. 23 juin 1814. [S.14.1.243.]—3 juin 1825. [S.26.1.153.] —4 janvier 1839. [D.P.39.1.327.]—Conf. encore 13 mai 1826.—14 avril 1827.—19 septembre 1828.—*Contrà*, CUBAIN, *Cours d'ass.*, n. 600, CHAUVEAU et HÉLIE, *Théorie du Code pén.*, t. 7, p. 256.

(80) Cass. fr. 3 décembre 1836. [S.38.1.82.]

(81) Plusieurs arrêts de la Cour de cassation belge, implicitement il est vrai, admettent l'impérieuse nécessité de la signature du président.—Cass. 6 juin 1853. [P.53.1.394.]—3 février 1851. [P.51.1.106.]—28 janvier 1847. [P.47.1.196.]

La Cour de cassation française au contraire a jugé, *in terminis*, que l'omission de la signature du président n'opère point nullité.—Cass. fr. 3 octobre 1833. [S-V.35.1.227.]—21 septembre 1849. [S-V.50.1.364.]—*Sic* CUBAIN, n° 610.—Cette dernière jurisprudence est contestable, surtout si l'on considère l'inconséquence qu'il y a à exiger indispensablement cette signature pour un interligne en soutenant que le corps de l'acte n'en a pas besoin.

le président soient contresignées par le greffier ou signées par le chef du jury [82].

Les interlignes, renvois ou surcharges dans les questions, sont censés ne pas exister, s'ils ne sont approuvés. Par exemple, si la question porte : « L'accusé est-il coupable d'attentat à la pudeur avec violence? » et si le mot « *avec* » est interligné sans *approbatur*, la question est nulle parce que le jury est censé n'avoir pas été interrogé sur un élément constitutif du crime, *la violence* [83].

Les interlignes, renvois ou surcharges, sont régulièrement approuvés par la signature du président [84].

Dans une accusation de presse, il suffit, dans la question, que le passage incriminé soit indiqué par les premiers et derniers mots [85].

§ 2.

Forme intrinsèque.

Questions portant sur le fait principal. — Sur les circonstances aggravantes.—Questions de droit. — Questions complexes.

A.

QUESTIONS PORTANT SUR LE FAIT PRINCIPAL.

La loi dispose que les questions doivent porter distinctement et séparément, d'abord sur le fait principal, ensuite sur chacune des circonstances aggravantes. (Art. 20 de la loi du 15 mai 1838) [86].

---

(82) Cass. 6 juin 1853. [P.53.1.391.]—3 février 1851. [P.51.1.106.]

(83) Cass. fr. 29 mars 1845. [S-V.45.1.609.]—Cass. 26 janvier 1847. [P.47.1.196.]

(84) Cass. 4 juillet 1853. [P.53.1.381.]—25 janvier 1847. [P.47.1.196.]

(85) Cass. 16 juillet 1849. [P.49.1.471.]

(86) L. 15 mai 1838, art. 20 : Le président de la Cour d'assises remettra aux jurés les questions sur lesquelles ils auront à répondre séparé-

Cette prescription est substantielle : ainsi, la réunion dans une même question du fait principal avec une circonstance aggravante emporte nullité [87].

Le système de la loi indique que tous les éléments du crime doivent être compris dans une seule et même question qualifiée par la loi de question sur le fait principal ; une telle question ne peut évidemment, quel que soit le nombre des éléments du crime, être complexe et fournir un moyen de cassation [88].

Cependant il n'est pas requis, à peine de nullité, que tous les éléments du crime soient réunis dans une seule question [89]; le président peut toujours faire porter les questions divisément sur chacun des éléments du fait principal [90].

Cette division du fait principal en plusieurs questions ne causera nullité que dans le cas où elle préjudicierait à l'accusé [91].

---

ment et distinctement d'abord sur le fait principal, ensuite sur chacune des circonstances aggravantes.....

La législation française est la même en cette matière ; l'art. 1er de la loi du 13 mai 1836 porte : Le jury doit voter par bulletins écrits et par scrutins distincts et successifs, sur le fait principal d'abord.....

(87) Cass. 22 juin 1846. [P.46.1.269.]—10 octobre 1842. [P.43.1.24.] —10 avril 1843. [P.43.1.208.]—Cass. fr. 4 juillet 1844, *Bull.*, n° 252 ; CUBAIN, *Cours d'ass.*, nos 602 et 603.

(88) Cass. 12 janvier 1846. [P.46.1.130.]—20 février 1843. [P.44.1. 112.]—23 mars 1840. [P.40.1.332.]—Cass. fr. 24 janvier 1822. [S.22. 1.265.]—Conf. RAUTER, n° 450 ; CARNOT, sur l'art. 301, n° 4, du Code pén., et sur l'art. 341, n° 12, Code inst. crim.; CHAUVEAU et HÉLIE, *Théorie du Code pén.*, t.3, p. 106 et suiv.

(89) Cass. 25 janvier 1847. [P.47-1.435.]—Cass. fr. 23 juin 1823. [S. 23.1.374.]

(90) Cass. 16 juillet 1849. [P.49.1.471.]—6 juin 1853. [P.53.1.301.] —13 juin 1839. [P.39.1.117].—28 juin 1839. [P.39.1.130.]— Cass. fr. 22 septembre 1842. [S-V.42.1.809.]

(91) On verra au chap. IV de la troisième partie quand la division des questions peut porter préjudice à l'accusé.—Cass. 23 mars 1852. [P. 53.1. 46.]—6 octobre 1849. [P.50.1.31.]

B.

QUESTIONS PORTANT SUR LES CIRCONSTANCES AGGRAVANTES.

La nullité qui résulte de la réunion dans une même question du fait principal et des circonstances aggravantes rend très-importante la distinction entre les éléments du crime et les circonstances qui, ne constituant pas le crime, aggravent son caractère. Ce serait sortir du cadre de cet ouvrage que de vouloir citer ici toutes les autorités relatives aux circonstances aggravantes ; les exemples qui suivent, pris dans les espèces les plus difficiles, suffiront pour rendre saisissables les différences qui existent entre l'élément constitutif et la circonstance aggravante :

Dans le crime d'*attentat à la pudeur avec violence*, la circonstance de violence est constitutive du crime [92], tandis que la qualité de père de la victime est aggravante [93] ; l'âge de la victime est également une circonstance aggravante de ce crime [94].

Au contraire, dans une accusation d'*attentat à la pudeur sans violence*, l'âge de l'enfant est un élément du crime et non une circonstance aggravante [95].

La parenté est-elle une circonstance aggravante ou un élément du crime de *parricide* [96] ?

---

(92) Cass. 26 septembre 1842. [P.43.1.12.]

(93) Cass. 10 octobre 1842. [P.43.1.24.]—Cass. fr. 15 juillet 1842. [S-V.42.1.659].

(94) Cass. fr. 12 janvier 1843. [S-V.43.1.427.]—2 juin 1848. [S-V.49. 1.514.]

(95) Cass. fr. 4 mars 1842. [S-V.42.1.732.]—Dans une accusation de *rapt* d'une mineure de moins de 16 ans, la majorité du ravisseur est une circonstance aggravante.—Cass. fr. 2 mars 1843. [S-V.43.1.522.]

(96) Cette question divise la jurisprudence des Cours de cassation.

C'est une circonstance aggravante qui, comme telle, ne peut, à peine de nullité, figurer dans la question sur le fait principal.

Dans l'accusation d'*infanticide*, le meurtre constitue le fait principal; la circonstance que l'enfant est nouveau-né est aggravante [97].

La qualité de domestique est une circonstance aggravante et non un élément du crime de *vol domestique* [98].

Dans l'accusation de *coups et blessures volontaires*, sont circonstances aggravantes :

La mort ou l'incapacité de travail [99] ;

La qualité d'ascendant [100] ;

Le nombre des assaillants [101].

Dans l'accusation d'*incendie*, le fait que la maison est habitée constitue une circonstance aggravante, si la maison appartient à autrui ; c'est un élément du crime au contraire, si la maison est la propriété de l'incendiaire [102].

La qualité de chirurgien, de sage-femme, forme circonstance aggravante du crime d'*avortement* [103].

La violence est un élément constitutif du crime d'*extorsion de signature* [104].

Cass. 6 octobre 1849. [P.50.1.30.]—22 juin 1846. [P.46.1.269.]—*Sic:* CHAUVEAU et HÉLIE, *Théorie du Code pén.*, t. 5, p. 171, édit. belge, chap. 43, § 2, nos 2377 et suiv.—*Contrà:* C'est un élément du crime : Cass. fr. 16 avril 1840. [S-V.40.1.381.]—5 avril 1838. [S-V.38.1.381.]—19 septembre 1838. [D.P.40.1.367.]

(97) La même divergence se remarque sur cette question.

Affirmative : Cass. 6 août 1848. [P.48.1.420.]—26 avril 1847. [P.48.1.420.]—6 juillet 1846. [P.46.1.383.]

Négative : Cass. fr. 21 août 1840. [D.P.40.1.435.]

(98) Cass. fr. 26 septembre 1839, *Bull.*, n° 307.]

(99) Cass. fr. 30 décembre 1841. [S-V.42.1.251.]—25 août 1842. [S-V.49.1.219.]—27 juillet 1848. [S-V.49.1.219.]

(100) Cass. fr. 5 septembre 1844. [S V.45.1.314.]

(101) Cass. fr. 25 février 1843. [S-V.43.1.656.]

(102) Cass. fr. 3 juin 1847. [S-V.48.1.668.]—14 janvier 1847. [S-V.47.1.392.]—3 février 1848. [S-V.48.1.592.]—24 mars 1838. [D.P.38.1.455.]

(103) Cass. fr. 26 janvier 1839, *Bull.*, n° 28.

(104) Cass. fr. 15 mai 1847. [S-V.47.1.637.]

Le *vagabondage* est un délit distinct : il ne peut donc être envisagé comme circonstance aggravante d'un autre crime [105].

Dans une question relative à l'incendie d'une grange, indiquer que cette grange était attenante à d'autres bâtiments ne constitue pas l'adjonction d'une circonstance aggravante au fait principal, puisque l'incendie d'une grange est punie de mort par la loi, indépendamment de toutes autres circonstances qui deviennent ainsi indifférentes. En d'autres termes, un crime puni de la peine la plus haute ne peut être affecté de circonstances aggravantes [106].

La qualité commerciale de l'écriture, dans une accusation de *faux en écriture de commerce*, est un élément du crime et non une circonstance aggravante [107].

C.

QUESTIONS DE DROIT.

Le jury n'a qualité que pour résoudre des questions de faits; il y aurait nullité, s'il décidait de la relation entre un fait et une disposition de la loi : à la Cour seule appartient de décider des questions de droit [108].

---

(105) Cass. 7 septembre 1833. [P.33.1.151.]

(106) Ce principe résulte implicitement de l'arrêt suivant : Cass. 24 mai 1843. [P.43.1.213.]

(107) Cass. 25 juin 1822. [P.22.1.315.]—27 septembre 1839. [P.39.1.195.]—13 août 1845. [P.46.1.511.]—3 avril 1854. [P.54.1.199.]—*Contrà* : Cass. 26 avril 1841. [P.41.1.331.]—Cass. fr. 30 juin 1831. [S-V.31.1.348.]—Cette question est des plus délicates, parce qu'elle se complique du point de savoir si le jury peut décider du caractère commercial d'une écriture, en tant que question de droit. *Vide infrà*, note 113.

(108) M. DE FRÉMINVILLE, *Proc. crim.*, n. 522, explique avec lucidité cette distinction d'attributions dans le passage suivant :

« Les questions de droit sont celles pour la solution desquelles il s'agit « d'apprécier la loi dans son application aux faits déclarés constants.

De là suit que les questions ne peuvent point contenir, à peine de nullité, des qualifications légales, mais seule-

---

« C'est sur ce point que se manifeste la division des pouvoirs entre la « Cour d'assises et le jury.

« Les questions de droit ne doivent jamais être soumises au jury, et « c'est la Cour d'assises seule qui doit les apprécier et les juger. L'appré- « ciation d'une question de droit de la part du jury suffirait pour entraîner « la nullité de l'arrêt.

« Il est donc d'une haute importance d'être bien fixé sur cette distinc- « tion.

« Le jury doit prononcer sur tous les *faits*, alors même que la preuve « de l'existence de ces faits pourrait résulter des dispositions mêmes de la « loi, mais on doit s'abstenir de le consulter sur tout ce qui ne serait « qu'une conséquence légale de ces mêmes faits. Le jury n'apprécie les « faits qu'au point de vue de leur existence ; il ne peut jamais les appré- « cier dans leurs rapports avec la loi.

« Ainsi, le jury est questionné sur le fait de savoir s'il y a eu soustrac- « tion frauduleuse, homicide volontaire, altération d'écriture ; il ne peut « jamais déclarer qu'il y a eu vol, meurtre, faux. Il décide la question de « savoir si l'accusé était commerçant failli et s'il y a eu détournement ; « jamais il ne dit qu'il y a eu banqueroute frauduleuse. Il déclare que « l'altération d'écriture dans l'acte qu'il désigne a été commise par l'accusé « agissant comme notaire ou comme fonctionnaire public, et que cette al- « tération était de nature à causer un préjudice à autrui, mais il ne décide « pas que le crime a été commis en écriture authentique, commerciale ou « privée. »

Cette doctrine, qui ne reconnaît pas au jury le pouvoir de donner aux faits imputés leur qualification légale, est partagée par MM. RAUTER, *Tr. du droit. crim.*, t. 2, note 777; GOUPIL DE PRÉFELN, *Revue de législ.*, t. 1, p. 291; RODIÈRE, *même recueil*, t. 1, p. 467; DALLOZ, *Rép.*, v° *Inst. crim.*, n° 2422, avec cette distinction très-délicate que *toutes les fois que le législateur n'a pas déterminé les éléments d'un crime ou d'un délit, le point de savoir si telles ou telles actions présentent le délit ou le crime que la loi a prévu devient alors une question de fait dont la solution doit être laissée au jury.*

Au contraire, BOURGUIGNON, *Jurisprud. des Codes crim.*, t. II, *in fine*, et CUBAIN, *Cours d'ass.*, n° 231, reconnaissent au jury le pouvoir de constater toujours la criminalité légale des faits. On conçoit ce qu'une pareille division dans la doctrine doit amener d'indécision dans la jurisprudence. Conf. note 117.

ment des faits auxquels la Cour seule peut appliquer le terme prévu par la loi [109].

Il s'en faut que la jurisprudence soit constante dans l'application de ce principe éminemment vrai; il n'est peut-être pas de matière, en procédure criminelle, où les hésitations soient plus nombreuses.

Ainsi, dans une accusation d'attentat à la pudeur, le point de savoir si l'accusé avait *autorité de fait ou de droit* sur la victime est une question de droit que la Cour seule doit résoudre; le jury ne peut être interrogé que sur les faits qui constituent cette *autorité* [110].

Cependant on trouve de nombreuses autorités en sens contraire [111].

De même, dans une accusation de faux, le point de savoir si l'*écriture est publique* ne peut être directement résolu par le jury; la qualification légale ne peut être donnée que par la Cour d'assises [112].

---

(100) Conf. la note précédente; Cass. fr. 17 juin 1841, qui porte : « Attendu que, s'il n'appartient qu'au jury de statuer sur l'existence matérielle des faits et sur leurs circonstances morales, il n'appartient également qu'à la Cour d'assises de décider si les faits et les circonstances déclarés constants par le jury constituent un crime et quelle en est la nature; qu'une telle appréciation est complétement étrangère au jury et au but de son institution; qu'ainsi dans une accusation de faux les jurés doivent se prononcer sur l'existence des faits et des circonstances qui servent de base à l'accusation, mais que c'est à la Cour d'assises à rapprocher ensuite les faits et les circonstances déclarés constants par le jury des dispositions de la loi, et à décider si ces faits constituent un faux en écriture publique ou de commerce ou en écriture privée. »
Cass. fr, 6 octobre 1836. [D.P.37.1.169.]—7 octobre 1825. [S.26.1.120.]—3 juillet 1828. [D.P.28.1.311.]

(110) Cass. fr. 20 mars 1845. [S-V.45.1.609.]—2 décembre 1843. [S-V.44.1.332.]

(111) Cass. 7 janvier 1851, [P.51.1.113.]—15 décembre 1845. [P.46.1.88.]—Cass. fr. 9 mai 1844. [S-V.44.1.799.]

(112) Cass. 28 juillet 1851. [P.51.1.461.]—11 mars 1830. [P.30.1.255.]

De même, sur le point de savoir si l'*écriture est commerciale* (113).

Mais plusieurs arrêts en ont décidé autrement (114).

On a vu plus haut la controverse sur le point de savoir qui, de la Cour ou du jury, devait décider dans le cas où il était douteux que l'accusé eût ou non 16 ans (115).

Dans une accusation de corruption sur un fonctionnaire public, le jury ne peut décider si la personne, objet de la corruption, est revêtue d'un *caractère public;* c'est là une question de droit dont la solution n'appartient qu'à la Cour (116).

Les difficultés deviennent plus grandes encore quand le caractère légal de l'accusé constitue un élément même du crime ou une circonstance destructive de la criminalité du fait imputé (117).

Il a été jugé, et cette décision paraît contraire aux principes, que la loi ayant défini ce que c'est que l'*effraction*,

---

(113) Cass. fr. 1er octobre 1846. [S-V.47.1.48.]—7 octobre 1825. [S. 26.1.120.]

(114) Cass. fr. 6 avril 1832. [S-V.32.1.344.]—Cass. 27 septembre 1839. [P.39.1.195.]—13 août 1845. [P.46.1.511.]—3 avril 1854. [P.54. 1.199.]

(115) En faveur de l'opinion qui veut que la Cour d'assises décide de l'âge de l'accusé, on a soutenu que c'était une question de droit. V. les autorités citées note 74 du présent chapitre.

(116) Cass. fr. 9 décembre 1843. *Inst. crim.*, art. 3505.—DE FRÉMINVILLE, *Proc. crim.*, nº 524.—*Contrà*, 7 janvier 1843, *Inst. crim.*, art. 3263.

(117) Ainsi, pour le meurtre commis par un fonctionnaire, l'exercice des fonctions doit être compris dans la question pour apprécier s'il y a des causes légitimes d'homicide.—Cass. fr. 19 décembre 1850, rapp. par DE FRÉMINVILLE, *Proc. crim.*, nº 529.

La qualité d'officier de santé doit également faire l'objet d'une question au jury dans une accusation d'avortement.—Cass. fr. 26 janvier 1839, *Bull.*, nº 28.

Ainsi, encore dans une accusation de faux en écriture publique, la ce n'est point poser une question de droit au jury que de lui demander s'il y a effraction [118].

Ce n'est point poser une question de droit au jury que de l'interroger sur le point de savoir si l'accusé est *commissionnaire en marchandises* ou *directeur de ventes* : le jury, en effet, ne décide point par là que l'accusé est commerçant dans le sens de la loi [119].

La question de savoir si l'accusé a fait une altération dans *une convention portant obligation* n'est point une question de droit qui ne puisse être soumise au jury [120].

Dans une accusation d'émission de fausse monnaie, la question du *cours légal* n'est pas une question de droit, puisque le cours légal est un élément du crime [121].

Le fait que le jury a été interrogé sur un point de droit ne cause point nullité, si la Cour d'assises, regardant cette décision comme surabondante, statue ensuite sur cette même question [122].

La question sur l'état de *récidive* de l'accusé ne peut être résolue par le jury ; c'est une question de droit [123].

---

question portant sur la qualité publique de l'accusé doit être posée au jury. De Fréminville, *Proc. crim.*, n° 532.

Il suit de ces exemples qu'un fait portant sa qualification légale doit être posé au jury chaque fois que la loi en a fait un élément d'un crime ou d'un délit ; c'est ainsi que se complète la note 108.

(118) Cass. 11 août 1841. [P.41.1.287.]

(119) Cass. 19 décembre 1839. [P.39.1.276.]

(120) Cass. 2 mai 1835. [P.35.1.79.]

(121) Cass. 27 août 1836. [P.36.1.310.]

(122) Cass. 3 avril 1854. [P.54.1.199.]—25 janvier 1847. [P.47.1.435.]—26 avril 1841. [P.41.1.341.]

(123) Cass. 2 février 1833. [P.33.1.27.]—Cass. fr. 5 janvier 1828, C.N. 9, 11 juin 1812. [S.17.1.326.]

D.

QUESTIONS COMPLEXES.

Le jury répondant aux questions par « oui » ou « non, » il faut que les questions soient posées de façon qu'elles puissent être résolues de cette manière : de là le principe que toute question complexe ou alternative est nulle [124].

Ainsi sont nulles : la question qui porte sur plusieurs accusés [125] ;

La question qui réunit plusieurs chefs d'accusation distincts et indépendants [126],

Et en général toute question qui fait naître un doute sur la pensée du jury [127].

De ces règles découlent les solutions suivantes : la question portant sur la complicité de plusieurs crimes distincts est une question qui emporte nullité [128].

De même, la question qui contient l'alternative de la *complicité par aide et assistance* ou *par recélé* [129].

---

(124) Cass. 4 mai 1841. [P.41.1.123.] — Cet arrêt porte le raisonnement suivant, dégagé de l'espèce particulière de la cause :

« Attendu que *la* réponse du jury à une question conçue en termes al-« ternatifs est non-seulement incertaine sur le mode de perpétration du « crime....., mais laisse aussi du doute si l'un ou l'autre de ces faits a été « répondu affirmativement par la majorité du jury, car il est possible que « la moitié des jurés se soit déterminée pour la culpabilité par *l'un des « faits*, et l'autre moitié *par l'autre.* » — Cass. fr. 22 juillet 1847. [S-V. 47.1.850.] — 22 septembre 1842. [S-V.42.1.809.]

(125) Cass. fr. 21 septembre 1839. [S-V.39.1.935.] — 22 septembre 1842. [S-V.42.1.809.] — CUBAIN, *Cours d'ass.*, n° 603.

(126) Cass. fr. 4 avril 1845, *Bull.*, n° 122, — 30 mars 1839, *Bull.*, n° 108. — Conf. LACUISINE, *Pouv. jud.*, p. 424 et suiv.

(127) Cass. fr. 16 avril 1842. [S-V.42.1.891.]

(128) Cass. fr. 24 avril 1840. [S-V-41.1.614.] — 20 juin 1844. D. R., v° *Inst. crim.*, n° 2825, 21 avril 1840, *eod. loc.* D. R., v° *Inst. crim.*, n° 2826. — DE FRÉMINVILLE, *Proc. crim.*, n° 545.

(129) Cass. fr. 22 juillet 1847. [S-V.47.1.834.] — Conf. 16 avril 1842, D. R., v° *Inst. crim.*, n° 2822.

La jurisprudence a apporté de nombreux tempéraments à la rigueur de ces règles : ainsi, il peut n'y avoir point nullité dans une question qui présente une alternative, si les deux membres qui la composent peuvent également servir de base à une condamnation [130].

Ainsi, n'est pas nulle la question portant sur la *fabrication* ou l'*attribution* mensongèrement faite à un tiers d'une pièce de nature à compromettre la paix publique [131].

Ainsi encore, on peut poser au jury la seule question alternative, à savoir, si l'accusé a consommé ou tenté de consommer le crime d'*attentat à la pudeur avec violence*, la loi pénale punissant de la même manière le crime ou la tentative [132].

De même, la seule question de savoir si l'accusé est coupable d'avoir *contrefait* ou *fait contrefaire* un acte portant obligation, puisque les deux branches de l'alternative se rapportent à deux faits constitutifs du même crime [133].

Et en général, si deux faits compris dans une même accusation ne sont que des manifestations d'un même crime, il est permis de les réunir dans une seule question [134].

Une question peut porter sur plusieurs chefs distincts d'accusation, s'ils peuvent être envisagés comme consti-

---

(130) Cette jurisprudence semble en contradiction avec les motifs de l'arrêt rapporté note 124.—Cass. 20 février 1843. [P.43.1.112.]—23 mars 1837. [P.37.1.67.]

(131) Cass. fr. 6 décembre 1850. [P.51.2.634.]—*Contrà*, CUBAIN, *Cours d'ass.*, n. 604.

(132) Cass. 19 octobre 1847. [P.47.1.440.]—26 avril 1841. [P.41.1.212.]—Cass. fr. 11 avril 1840, D. R., v° *Instr. crim.*, n° 2816.

(133) Cass. fr. 26 juin 1852. [D.P.52.5.172.]

(134) Cass. fr. 4 septembre 1840, D. R., v° *Inst. crim.*, n° 2829.

tuant le même crime. Ainsi, le jury peut être interrogé à la fois sur plusieurs *tentatives de viol* (135);

Sur plusieurs *attentats à la pudeur* (136);

Sur plusieurs vols commis de la même manière au préjudice de la même personne (137);

Sur plusieurs *empoisonnements* commis sur la même personne à des époques différentes (138).

N'est pas complexe la question ainsi posée : Le crime a-t-il été précédé ou suivi d'un vol (139)?

Une question complexe cesse-t-elle d'avoir ce caractère, si le président avertit les jurés du sens unique qu'ils doivent attacher à la question (140)?

Ne pourra jamais être considérée comme complexe une question qui ne contient autre chose que les éléments du crime ou du délit (141).

N'est pas alternative la question relative à la complicité portant sur le point de savoir si l'accusé a *aidé* ou *assisté* l'auteur principal (142).

De même la tentative, bien que se composant d'élé-

---

(135) Cass. fr. 9 février 1837. [S-V.38.1.902.]—9 octobre 1845, *Bull.*, n. 319.—De Fréminville, *Proc. crim.*, nº 545.

(136) Cass. fr. 8 août 1840. [D.P.40.1.434.]—24 décembre 1840. [S-V. 41.1.865.]—12 juin 1851. [D.P.52.5.173.]

(137) Cass. 26 janvier 1847. [P.47.1.335.]

Cass. fr. 9 germinal an 4, D. R., vº *Inst. crim.*, nº 2837.—18 mars 1853. [D.P.53.5.134.]—3 mars 1853. [D.P.53.5.134.]

(138) Cass. fr. 12 décembre 1840. [S-V.40.1.948.]

(139) Cass. 5 août 1845. [P.47.1.46.]

(140) Jugé affirm.—Cass. 6 octobre 1849. [P.50.1.22.]

(141) Cass. 19 octobre 1847. [P.48.1.462.]—27 avril 1842. [P.42.1. 237.] V. note 88.

(142) Cass. 26 mai 1837. [P.37.1.98.]—Cass. fr. 22 juillet 1847. [S-V. 47.1.850.]—Cass. 15 avril 1842, D. R., vº *Inst. crim.*, nº 2822.

ments distincts, peut ne faire l'objet que d'une seule question [143].

SECTION III.

DES INCIDENTS RELATIFS A LA POSITION DES QUESTIONS.

Le président pose les questions. (Art. 336).

L'accusé peut toujours présenter des observations relatives aux questions posées par le président [144].

Dès qu'il s'élève un débat à cet égard, le président est dessaisi : c'est à la Cour seule qu'il appartient de statuer [145].

Il y aurait nullité, si l'on procédait à la rectification d'une question en dehors de la présence de l'accusé ; la présence du conseil ne suffirait point [146].

Les questions résultant des débats sont également posées par le président, soit d'office, soit sur la demande de l'accusé [147].

S'élève-t-il une discussion sur le point de savoir si la question est ou non résultée des débats, la Cour décide alors souverainement [148].

---

(143) Cass. fr. 3 juin 1847. [D.P.47.4.144.]—6 avril 1838, D. R., v° *Inst. crim.*, n° 2819.—Cass. 8 septembre 1853. [D.P.53.5.135.]

(144) Cette question n'est plus controversée aujourd'hui ; avant 1825 on trouve quelques arrêts contraires, mais depuis cette époque le droit de l'accusé en cette matière est unanimement reconnu.

(145) Conforme aux principes généraux exposés, II° partie, chap. VI, note 12 et suiv.—Cass. fr. 1er octobre 1813. [S.14.1.93.]—17 septembre 1829. [D.P.29.1.357.]—26 mai 1839. [D.P.40.1.145.]—Cass. 26 mai 1837. [P. 37.1.98.]

(146) Cass. fr. 11 janvier 1840. [S-V.40.1.750.]

(147) Cass. fr. 5 juillet 1826. [S.27.1.64.]—7 octobre 1831. [D.P.32.1.32.]

(148) Cass. fr. 1er octobre 1813. [S.14.1.93.]—16 avril 1819. [S. 20.1.121.]—29 décembre 1832. [D.P.33.1.115.]—DE FRÉMINVILLE, *Proc. crim.*, n° 518.

Sa décision a lieu par arrêt et le ministère public entendu, à peine de nullité [149].

CHAPITRE II.

Formalités qui précèdent la délibération du jury.

Lecture des questions.—Avertissements.

§ 1.

Lecture des questions.

Il résulte de ce qui a été dit plus haut [1] que le président doit publiquement donner lecture des questions posées, puisque cette lecture peut seule permettre le contrôle de l'accusé.

Cependant jugé que l'omission, par le président, de donner publiquement lecture des questions posées au jury, n'emporte point nullité [2];

Que le procès-verbal ne doit pas nécessairement faire mention de l'accomplissement de cette formalité [3];

Que, d'ailleurs, l'énonciation au procès-verbal de la lecture de la déclaration du jury à l'audience établit

---

(149) Cass. fr. 9 septembre 1830. [S-V.31.1.186.]—DE FRÉMINVILLE, *Proc. crim.*, n° 517.

(1) V. partie IIIe, Chap. I, sect. 3, notes 144 et suiv.

(2) Cass. fr. 3 mars 1854. [S-V.35.1.779.] — 30 juillet 1846.—*Sic*, CARNOT sur l'art. 341.—*Contrà*, LEGRAVEREND, t. 3, p. 217, n° 271; CUBAIN, *Cours d'ass.*, n° 611; DALLOZ, t. 4, p. 437, n° 5.—DE FRÉMINVILLE, *Proc. crim.*, n° 461, s'exprime ainsi :

« Au reste, cette formalité est généralement observée dans la pratique, « et elle ne pourrait être impunément omise. Ce serait une atteinte au « droit de la défense que la Cour suprême ne pourrait tolérer. » Malgré cette presque unanimité dans la doctrine, la jurisprudence est constante en sens inverse. Conf. notes 3 et 4.

(3) Cass. 10 avril 1835.—[P.35.1.64.] 2 mai 1835. [P.35.1.79.]

suffisamment que les questions soumises au jury ont été également lues [4].

Le président peut faire lire les questions soit par un assesseur, soit par le greffier [5].

§ 2.

Avertissements donnés au jury par le président.

Le président doit, à peine de nullité, avertir les jurés sur la manière dont ils doivent procéder et émettre leur vote [6].

A.

NATURE DE CES AVERTISSEMENTS SOUS LA LÉGISLATION BELGE.

L'art. 25 de la loi du 15 mai 1838 impose au président le devoir d'éclairer les jurés sur les points suivants :

Les jurés doivent voter séparément et distinctement sur chacune des questions (art. 20, loi du 15 mai 1838).

Au moyen de bulletins imprimés et marqués du timbre de la Cour d'assises, sur lesquels figurent le mot « oui » et en dessous le mot « non » (art 18, loi du 15 mai 1838).

Un bulletin sera remis ouvert à chaque juré pour chacune des questions (art. 19, loi du 15 mai 1838).

Le juré qui voudra répondre « *non* » rayera le mot « *oui* » et réciproquement (même art.).

Le chef du jury consignera le résultat de chaque scrutin

---

(4) Cass. fr. 22 septembre 1842. [S.V.42.1.728.]

(5) CUBAIN, *Cours d'ass.*, n° 612.

(6) La formalité prescrite par les art. 341, Cod. d'inst. crim., et 25, loi du 15 mai 1838, est substantielle, son omission emporte nullité. Ce principe est consacré, soit directement, soit implicitement, par les arrêts repris aux notes suivantes.

en marge de chacune des questions sans exprimer le nombre des suffrages, sauf le cas où la question sur le fait principal aura été résolue affirmativement à la majorité de 7 voix contre 5 (art. 22, loi du 15 mai 1838, et 341, Code d'inst. crim.).

Le bulletin sur lequel les deux mots « oui » et « non » seraient rayés, ou ne le seraient ni l'un ni l'autre, sera censé favorable à l'accusé (art. 23, loi du 15 mai 1838).

En cas d'égalité de voix, l'avis favorable à l'accusé prévaudra (art. 347).

Le vote du jury a lieu au scrutin secret (art. 18, loi du 15 mai 1838).

S'il est nécessaire que le président donne au jury ces divers avertissements, il suffit à la régularité de la procédure que le procès-verbal contienne la mention suivante : « *Le* « *président a donné aux jurés les avertissements sur la ma-* « *nière dont ils doivent procéder et émettre leur vote* [7]. »

A plus forte raison, si la mention porte : « *les avertisse-* « *ments suivant la loi du 15 mai 1838* [8] », ou cette autre mention : « *Le président a retracé aux jurés les dispositions des* « *art. 18 à 24 inclus de la loi du 15 mai 1838* [9] ».

Mais il y aurait nullité, si les termes du procès-verbal laissaient planer un doute sérieux sur le point de savoir si ces avertissements ont tous été donnés [10].

---

(7) Cass. 5 octobre 1849. [P.50.1.36.]

(8) Cass. 4 mai 1841. [P.41.1.214.]—2 février 1841. [P.42.1.51.]

(9) Cass. 2 novembre 1846. [P.47.1.193.]—24 mai 1843. [P.43.1.213.]

(10) Cass. 24 juin 1840, [P.40.1.409.]—qui prononce la nullité parce que le procès-verbal portait : « *Le président a donné quelques avertisse-* « *ments au jury.* » Il était en effet douteux par là que le président eût donné au jury tous les avertissements repris dans la loi de 1838. Conf. un arrêt de rejet.—Cass. 16 octobre 1855 [P.55.1.407.] et réquisitoire de M. l'avocat général FAIDER, 3e moyen, p. 413.

B

NATURE DE CES AVERTISSEMENTS. LÉGISLATION FRANÇAISE.

En France le président doit donner trois avertissements aux jurés, à savoir :

1° Que le vote a lieu au scrutin secret [11].

---

[11] L'art. 341 a été abrogé dans son 2e paragraphe par la loi du 4 mars 1831, et dans le surplus par la loi du 28 avril 1832 ; enfin la loi du 9 juin 1853 l'a remplacé par les dispositions suivantes :

« En toute matière criminelle, même en cas de récidive, le président, après avoir posé les questions résultant de l'acte d'accusation et des débats, avertit le jury, à peine de nullité, que s'il pense à la majorité qu'il existe en faveur d'un ou de plusieurs accusés reconnus coupables des circonstances atténuantes, il doit en faire la déclaration en ces termes : « A la majorité, « il y a des circonstances atténuantes en faveur de l'accusé » ; ensuite le président remet les questions écrites aux jurés dans la personne du chef du jury, il y joint l'acte d'accusation, les procès-verbaux qui constatent les délits et les pièces du procès autres que les déclarations écrites des témoins. Le président avertit le jury que tout vote doit avoir lieu au scrutin secret, il fait retirer l'accusé de l'auditoire. »

Le vote au scrutin secret a été organisé par une loi du 13 mai 1836, ainsi qu'il suit :

Art. 1. Le jury doit voter par bulletins écrits et par scrutins distincts et successifs sur le fait principal d'abord, et, s'il y a lieu, sur chacun des faits d'excuse légale, sur la question de discernement et enfin sur la question des circonstances atténuantes que le chef du jury sera tenu de poser toutes les fois que la culpabilité de l'accusé aura été reconnue.

Art. 2. A cet effet, chacun des jurés appelés par le chef du jury recevra de lui un bulletin ouvert, marqué du timbre de la Cour d'assises et portant ces mots : « *sur mon honneur et ma conscience, ma déclaration est...* — Il écrira à la suite ou fera écrire secrètement par un juré de son choix le mot « *oui* » ou le mot « *non* » sur une table disposée de manière à ce que personne ne puisse voir le vote inscrit au bulletin.

Il remettra le bulletin écrit et fermé au chef du jury, qui le déposera dans une urne ou boîte fermée à cet usage.

Art. 3 (modifié par la loi du 9 juin 1853). Le chef du jury dépouille chaque scrutin en présence des jurés, qui peuvent vérifier les bulletins. Il constate sur-le-champ le résultat du vote en marge ou à la suite de la question résolue. La déclaration du jury, en ce qui concerne les circon-

Cet avertissement n'est pas prescrit à peine de nullité [12].

L'irrégularité du procès-verbal dans la constatation de cette formalité ne peut donc donner ouverture à cassation [13].

2° Que la déclaration contre l'accusé doit se former à la majorité de plus de sept voix, et que le verdict doit énoncer cette grande majorité sans indiquer toutefois le nombre des suffrages [14].

Cet avertissement est-il prescrit à peine de nullité [15] ?

3° Que si le jury pense, à la majorité, qu'il existe, en faveur d'un ou de plusieurs accusés reconnus coupables, des circonstances atténuantes, il doit en faire la déclaration en ces termes : « A la majorité, il y a des circonstances « atténuantes en faveur de l'accusé [16]. »

Cet avertissement est prescrit à peine de nullité [17].

Cependant le vice causé par l'omission de cette forma-

---

stances atténuantes, n'est exprimée que si le résultat du scrutin est affirmatif.

Art. 4. S'il arrivait que, dans le nombre des bulletins, il s'en trouvât sur lesquels aucun vote ne fût exprimé, ils seraient comptés comme portant une réponse favorable à l'accusé. Il en serait de même des bulletins que six jurés au moins auraient déclarés illisibles.

(12) Cass. fr. 27 septembre 1838. [S-V.38.1.925.] — 5 février 1836, *Bull.*, n° 42. V. CUBAIN, *Cours d'ass.*, n° 613.

(13) Cass. fr. 24 décembre 1835, *Bull.*, n° 470; MORIN, *Dict.*, vᵒ *Jury*.

(14) Telle est la disposition du nouvel art. 347 modifié par les lois des 4 mars 1831 et 28 avril 1832.

(15) L'omission de cet avertissement emporte nullité.—Cass. fr. 19 octobre 1837. [S-V.38.1.246.]—DE FRÉMINVILLE, *Proc. crim.*, n° 466, et arrêts rapp.—*Contrà* CUBAIN, *Cours d'ass.*, n° 613.

(16) Disposition de l'art. 341 modifié par la loi du 9 juin 1853.

(17) La nullité est portée par la loi même : ainsi, la seule indication de la majorité à laquelle les jurés doivent voter sur les circonstances atténuantes ne suffirait pas.—Cass. fr. 3 janvier 1850. [S-V.50.1.238.]—22 janvier 1835. [D.P.35.1.174.]—et dès qu'il y aura doute sur l'accomplissement de cette formalité, il y aura nullité.—Cass. fr. 8 février 1844, *Bull.*, n° 41.—20 sept. 1832. [S-V.33.1.313.]

lité serait couvert, si le jury déclarait l'existence de circonstances atténuantes [18].

Il suffit que le procès-verbal porte que le président a donné au jury l'avertissement prescrit par l'art. 341 [19].

Mais il y aurait nullité, si le procès-verbal portait seulement que le président a donné les avertissements prescrits par la loi [20].

CHAPITRE III.

Remise des pièces et des bulletins.

§ 1.

Remise des pièces.

Le président doit remettre aux jurés toutes les pièces du procès, à l'exception des dépositions des témoins (art. 341, § 3).

Il y aurait nullité de la procédure, si le président remettait aux jurés des pièces étrangères au dossier ou des dépositions écrites [1].

On a vu au chapitre VI de la 2e partie ce qu'il fallait entendre par dépositions écrites [2].

---

(18) L'accusé est sans intérêt dans ce cas. — Cass. fr. 12 décembre 1840 [S-V.40.1.948.]

(19) Cass. fr. 28 octobre 1840. — [S-V.41.1.363.] 12 décembre 1840. [S-V.40.1.948.]

(20) Cass. fr. 22 janvier 1835, [D.P.35.1.174.]

(1) CUBAIN, *Cours d'ass.*, nº 613 ; F. HÉLIE, *Encycl. du droit*, t. 7, nº 672, et les arrêts repris au chap. VI de la 2e partie, § 3. — Oralité des débats, notes 46 et suiv.; cependant en sens contraire, Cass. fr. 31 octobre 1817. [C.N. 5.] — 6 février 1832. [D.P.32.1.167.]

(2) Chap. VI, § 3, 2e partie, pages 171 et suiv. La plupart des arrêts

La formalité de la remise des pièces du dossier au jury n'est point prescrite à peine de nullité [3].

Ainsi jugé que l'omission de la remise de l'acte d'accusation ne pouvait vicier la procédure [4], qu'il en serait de même, si le président avait négligé de joindre au dossier le procès-verbal constatant le crime [5].

Cette jurisprudence ôte de leur importance aux décisions suivantes : jugé que le procès-verbal ne doit point contenir le détail de la nomenclature des pièces remises aux jurés [6]. Le dossier ne doit point être accompagné d'un inventaire [7]. Les pièces jointes au dossier dans le cours du débat doivent être remises au jury [8]. Les pièces émanant de magistrats étrangers peuvent être remises au jury, sans être visées ni légalisées [9].

§ 2.

Remise des bulletins.

Le président ne doit pas remettre lui-même, à peine de nullité, les bulletins aux jurés [10].

Les bulletins doivent porter le timbre de la Cour d'as-

---

qui y sont rapportés traitent à la fois de la prohibition de la lecture à l'audience et de la remise au jury des dépositions écrites.

(3) Jurisp. const. Cass. 28 mars 1843, [P.43.1.165.] et un grand nombre d'autres décisions.—Cass. fr. 26 janvier 1837. [S-V.38.1.897.]—7 janvier 1845. [S-V.43.1.313.]—Il n'existe qu'un seul arrêt contraire : Cass. 10 janvier 1834. [P.34.1.203.]

(4) Cass. 4 octobre 1844. [P.45.1.119.]

(5) Cass. fr. 26 août 1830. [S-V.31.1.331.]

(6) Cass. 27 décembre 1834. [P.34.1.285.]

(7) Cass. fr. 3 décembre 1836. [S-V.38.1.82.]

(8) Cass. 12 juillet 1834. [P.34.1.285.]—13 juin 1842. [P.42.1.254.]

(9) Cass. 4 octobre 1851. [P.52.1.142.]—8 décembre 1851. [P.52.1.142.]

(10) Cass. 5 mai 1851. [P.51.1.200.]—5 octobre 1849. [P.50.1.36.]—8 novembre 1848. [P.48.1.491.]

sises, mais l'omission de cette formalité ne vicierait point la procédure [11].

Il suffit à cet égard que le procès-verbal porte que les bulletins ont été remis au jury conformément aux dispositions des art. 18 et 19 de la loi du 15 mai 1838 [12].

§ 3.

L'accusé est éloigné de l'auditoire (art. 341).

La formalité qui consiste dans l'éloignement de l'accusé de l'auditoire n'est point substantielle. Elle n'a pour but que de soustraire au public les angoisses de l'accusé pendant la délibération du jury [13].

CHAPITRE IV.

Droits et devoirs des jurés.

SECTION I.

PENDANT LES DÉBATS.

Droit d'intervention. — Devoir d'être attentif. — Défense de communication.

§ 1.

Droit d'intervention.

Le juré a le droit de demander aux témoins et à l'accusé tous les éclaircissements qu'il croit utiles à la manifestation de la vérité. Ce droit a été examiné au chapitre VI de la

---

(11) Cass. 25 juin 1849. [P.49.1.439.]

(12) Cass. 25 juin 1849. [P.49.1.439.]

(13) CUBAIN, *Cours d'ass.*, n° 615 ; mais si l'accusé prenait des conclusions dans le but de pouvoir se retirer, la Cour ne pourrait, à peine de nullité, s'y refuser.—V. d'ailleurs art. 416.

2e partie, page 105, dans ses rapports avec les droits analogues des assesseurs du président, du ministère public et de l'accusé, ou de son conseil [1].

§ 2.

Devoir d'être attentif.

Ce devoir ressort de l'art. 312 ; il n'est pas douteux que l'inattention constatée légalement présente un moyen de cassation [2].

Jugé toutefois que la procédure n'a pas été viciée par le fait d'un juré qui parcourait un journal, si, sur l'observation du président, il a cessé sa lecture [3].

§ 3.

Défense de communication.

L'art. 312 porte défense aux jurés de communiquer avec personne jusqu'après leur déclaration.

Cette prohibition repose sur le principe qui veut que le jury ne puise sa conviction qu'à l'audience; toute communication au dehors constitue une violation des droits de la défense, et opère par conséquent nullité de la procédure [4].

La communication d'un juré peut être active ou passive.

Quatre principes ressortent de la jurisprudence en cette matière délicate ; il y aura infraction à la loi :

---

(1) V. Chap. VI de la 2e partie. *De la direction des débats*, page 104 et 105 (sur l'art. 319).

(2) CUBAIN, *Cours d'ass.*, n° 238.

(3) Cass. fr. 30 juin 1838. [S-V.38.1.760.]

(4) Ce principe ressort de tous les arrêts qui sont cités dans les notes suivantes. V. spécialement Cass. fr. 16 février 1838. [S-V.38.1.335.]

1° Si un juré fait connaître son opinion ;

2° Si une personne étrangère lui fait connaître son opinion ;

3° La communication défendue et qui entraîne nullité est celle qui a pour objet l'affaire pour laquelle le juré siége ;

4° La communication n'existe qu'autant qu'elle est légalement établie.

I. *Il y a nullité, si un juré fait connaître son opinion.*

Mais il faut que cette opinion soit manifestée sur le fond même de l'affaire (5). Ainsi, si un juré manifeste son opinion sur un point scientifique incident aux débats, ce fait ne constitue point la communication défendue par la loi (6).

Ce n'est point non plus communiquer, dans le sens de l'art. 312, que d'exprimer le désir que l'un des deux coaccusés soit éloigné de l'auditoire pendant l'interrogatoire du second accusé qui semble paralysé par l'influence du premier (7).

Il en est de même, si l'opinion du juré ne se trahit que sur un fait très-minime du débat. Ainsi jugé qu'il n'y a pas nullité de la procédure, parce qu'un juré se serait écrié : *Il est évident que cette blouse a été portée* (8).

Un juré, après avoir entendu la réponse d'un témoin, dit : « *Cela m'étonne, car.....* » Aussitôt interrompu par le pré-

---

(5) Cass. fr. 15 mars 1835. [S-V.30.1.804.]—CUBAIN, *Cours d'ass.*, n° 241 ; DE FRÉMINVILLE, *Proc. crim.*, n° 573.

(6) Cours d'ass. de la Seine, 10 juin 1830. [S.30.2.191.]

(7) Cass. fr. 6 février 1840. [S-V.40.1.654.]

(8) Cass. fr. 3 mai 1851. [D.P.51.5.136.]

sident, ce juré n'a pu vicier la procédure, puisque son opinion n'était pas suffisamment exprimée (9).

II. *Il y a nullité, si un juré a eu connaissance de l'opinion d'une personne étrangère.*

Mais il est évident que cette connaissance doit être volontaire de la part du juré : il ne peut en effet dépendre d'une personne étrangère de rendre un juré incapable ou de vicier la procédure (10).

Il y aurait nullité si un des jurés de jugement s'était rendu sur les lieux du crime pour y prendre des renseignements (11) ;

Si pendant les débats un juré s'était entretenu à voix basse avec un témoin (12).

Il y aurait, au contraire, communication involontaire, et par conséquent absence de nullité dans le fait d'un juré qui, subitement indisposé, s'entretiendrait avec un médecin (13).

De même si un juré recevait une lettre pendant les débats (14).

Il n'y aurait pas davantage de nullité, si, pendant une suspension d'audience, les jurés avaient causé avec des

---

(9) Cass. fr. 6 septembre 1851. [D.P.51.5.137.]

(10) Cass. fr. 16 juillet 1831., 27 novembre 1838 [S-V.39.1.805.] —CUBAIN, *Cours d'ass.*, n° 240.

(11) Cass. fr. 16 février 1838 [S-V.38.1.335.]—*Conf.* Cass. 21 mars 1842. [P.42.1.189.]

(12) Cass. fr. 20 juin 1833. [S-V.33.1.403.]—MORIN, *Dict.*, v° *Jury*, p. 472.

(13) Cass. fr. 19 septembre 1833. [D.P.34.1.133.]

(14) Cass. fr. 11 novembre 1836. [S-V.37.1.821.]

personnes étrangères, si rien n'indique d'ailleurs qu'ils aient manifesté leur opinion [15].

Il a été jugé que le fait de l'interpellation d'un témoin par un juré, pendant une suspension d'audience, n'opérait pas nullité, si, sur l'observation du président, ce témoin n'avait pas répondu [16].

Jugé qu'il y a communication qui rend le juré incapable, si l'accusé lui a fait remettre un mémoire sur les questions que soulèvent les débats [17]. Il semble que cette dernière décision est peu en harmonie avec les principes éminemment vrais qui ressortent des arrêts déjà cités.

III. *La communication, pour opérer nullité, doit avoir trait à l'affaire.*

En d'autres termes, il ne suffit point qu'il y ait eu communication, il faut encore qu'il soit établi que le juré s'est entretenu des faits de la cause [18].

Ainsi, l'entretien d'un juré avec une personne étrangère ne vicie la procédure que si la conversation roulait sur le procès [19].

Et à cet égard la déclaration du juré doit être regardée comme suffisante [20].

Si en rentrant à l'audience, avant la lecture du verdict, le

---

(15) Cour de Paris, 22 juin 1831. [S-V.32.2.74.]—Cass. fr. 17 août 1815. [S.15.1.297.]

(16) Cass. fr. 28 juin 1838. [S-V.38.1.510.]

(17) Cette jurisprudence ne paraît pas devoir être suivie. — Ass. de la Seine, 10 juin 1830. [S.30.2.191.]

(18) Cass. fr. 15 mars 1838. [S-V.39.1.804.]—CUBAIN, *Cours d'ass.*, n° 241.—V. DE FRÉMINVILLE, *Proc. crim.*, n° 572.

(19) Cass. fr. 12 septembre 1833. [S-V.33.1.108.]

(20) Cass. fr. 25 novembre 1837. [D.P.38.1.426.]—9 janvier 1851. [D.P.51.5.135.]

chef du jury adresse la parole au greffier, ce fait ne constitue pas de plein droit une communication défendue [21].

IV. *La communication n'existe qu'autant qu'elle est légalement prouvée.*

La règle générale en matière de preuve de ce qui s'est passé aux débats, c'est qu'il faut s'en tenir aux termes de la feuille d'audience : aussi plusieurs arrêts ont-ils décidé que la preuve de la communication devait, pour opérer nullité, résulter du procès-verbal [22], et que les faits qui en étaient la base ne pouvaient faire l'objet d'une enquête [23].

Jugé cependant, et avec raison, que les faits de communication peuvent se prouver par les pièces du procès rapprochées des énonciations du procès-verbal [24].

A fortiori de ce qui vient d'être dit, la communication qui peut donner ouverture à cassation est celle qui a eu lieu et non celle qui a été seulement possible [25].

La Cour d'assises peut-elle refuser de donner acte au défenseur d'un fait de communication qui s'est passé hors l'audience [26] ?

Il est évident qu'une communication antérieure au ti-

---

(21) Cass. 31 juillet 1838. [P.38.1.344.]

(22) Cass. fr. 12 décembre 1840. [S-V.40.1.948.] — *Contrà*, CUBAIN, *Cours d'ass.*, n° 243.

(23) Cass. fr. 27 thermidor an V. D.R., v° *Inst. crim.*, n° 1992 ; 30 juin 1838. [S-V.38.1.760.] — 3 novembre 1836. [D.P.37.1.185.]

(24) Cass. fr. 16 février 1838. [S-V.38.1.335.] — Voyez spécialement sur ce qui touche à la preuve des communications le remarquable rapport de M. le conseiller ROCHER. [S-V.38.1.335.]

(25) Cass. 15 avril 1844. [P.44.1.177.] — Cass. fr. 12 septembre 1812. [C.N.4.] — 6 février 1812. [S.12.1.97.]

(26) Conf. Cass. fr. 21 juillet 1843 [S-V.44.1.190.] et la note 34.

rage au sort du jury ne saurait être une cause de nullité [27].

SECTION II.

DROITS ET DEVOIRS DES JURÉS APRÈS LES DÉBATS.

Chef du jury.—Secret de la délibération. — Mode du vote. — Lecture et signature du verdict.

§ 1.

Du chef du jury.

Le chef du jury n'a d'attributions spéciales qu'après la clôture des débats.

L'art. 342, § 2, porte :

« Le chef des jurés sera le premier juré sorti par le sort,
« ou celui qui sera désigné par eux, et du consentement de
« ce dernier. »

Le remplacement du premier juré sorti par le sort se fait sans l'intervention de l'accusé [28].

Ce remplacement peut avoir lieu pendant les débats [29]; il peut n'avoir lieu que pendant la délibération [30].

Le procès-verbal ne doit point constater la nomination d'un autre chef du jury [31].

De là résulte qu'il y a présomption légale que le chef du jury a été remplacé, quand un autre juré en remplit les fonctions [32].

---

(27) Cass. fr. 12 décembre 1840. [S-V.40.1.198.]

(28) Cass. fr. 24 décembre 1824. [C.N.7.]—F. HÉLIE, t. 7, n° 682.

(29) Cass. fr. 27 septembre 1822. [C.N.7.]

(30) Cass. 14 octobre 1848. [P.48.1.420.]—22 juin 1833. [P.33.1.119.]

(31) Cass. 11 novembre 1837. [P.37.1.155.]—Cass. fr. 17 août 1827. [D.P.27.1.490.]

(32) Cass. fr. 18 novembre 1847. [S-V.48.1.377.] - Conf. 3 juill 1831:

L'art. 342, § 3, porte : « Avant de commencer la délibération, le chef des jurés leur fera lecture de l'instruction suivante, qui sera en outre affichée en gros caractères dans le lieu le plus apparent de leur chambre :

« La loi ne demande pas compte aux jurés des moyens par lesquels ils se sont convaincus ; elle ne leur prescrit point de règles desquelles ils doivent faire particulièrement dépendre la plénitude et la suffisance d'une preuve : elle leur prescrit de s'interroger eux-mêmes dans le silence et le recueillement, et de chercher, dans la sincérité de leur conscience, quelle impression ont faite sur leur raison les preuves rapportées contre l'accusé et les moyens de sa défense. La loi ne leur dit point : *Vous tiendrez pour vrai tout fait attesté par tel ou tel nombre de témoins* : elle ne leur dit point non plus : *Vous ne regarderez pas comme suffisamment établie toute preuve qui ne sera pas formée de tel procès-verbal, de telles pièces, de tant de témoins ou de tant d'indices ;* elle ne leur fait que cette seule question, qui renferme toute la mesure de leurs devoirs : *Avez-vous une intime conviction ?*

« Ce qu'il est bien essentiel de ne pas perdre de vue, c'est que toute la délibération du jury porte sur l'acte d'accusation : c'est aux faits qui le constituent et qui en dépendent qu'ils doivent uniquement s'attacher ; et ils manquent à leur premier devoir lorsque, pensant aux dispositions des lois pénales, ils considèrent les suites que pourra avoir, par rapport à l'accusé, la déclaration qu'ils ont à faire. Leur mission n'a pas pour objet la

---

[D.P.31.1.268.]—Dans l'espèce de cet arrêt, le jury s'était retiré au nombre de 11 titulaires et 1 suppléant; en rentrant à l'audience, ce dernier prit la première place et lut le verdict du jury ; la Cour de cassation a admis la présomption légale du remplacement prévu par l'art. 342.

« poursuite ni la punition des délits ; ils ne sont appelés « que pour décider si l'accusé est ou non coupable du « crime qu'on lui impute. »

La lecture de cette affiche et d'ailleurs toutes les formalités prescrites par la loi, relatives aux devoirs des jurés dans leur chambre de délibération, étant secrètes et ne laissant point de traces, leur omission ne saurait fournir un moyen de cassation [33].

§ 2.

Secret de la délibération.

Les jurés ne pourront sortir de leur chambre qu'après avoir formé leur déclaration (art. 343).

Le fait matériel de la sortie d'un juré de la chambre de délibération n'entraîne pas à lui seul la nullité de la procédure : il faut encore que cette sortie ait amené une communication défendue [34].

Ainsi, la sortie d'un juré de sa chambre, dans le but de prendre dans l'auditoire des notes qu'il y a oubliées, n'opère pas nullité, s'il est constant qu'il n'a communiqué avec personne [35].

C'est encore exprimer le même principe que de dire : la sortie interdite n'offre un moyen de cassation que si

---

[33] Cass. fr. 3 juin 1831. [S-V.31.1.468.]—26 avril 1839. [D.P.39.1.383.]—CARNOT, t. 2., p. 628, n° 9 ; CUBAIN, *Cours d'ass.*, n° 621.—En terminant la lecture de ce paragraphe, il sera bon de consulter : Cass. fr. 14 septembre 1848. [S-V.49.1.299.] — Cet arrêt s'occupe du moment où la délibération doit avoir lieu.

[34] Cass. 28 mars 1843. [P.43.1.165.]—Cass. fr. 28 décembre 1832. [S-V.33.1.869.]—26 mars 1840. [Pal.40.2.601.]—Conf. DE FRÉMINVILLE, *Proc. crim.*, n°s 563 et suiv.

[35] Cass. fr. 28 décembre 1832 [S-V.33.1.869.] et note précédente.

elle a permis une communication et non si elle a seulement rendu possible une communication (36).

L'entrée de la chambre ne pourra être permise pendant la délibération, pour quelque cause que ce soit, que par le président et par écrit (art. 343, § 2).

Le président ne peut, à peine de nullité, entrer spontanément dans la chambre de délibération (37); il ne peut s'y rendre que sur l'invitation du jury (38).

La feuille d'audience ne doit pas mentionner cette invitation, qui d'ailleurs ne doit pas être faite par écrit (39).

En d'autres termes, quand le président se rend auprès du jury, il y a présomption qu'il y a été invité (40).

Le président est tenu de donner au chef de la gendarmerie de service l'ordre spécial et par écrit de faire garder les issues de la chambre du jury (art. 343, § 3).

Il suffit à cet égard que le procès-verbal porte la mention de l'ordre donné en conformité de l'art. 343 (41); quand même rien ne justifierait que l'ordre ait été donné par écrit (42).

D'ailleurs il a été jugé que l'omission de la formalité relative à la garde des issues n'est point substantielle (43).

A plus forte raison, l'omission dans l'ordre écrit de la

---

(36) Cass. 15 avril 1844 [P.44.1.177.] et la note 34.

(37) Cass. fr. 3 mars 1826. [S.26.1.359.] — 3 octobre 1846. [S-V.47.1.471.] — De Fréminville, *Proc. crim.*, n° 565 ; Carnot, t. 2, p. 635. — Bourguignon, *Manuel du jury*, p. 493 ; Hélie, *Encycl. du dr.*, t. 7, n° 691.

(38) Cass. fr. 26 mai 1826. [S.27.1.176.]

(39) Cass. fr. 5 mai 1827. [S.27.1.120.]

(40) Cass. fr. 14 septembre 1827. [S.28.1.891.]

(41) Cass. fr. 16 juin 1826. [C.N.8.]

(42) Ni motivé. — Cass. fr. 16 juin 1826. [C.N.8.]

(43) Jurisp. const. — Cass. fr. 6 février 1812. [S.12.1.108.] — 28 décembre 1832. [S-V.33.1.869.] — 26 mars 1840. [Pal.40.2.601.] — De Fréminville, *Proc. crim.*, n° 576.

dénomination du chef de la gendarmerie ne saurait vicier la procédure [44].

La Cour pourra punir le juré contrevenant d'une amende de 500 francs au plus ; tout autre qui aura enfreint l'ordre, ou celui qui ne l'aura pas fait exécuter, pourra être puni d'un emprisonnement de vingt-quatre heures (art. 348, § 4).

§ 3.

Formalités de la délibération et du vote.

On a vu au chapitre II de la 3ᵉ partie les formalités prescrites aux jurés pendant leur séance dans la chambre de délibération.

Ces formalités sont sans doute substantielles, mais, comme elles sont secrètes, la loi laisse à la discrétion du jury le soin de leur accomplissement [45].

Mais l'omission ou la violation des règles prescrites au jury seraient une cause de nullité, si la preuve en était acquise par un acte extérieur, par exemple, par les termes du verdict : ainsi il y aurait ouverture à cassation, si le jury avait divisé une question pour y répondre [46];

S'il avait fait une seule réponse à plusieurs questions [47], s'il avait suppléé aux questions, etc. [48].

---

(44) Cass. 11 juin 1849. [P.49.1.259.]

(45) Ainsi il a été jugé qu'on ne pouvait proposer comme moyen de cassation le peu de durée de la délibération, quand bien même cette circonstance a rendu matériellement impossibles les différents votes exigés par la loi. — Cass. 2 février 1841. [P.49.1.172.]

(46) Cass. fr. 21 septembre 1839. [S-V.39.1.935.] — V., sur ce qui est dit des obligations laissées à la discrétion du jury, Cass. fr. 24 décembre 1835, *Bull.*, nº 470. — Hélie, t. 7, nº 686.

(47) Jurisp. const. — Cass. fr. 31 mai 1838. [S-V.38.1.896.] — 6 février 1840. [S-V.40.1.398.] — 16 avril 1842. [S-V.42.1.372.] — 21 septembre 1839. [S-V.39.1.935.] - Cependant, si le fait constitutif avait été divisé en deux questions, la réponse collective du jury ne serait pas une cause de nullité. — Cass. fr. 13 octobre 1842. [S-V.42.1.935.]

(48) Bourguignon, *Manuel*, nº 508. — Cass. fr. 2 décembre 1825.

§ 4.

De la lecture et de la signature du verdict.

A.

LECTURE DU VERDICT.

Les jurés rentreront ensuite dans l'auditoire, et reprendront leur place.

Le président leur demandera quel est le résultat de leur délibération.

Le chef du jury se lèvera, et la main placée sur son cœur, il dira : *Sur mon honneur et ma conscience, devant Dieu et devant les hommes, la déclaration du jury est, sur la première question, oui... non...* (art. 348).

Dans la pratique, la formule de l'art. 348 est imprimée en tête de la feuille des questions [49]. Si elle n'est pas imprimée, le chef du jury peut l'écrire [50] ou la faire écrire [51].

Cette formule ne doit pas même figurer sur la feuille des questions; il suffit que le procès-verbal mentionne que le chef du jury l'a employée [52].

[S.26.1.295.]—Jugé et avec raison que l'adjonction à la réponse « *Oui* » des mots « *est coupable* » ne vicie point la réponse et ne saurait fournir un moyen de nullité.—Cass. 9 août 1846; [P.47.1.201.]—que l'irrégularité qui n'altérerait ni la substance ni la clarté de la réponse ne serait pas une cause de nullité.—Cass. fr. 10 juillet 1817. [C.N.5.]—22 janvier 1819. [S.19.1.161.]—Mais les jurés doivent en règle générale se borner à répondre aux questions qui leur sont posées.—Cass. fr. 15 janvier 1824. [S.24.1.232.]—8 juillet 1836. [S-V.37.1.128.]—14 mai 1825. [D.P.26.1.144.]—22 janvier 1819. [C.N.6.]—26 octobre 1820. [C.N.6.]—9 mai 1834. [S-V.35.1.838.]—11 juillet 1833. [S-V.33.1.860.]—7 octobre 1831. [S-V.32.1.287.] — V. les espèces de ces arrêts.

(49) Cass. fr. 17 octobre 1832. [S-V.33.1.638.]

(50) Cass. fr. 16 juillet 1812. [S.13.1.422.]

(51) Cass. fr. 5 février 1835. [D-P.35.1.208.]

(52) Cass. fr. 10 juin 1830. [D.P.30.1.317.]

Mais il y aurait nullité, si rien n'indiquait que le chef du jury a prononcé l'invocation de l'art. 348 [53].

Jugé qu'il suffit à cet égard que le procès-verbal porte que les formalités de l'art. 348 ont été accomplies [54].

La lecture du verdict doit avoir lieu, à peine de nullité, en présence des douze jurés de jugement [55].

Il ne faut pas confondre cette lecture par le chef du jury avec celle que fait le greffier, en présence de l'accusé : cette seconde lecture n'exige plus la présence des jurés [56].

Le chef du jury doit, pendant la lecture, mettre la main sur le cœur ; cette formalité n'est point substantielle [57].

B.

SIGNATURE DU VERDICT.

Les réponses du jury doivent être signées par trois personnages, à peine de nullité :

1° Par le chef du jury [58].

Le chef du jury ne doit point signer chacune des réponses, ni chacune des feuilles où elles sont transcrites; il suffit qu'il signe l'ensemble du verdict [59].

---

(53) CARNOT, t. 2, p. 659, LEGRAVEREND, t. 2, p. 240.—Cass. 26 avril 1338. [P.38.1.288.]—18 février 1836. [P.36.1.192.]—Conf. cependant Cass. fr. 24 septembre 1819, et Cass. 29 décembre 1838. [P.38.1.432.]

(54) Cass. fr. 28 avril 1831. [S-V.32.1.197.]—Il semble que l'arrêt n'est point d'accord avec les vrais principes en cette matière.

(55) En effet, la présence des jurés est une consécration du verdict.—Cass. fr. 10 juin 1830. [D.P.30.1.314.]—MERLIN, Rép., v° *Juré*, § 4.—CUBAIN, *Cours d'ass.*, n° 645.— LEGRAVEREND, t. 2, p. 128.

(56) Cass. 21 mars 1812. [P.42.1.190.]—CUBAIN, *Cours d'ass.*, n° 649. —Cette seconde lecture n'a pour but que d'instruire l'accusé.

(57) Cass. fr. 24 novembre 1832. [D.P.33.1.226.]

(58) Cass. fr. 24 décembre 1829. [S.30.1.115] et jurisp. const.

(59) Jurisp. const.—Cass. 21 mars 1812. [P.42.1.190.]—18 février

La signature du chef du jury peut être apposée avant ou après la lecture [60].

Il importe peu, au point de vue de la régularité des opérations, que le chef du jury appose sa signature plutôt au bas d'une colonne que d'une autre [61].

Les réponses du jury doivent, à peine de nullité, être signées en présence de tous les jurés qui y ont concouru [62].

2° Par le président de la Cour d'assises [63].

Le parafe de ce magistrat ne suffirait pas [64].

3° Par le greffier [65].

Toutes surcharges ou ratures dans les réponses doivent être signées, à peine de nullité, comme l'ensemble des réponses elles-mêmes [66].

Il n'est point nécessaire que le verdict du jury soit daté [67].

1836. [P.36.1.193.]—9 août 1841. [P.41.1.291.]—26 avril 1838. [P.38.1.258.]—7 septembre 1838. [P.38.1.377.]—Cass. fr. 22 avril 1839. [D.P. 39.1.383.]

(60) Cass. fr. 11 février 1843. [S-V.44.1.161.]—CARNOT, t. 2, p. 662; LEGRAVEREND, t. 2, p. 241.

(61) Cass. fr. 30 avril 1841. [Pal. 42.1.526.]

(62) Cass. fr. 2 novembre 1811. [S.12.1.95.]

(63) Cass. fr. 10 août 1826. [S.27.1.130.] et jurisp. const.

(64) Cass. fr. 21 août 1826. [S.27.1.130.]

(65) Cass. 23 avril 1835. [S-V.35.1.671.]—29 avril 1831. [S-V.32.1.200.]—Conf. Brux. 22 juillet 1816, rapporté P. à sa date.

(66) Cass. fr. 11 avril 1845. [S-V.45.1.763.]—8 février 1840. [D.P. 40.1.401.]—CUBAIN, *Cours d'ass.*, nos 640, 641.—Cependant V. sur cette matière délicate Cass. fr. 16 janvier 1835. [S-V.35.1.563.] — 3 octobre 1839. [S-V.40.1.90.]—F. HÉLIE, *Encycl. du droit*, t.7, n° 705.—Il est évident que la surcharge qui peut opérer nullité est celle seulement qui rend la réponse ou la demande douteuse.—Cass. 23 décembre 1840. [P.41.1.97.]

(67) Jurisp. const.—Cass. fr. 3 janvier 1833. [D.P.34.1.434.]—4 avril 850. [S-V.50.1.813.]—14 septembre 1848. [S-V.49.1.295.]

CHAPITRE V.

Du verdict.

Ambiguïté. — Contradiction. — Renvoi pour délibérer. — Réponses acquises.

Le verdict peut être vicié, soit dans sa forme, soit dans la réponse elle-même :

1° Dans sa forme :

a. Par des questions mal posées. V. à cet égard le chapitre 1er de la 3e partie ;

b. Par des irrégularités commises pendant la délibération des jurés : telles sont certaines violations de la marche légale imposée au jury. V. ce qui est dit au chapitre II de la 3e partie ;

c. Enfin par des infractions aux dispositions qui règlent la forme, la lecture et la signature de la pièce qui contient les questions répondues. V. chapitre IV, section II, 3e partie ;

2° Par les réponses mêmes qui constituent le verdict, réponses qui, bien que régulières dans leur forme, doivent encore réunir certaines conditions pour pouvoir servir de base à un arrêt de condamnation.

Ce sont ces conditions intrinsèques qui font l'objet du présent chapitre.

§ 1.

Ambiguïté du verdict.

La condition la plus essentielle du verdict, c'est la clarté ; pour qu'il puisse y avoir arrêt de condamnation, il faut qu'il n'y ait aucun doute possible sur la pensée du jury [1].

---

[1] Ce principe ressort de tous les arrêts cités dans ce chapitre. V.

Il est nécessaire que l'on tienne compte, dans l'appréciation du verdict, de son ensemble, en d'autres termes, les réponses du jury doivent s'interpréter les unes par les autres (2).

Si la réponse affirmative du jury laisse planer un doute, il faut dans l'interprétation qu'on le résolve en faveur de l'accusé (3), quand la Cour n'a point jugé nécessaire dans ce cas de renvoyer le jury dans sa chambre de délibération. V. *infrà*, § 3.

D'un autre côté, quand les réponses du jury sont claires et précises, il est interdit à la Cour d'assises, à peine de nullité, de les commenter, d'y ajouter ou d'y retrancher (4).

On conçoit que dans chaque espèce le point de savoir si le verdict est suffisamment clair est une question nouvelle ; pour la résoudre, un jugement sain sera plus précieux que des autorités.

§ 2.

Contradictions dans les réponses du jury.

Les réponses contradictoires sont nulles, elles ne peuvent servir de base à un arrêt de condamnation; elles entraînent

---

—Spécialement Cass. 11 novembre 1819. [P. à sa date.]—5 juillet 1831. [P.31. 1.189.]

(2) Cass. 2 février 1841. [P.41.1.143.]—21 mars 1842. [P.42.1.189.] —27 février 1843. [P.43.1.121.]—20 fevrier 1843. [P.43.1.112.]—27 décembre 1852. [P.53.1.84.] Cass. fr. 7 février 1833. [S-V.34.1.122.] —Conf. 16 juillet 1830, D.R. v° *Inst. crim.*, n° 3244, 2°.

(3) Cass. 14 juillet 1840. [P.40.1.437.]—Cass. fr. 27 frim. an 6, D. R. v° *Inst. crim.*, n° 3251, 2°.

(4) Cass. fr. 17 avril 1824. [S.24.1.333.]—29 septembre 1826. [S. 27.1.322.]—Cass. 17 février 1833. [S-V.34.1.122.]—Cass. 27 fevrier 1843. [P.43.1.121.]—Cass. fr. 26 février 1841, *Bull.*, n° 51.—4 janvier 1822. [S.22.1.191.]— De Fréminville, *Proc. crim.*, n° 593.

la nullité des autres réponses dont elles dépendent, ou avec lesquelles elles se lient [5].

Deux réponses sont contradictoires quand elles ne peuvent subsister toutes deux, lorsque l'une est exclusive de l'autre [6].

Mais il est évident que, si quelques-unes des réponses sont contradictoires entre elles, il n'y aura pas nullité de l'arrêt, quand une autre réponse régulièrement résolue suffit pour motiver la condamnation [7].

La contradiction, pour opérer nullité, doit résulter des réponses elles-mêmes; on ne pourrait, pour démontrer une prétendue contradiction, recourir à une discussion portant sur d'autres pièces du procès [8].

Le point de savoir s'il y a contradiction dans les réponses du jury est dans chaque espèce une question de jugement et de bon sens [9]. Il suffira de citer les exemples les plus saillants des demandes en cassation tirées de la contradiction des réponses du jury.

La contradiction la plus fréquente est celle qui résulte de ce que les réponses sont telles qu'un même juré a dû répondre à la fois *oui* et *non* sur un même fait [10].

Ainsi, il y aura nullité du verdict, si la matérialité du fait a été reconnue constante par sept voix contre cinq, et

---

(5) Cass. 14 janvier 1850. [P. 50.1.197.] et jurisp. const.—V. notes suivantes.

(6) Cass. fr. 12 septembre 1807. [S.8.1.260.]

(7) Cass. fr. 3 décembre 1836. [S-V.38.1.82.]

(8) Cass. 28 février 1826. [P. à sa date] ; et des réponses d'un même jury : Cass. fr. 18 juin 1830. [S.30.1.375.]

(9) Cass. 27 août 1836. [P.36.1.310.]—24 février 1841. [P.41.1.80.] —27 juillet 1841. [P.41.1.238.]—Cass. fr. 24 avril 1812. [S.12.1. 399.]

(10) Cass. fr. 3 mars 1826. [S.26.1.359.]—Cass. 26 mai 1846. [P.46. 1.375.] et jurisp. const.

que son imputabilité a été affirmativement résolue par huit voix au plus [11].

Il est évident, au contraire, que le verdict est régulier si la matérialité du crime a été proclamée à la grande majorité, tandis que l'imputabilité ne l'a été que par sept voix contre cinq [12].

Il y a contradiction et nullité, si de deux accusés d'un même crime, l'un est déclaré simplement coupable, tandis que l'autre est déclaré coupable avec circonstances aggravantes, si ces circonstances aggravantes sont tirées du crime lui-même [13].

Tandis qu'il en est autrement, si les circonstances aggravantes sont tirées de la personnalité des accusés [14].

Ce principe, relatif aux circonstances aggravantes, qui paraît vrai jusqu'à l'évidence, n'a pas toujours été respecté : ainsi il a été jugé que deux accusés pouvaient, sans contradiction, être déclarés coupables l'un comme auteur d'un vol dans une maison habitée, l'autre comme complice de ce vol, mais sans la circonstance aggravante de la maison habitée [15]; jugé qu'il y a nullité et contradiction, si deux accusés sont déclarés coupables, l'un comme auteur d'un vol avec la circonstance aggravante de la domesticité, l'autre comme complice par recel sans cette même circonstance aggravante [16].

La Cour de cassation de France juge constamment qu'il y a contradiction entre la réponse négative sur la prémé-

---

(11) Cass. 4 avril 1835. [P. 35.1.162,]—26 mai 1846. [P.46.1.375.]
(12) Cass. 27 août 1836. [P.36.1.310,]
(13) Cass. fr. 8 janvier 1848. [S-V.48.1.526.]
(14) Cass. fr. 27 août 1831. [S-V.32.1.131.]
(15) Cass. fr. 18 janvier 1828. [S.28.1.271.]—1er juillet 1830. [S.30.1.408.]
(16) Cass. fr. 16 juillet 1839. [S-V.40.1.96.] — 12 juillet 1839. [S-V.40.1.152.]

ditation, et affirmative sur le guet-apens [17]. Il en est autrement en Belgique [18].

Il est des crimes qui supposent toujours la préméditation : ainsi il y aurait nullité, si le jury répondait affirmativement sur l'empoisonnement et négativement sur la préméditation [19].

Il y a contradiction, si un accusé est à la fois déclaré coupable comme auteur et comme complice du même crime [20] : telle est la jurisprudence française ; cependant il a été jugé en Belgique que, dans l'accusation d'un vol commis à plusieurs, il n'y a pas contradiction, si un même accusé est à la fois déclaré auteur et complice de ce vol [21].

Il peut ne pas y avoir contradiction dans l'acquittement de l'auteur d'un crime et dans la condamnation du complice [22] ; en effet, la condition intentionnelle peut manquer à l'auteur et exister chez le complice.

Mais il en est autrement quand le crime est intimement lié dans son existence à la personnalité de l'auteur : ainsi il y aurait contradiction dans l'acquittement de l'auteur du crime de banqueroute frauduleuse et dans la condamnation du complice [23].

Mais il n'y a pas contradiction, si l'auteur est déclaré

---

(17) Cass. fr. 4 juin 1812. [S.13.1.50.] — 22 novembre 1838. [S-V. 40.1.255.]—26 mai 1838. [S-V.38.1.562.]

(18) Cass. 21 mars 1842. [P.42.1.190.]

(19) Cass. fr. 26 vendémiaire an XII. [S.6.2.513.] — Dans une pareille espèce, il est évident que la question de préméditation est surabondante.

(20) Cass. fr. 29 juin 1848. [S-V.48.1.736.] — 16 mai 1850. [S-V.50. 1.801.]—27 août 1831. [S-V.32.1.131.]

(21) Cass. 14 mai 1849. [P.49.1.468.]

(22) Cass. 26 avril 1841. [P.41.1.331.]—21 avril 1829. [P. à sa date.] —Cass. fr. 24 avril 1812. [S.12.1.399.]

(23) Cass. fr. 17 mars 1831. [S-V.31.1.257.] — 22 janvier 1830. [S-V.31.1.333.]—18 mars 1826. [S.26.1.20.]

coupable à la majorité de sept voix contre cinq, et le complice à la grande majorité [24].

Il n'y a point contradiction dans l'acquittement de l'un des coaccusés d'un vol commis à deux et dans la condamnation de l'autre [25] : en effet, la matérialité du crime peut exister chez le premier indépendamment de son imputabilité ; l'intention criminelle peut faire défaut.

Dans une accusation de complot concerté entre tous les accusés, il n'y a pas contradiction dans l'acquittement de quelques-uns d'entre eux et la condamnation des autres [26].

La meilleure étude à laquelle on puisse se livrer sur cette matière consiste dans la lecture des arrêts cités tant dans ce § que dans le § suivant.

§ 3.

Renvoi pour délibérer et réponses acquises.

Lorsque les jurés sont rentrés dans la salle d'audience, ils ne peuvent rien changer à leur verdict [27].

Un changement, une addition, même du consentement de tous les jurés, entraînerait nullité [28].

Si donc la déclaration du jury est vicieuse ou contraire à la loi, la Cour, qui ne peut prendre pour base de son arrêt un pareil verdict, devrait en rigueur de principe renvoyer l'affaire à une autre session *ou série ;* cependant la jurisprudence a étendu à cet égard les pouvoirs de la

---

(24) Cass. fr. 20 septembre 1827. [S.28.1.109.]

(25) Cass. fr. 15 juillet 1813. [S.17.2.316.]

(26) Cass. fr. 9 octobre 1851. [S-V.51.1.707.] — Conf. 7 avril 1853, *Bull.*, n° 127.

(27) Cass. fr. 11 octobre 1827. [S.28.1.114.]

(28) Cass. fr. 29 janvier 1829. [S.29.1.212.]—27 juin 1839. [S-V.40.1.656.]

Cour en lui reconnaissant le droit de renvoyer le jury dans la chambre de ses délibérations pour compléter ou rectifier ses réponses [29].

Pour que la Cour puisse user de cette faculté, il faut que le vice du verdict soit évident : ainsi, il y aurait nullité, si la Cour, sous prétexte d'équivoque, renvoyait le jury pour rectifier des réponses cependant régulières [30].

Dans ce même ordre d'idées, il faut, à peine de nullité, que le premier verdict irrégulier, qui a donné lieu au renvoi pour délibérer, soit conservé au dossier : il appartient en effet à la Cour de cassation de juger si ce verdict était réellement irrégulier [31].

La Cour d'assises peut seule décider du renvoi du jury [32] ; elle doit le faire par arrêt motivé [33].

Cependant jugé que, si le président a ordonné le renvoi sans aucune opposition, il n'y a point nullité de la procédure [34].

Quand le jury a été renvoyé pour insuffisance du verdict, il y a chose jugée sur cette insuffisance, de telle sorte qu'il y aurait nullité, si, après la seconde délibération, la Cour

---

(29) Cass. fr. 9 mai 1811. [S.11.1.197.] — 13 juin 1816. D.R., v° *Inst. crim.*, n° 3243. — 4 avril 1822. [S.22.1.260.] — 28 janvier 1830. [S. 30.1.142.] — 29 août 1839, *Bull.*, n° 289. — CARNOT, sur l'art 350, n°s 1, 3, 4; BOURGUIGNON, sur l'art. 350, n°s 3, 4, 5; LEGRAVEREND, t. 2, p. 235; DALLOZ, *Rép.*, v° *Inst. crim.*, n° 3241 ; CUBAIN, *Cours d'ass.*, n°s 655 et suiv.

(30) Cass. fr. 18 novembre 1819. [S.20.1.148.] — 11 avril 1844. [S-V. 44.1.735.] — CARNOT, sur l'art. 349, n° 4.

(31) Cass. fr. 18 novembre 1819. [S.20.1.148.] — 19 novembre 1836. [S-V.36.1.310.]

(32) Cass. fr. 28 janvier 1830. [S.30.1.142.] — 13 juillet 1838. [S-V. 38.1.74.] — 2 février 1843. [S-V.43.1.644.] — 13 janvier 1844. [S-V.44. 1.155.] — CUBAIN, *Cours d'ass.*, n° 655.

(33) Cass. fr. 11 avril 1844. [S-V.44.1.735.]

(34) Cass. fr. 20 juillet 1832. [D.P.33.1.36.]

faisait revivre le premier verdict et en faisait la base de son arrêt [35].

La Cour peut renvoyer plusieurs fois [36].

Quand le jury est renvoyé dans sa chambre de délibération pour régulariser une réponse, il y aurait nullité, s'il changeait les réponses régulières [37].

En d'autres termes, les réponses régulières du jury sont acquises à l'accusé, et il y aurait nullité, si la Cour renvoyait le jury pour délibérer sur ces mêmes questions [38]; quelle que soit la réponse du jury, quelque absurde qu'elle puisse être, dès qu'elle est claire et précise, elle échappe à toute censure, elle est acquise aux débats [39].

Mais il faut distinguer si les réponses sont assez intimement liées entre elles pour ne pouvoir subsister les unes sans les autres ; il est évident que le renvoi pour délibérer sur l'une d'entre elles entraîne la délibération sur les autres ; ce sont là des questions d'espèces [40].

Ainsi, il y a indivisibilité entre la question sur la culpabilité et sur le discernement ; l'irrégularité de l'une des deux empêche que l'autre soit regardée comme définitive [41].

Il en est de même des questions qui portent sur le fait

---

(35) Cass. fr. 9 octobre 1823. [S.24.1.150.]

(36) CUBAIN, *Cours d'ass.*, n° 660.

(37) DE FRÉMINVILLE, *Proc. crim.*, n° 590.

(38) Cass. fr. 22 juillet 1836. [S-V.37.1.255.] — CUBAIN, *loc. cit.*, n° 653.

(39) Cass. fr. 16 juin 1824. D.R., v° *Inst. crim.*, n° 3244, 2°. — 15 septembre 1825. D.R., v° *Inst. crim.*, n° 3244, 3°.

(40) Cass. fr. 9 février 1827. [S.28.1.372.] — 14 février 1835. [S-V. 35.1.289.] — 8 janvier 1836. [S-V.37.1.142.] — 8 juillet 1836. [D.P.37. 1.535.] — 23 juillet 1840. [S-V.40.1.700.] — 30 mars 1843. [S-V.43.1. 383].

(41) Cass. fr. 28 avril 1836. D. R., v° *Inst. crim.*, n° 2447, 2°.

principal et sur l'excuse (42); des questions qui portent sur le fait principal et sur les circonstances aggravantes (43).

Mais dès que les questions sont indépendantes les unes des autres, comme, par exemple, celles qui portent sur différents chefs d'accusation, l'irrégularité d'une réponse ne saurait changer le caractère définitif des autres (44).

Les principes sont les mêmes en cas de renvoi pour délibérer qu'en cas de renvoi par la Cour de cassation après l'annulation de l'arrêt. Ainsi, quand le verdict est annulé pour contradiction ou autrement, les réponses régulières et négatives, favorables à l'accusé, sont définitives (45) et ne peuvent être représentées au nouveau jury, à peine de nullité (46), en tant qu'elles purgent l'accusation (47).

On a jugé que la lecture des réponses, faite à l'accusé par le greffier, leur donnait un caractère tellement définitif, que, si l'on s'apercevait alors d'une irrégularité, il n'y aurait plus de renvoi possible dans la chambre des délibérations (48) : cette jurisprudence ne paraît point justifiée.

---

(42) Cass. fr. 28 janvier 1836. D.R., v° *Inst. crim.*, n° 3157, 1°.

(43) Cass. fr. 15 janvier 1837. [illegible]-V.38.1.252.]

(44) Cass. fr. 10 août 1837. D[illegible], v° *Inst. crim.*, 3240, 1°. — 28 avril 1837, *eod. loc.*

(45) Cass. 21 janvier 1846. [P.4[illegible]1.91.] — 12 septembre 1833. [P.33.1.151.]—11 juillet 1851. [P.51.1.31[illegible] — 4 avril 1835. [P.35.1.62.] — Cass. fr. 15 janvier 1824. [S.24.1.23[illegible] — 10 octobre 1832. [S-V.33.4.296.]—15 avril 1824. [S.24.1.325.]

(46) Cass. 12 août 1836. [P.36.1.300

(47) Cass. 1er juin 1838. [P.38.1.317. [illegible]-Cass. fr. 7 novembre 1850. [S-V.51.1.463.]—4 janvier 1844. [S-V.4[illegible]1.112.]—Conf. De Fréminville, *Proc. crim.*, nos 577-591.

(48) Cass. fr. 14 octobre 1825. [S.27.1.4[illegible] —De Fréminville, *Proc. crim.*, n° 581.—*Contrà*, Cubain, *Cours d'a*[illegible], n° 652. — Cass. fr. 11 mars 1841.

CHAPITRE VI.

Délibération de la Cour d'assises.

Ce chapitre est spécial à la jurisprudence belge ; en France, la Cour d'assises ne délibère pas sur le point de fait, quand le jury le résout affirmativement à la simple majorité [1].

La loi belge du 15 mai 1849, art. 2, porte : « Si l'ac- « cusé n'est déclaré coupable du fait principal qu'à la « simple majorité, les juges délibéreront entre eux sur le

---

(1) MM. Dalloz, *Rép.*, v° *Inst. crim.*, n° 3168, résument ainsi les variations de la législation française à cet égard :

« Dans le système des modifications introduites par la loi du 9 septembre 1835, la majorité simple contre l'accusé remplaçait la majorité de plus de sept voix exigée par la législation de 1831. Afin de compenser ce que ce changement avait de défavorable aux accusés, la Cour d'assises était autorisée, quand l'accusé avait été déclaré coupable du fait principal à la majorité simple, à ordonner le sursis et le renvoi de l'affaire à la session suivante, si elle pensait que les jurés, en observant les formes, s'étaient trompés au fond. Afin d'assurer le bénéfice de cette disposition, il était enjoint aux jurés de mentionner si leur déclaration de culpabilité sur le fait principal avait été prise à la majorité simple, et les présidents d'assises devaient, avant la délibération, les avertir de cette obligation. La mention, dans ce cas, de la majorité simple, c'est-à-dire de sept contre cinq, était une exception à la défense de faire connaître le chiffre de la majorité. — Ce système s'est trouvé abrogé par les décrets de 1848, qui n'ont plus admis que la déclaration de culpabilité se formât jamais contre l'accusé à la majorité simple.

« Le retour à cette majorité ordonnée par la loi du 9 juin 1853 n'a pas ramené l'exception établie par la loi de 1835 ; la loi nouvelle a permis aux Cours d'assises de renvoyer à la session suivante, dans tous les cas où l'accusé est reconnu coupable, sans distinction de la culpabilité sur le fait principal, de celle sur les circonstances, lorsqu'ils pensent que les jurés se sont trompés au fond, tout en observant les formes ; il s'ensuit qu'il n'y a plus aucune raison pour faire savoir que l'accusé a été reconnu coupable à la majorité simple sur le fait principal : dès lors, la prohibition d'indiquer le chiffre de la majorité reprend son empire absolu comme elle l'avait depuis la loi de 1831 jusqu'à celle de 1835. »

« même point. L'acquittement sera prononcé, si la majo-
« rité de la Cour ne se réunit à l'avis du jury. »

Et l'on a vu au chapitre II de la troisième partie que, si le jury n'a en général qu'à répondre par *oui* ou par *non* (2), sans indication de majorité (3), il en est autrement, si la question sur le fait principal est résolue à la majorité de sept voix contre cinq; le jury doit alors en faire mention en marge de la question (art. 22, loi du 15 mai 1849).

La loi n'impose aucune formule sacramentelle pour désigner la simple majorité (4).

Toutefois, il est plus régulier d'inscrire en marge de la question le nombre des voix en toutes lettres (5).

Le jury ne doit faire mention de la simple majorité que relativement aux questions qui portent sur le fait principal; la jurisprudence paraît constante, en Belgique, pour décider que l'irrégularité de la mention du nombre des voix, sur une circonstance aggravante, n'emporte point nullité de la procédure (6), même si la Cour, qui ne peut connaître que du fait principal, a commis l'irrégularité de délibérer sur cette circonstance aggravante (7).

Cependant il a été jugé qu'il y avait nullité dans l'indication des voix sur une circonstance aggravante (8) ou sur

(2) Cass. 3 décembre 1845. [P.46.1.83.]

(3) Cass. 23 décembre 1844. [P.45.1.433.]

(4) Cass. fr. 5 septembre 1833. [S-V.35.1.228.]—Conf. DALLOZ, *Rép.*, v° *Inst. crim.*, n° 3175.

(5) Cass. fr. 14 mai 1840. [S-V.41.1.272.]—Conf. 5 septembre 1833. [S-V.35.1.228.]

(6) Cass. 26 avril 1847. [P.48.1.420.]—11 janvier 1847. [P.47.1.196.] —3 août 1846. [P.10.1.388.]—21 mars 1842. [P.42.1.188.]—13 juillet 1841. [P.41.1.233.]—Cass. fr. 17 septembre 1847. [D.P.47.4.120.] — BOURGUIGNON, sur l'art. 351, n° 5.

(7) Cass. 20 janvier 1845. [P.45.1.230.]—Cass. fr. 10 octobre 1817. D., R., v° *Inst crim.*, n° 3177, 5°.

(8) Cass. fr. 28 janvier 1836. D.R., v° *Inst. crim.*, n° 3181.—16 janvier 1840, *eod. loc.*, n° 3180.

l'indication des voix, quand il n'y a pas majorité simple (9).

Lorsque le fait principal fait l'objet de plusieurs questions et que l'une d'entre elles est résolue à la simple majorité, la Cour d'assises doit, à peine de nullité, délibérer sur toutes ces questions (10).

Cependant il a été jugé que, si le fait principal est divisé en deux questions, l'une sur la matérialité, l'autre sur l'imputabilité, et que cette dernière ait été résolue à la simple majorité, il suffit que la Cour ait délibéré sur cette seule question (11); cette jurisprudence n'est point conforme à l'esprit de la loi.

La délibération de la Cour doit être prouvée par un acte authentique; il y aurait nullité, si cette délibération nécessaire n'était légalement prouvée par les pièces du dossier; aucune autre preuve ne pourrait être admise devant la Cour de cassation (12).

L'arrêt de la Cour d'assises qui porte : « *la Cour se joint.....* » emporte suffisamment l'idée que la majorité de la Cour s'est jointe à la majorité ou à la minorité du jury (13).

Il n'y a pas irrégularité quand le jury, après avoir répondu affirmativement à la simple majorité sur la ques-

---

(9) Cass. fr. 30 juin 1831. [S-V.31.1.336.]—18 février 1834. [S-V. 34.1.558.]—26 janvier 1835. [D.P.38.1.442.] — 13 janvier 1832. [S-V. 32.1.336.]

(10) Cass. 13 décembre 1850. [P.52.1.225.] — 7 mai 1850. [P.50.1. 399.]—Cass. fr. 19 mars 1812. D.R., vo *Inst. crim.*, no 3178, 1o.— 16 mai 1828. D.R., vo *Inst. crim.*, no 3178, 3o. — MERLIN, *Rép.*, vo *Jury*, § 94.

(11) Cass. 6 octobre 1849, *Belgique judiciaire*, t. IX, p. 43, qui porte : « Attendu qu'en se prononçant affirmativement sur l'imputabilité du crime, la Cour d'assises a aussi nécessairement reconnu l'existence matérielle du fait déjà constaté par le jury, » et Cass. 16 octobre 1855, *Belgique judiciaire*, t. XIV, p. 164, qui reproduit le même *considérant*.

(12) Cass. fr. 21 août 1817. [C.N.5.1.368.]

(13) Cass. 2 juin 1846. [P.46.1.380.]

tion d'auteur, attend la délibération de la Cour avant de se prononcer sur la question de complicité [14].

Les questions résolues par le jury, à la simple majorité, ne sont point définitivement résolues, de sorte que l'accusé ne doit point en avoir connaissance avant la délibération de la Cour [15].

CHAPITRE VII.

Renvoi à une autre session ou série.

Si, hors le cas [où le jury a répondu affirmativement par sept voix contre cinq], les juges sont *unanimement* [1] convaincus que les jurés, tout en observant les formes, se sont trompés au fond, la Cour déclarera qu'il est sursis au jugement et renverra l'affaire à la session suivante, pour être remise à un nouveau jury, dont ne pourra faire partie aucun des premiers jurés.

Nul n'aura le droit de provoquer cette mesure, la Cour ne pourra l'ordonner que d'office et immédiatement après que la déclaration du jury aura été prononcée publiquement, et dans le cas où l'accusé aura été convaincu, jamais lorsqu'il n'aura pas été déclaré coupable.

La Cour sera tenue de prononcer immédiatement après la déclaration du second jury, même quand elle serait conforme à la première (art. 352) [2].

---

(14) Cass. 2 mai 1835. [P.35.1.80.]

(15) Cass. 2 juin 1846. [P.46.1.388.]

(1) En France, le mot « *unanimement* » a été supprimé par la loi du 9 juin 1853.—Cette extension donnée au pouvoir de renvoi paraît être une compensation à l'abrogation de l'art. 351. V. III° partie, chap. VI, note 1.

(2) On ne trouvera dans les notes suivantes que des arrêts de la Cour de cassation de France; la Cour de Belgique n'a pas eu à s'occuper de la portée de l'art. 352 dont l'application a été extrêmement rare. Il n'existe

La Cour peut se retirer dans la chambre du conseil pour délibérer sur le point de savoir s'il y a lieu de faire usage du droit que lui confère l'art. 352 (3).

La Cour peut, sans excéder les bornes de ses pouvoirs, donner dans son arrêt de renvoi les motifs qui ont entraîné sa conviction sur l'erreur du jury (4).

Il importe peu que l'erreur du jury porte sur le fait principal ou sur les circonstances aggravantes : dans tous les cas, la Cour peut faire application de l'art. 352 (5).

S'il y a plusieurs condamnés, la Cour peut surseoir au profit de quelques-uns seulement, et prononcer à l'égard des autres (6).

Ceux des coaccusés qui ont été déclarés non coupables doivent être immédiatement acquittés, alors même que la Cour prononcerait le renvoi à la session prochaine pour les condamnés (7).

Le renvoi à la session suivante ne peut avoir lieu qu'à raison des réponses défavorables à l'accusé : les réponses favorables lui sont définitivement acquises, de

---

en effet que deux arrêts des Cours d'assises belges relatifs à la matière: l'un de la Cour du Luxembourg, l'autre de la Cour du Hainaut du 24 octobre 1857, *Belgique judiciaire*, t. XV (1857), page 1488.

(3) LEGRAVEREND, t. 2, p. 253, enseigne que le renvoi doit être un acte spontané de la Cour, immédiat, sans réflexion, mais la doctrine et la jurisprudence sont contraires à ce système : CARNOT, sur l'art. 352, n° 4; LE SELLYER, t. 4, n° 1392; DE FRÉMINVILLE, *Proc. crim.*, n° 602. — Conf., note 12.

(4) Cass. fr. 21 avril 1814. [C.N.4.] En pratique la Cour se borne à donner, comme motif de son arrêt de renvoi, le texte du § 1 de l'art. 352.

(5) Cass. fr. 3 mars 1848. [S-V.49.1.219.]

(6) Cass. fr. 18 avril 1845. [S-V.45.1.686.] — DE FRÉMINVILLE, *Proc. crim.*, n° 374.

(7) Cass. fr. 2 juillet 1812. [S.13.1.84.] — MERLIN, *Rép.*, v° *Révision de procès*, § 3, art. 2; CARNOT, sur l'art. 352.

telle sorte qu'il y aurait nullité, si elles étaient remises en question devant le second jury [8].

Il en serait autrement cependant, si les questions étaient tellement liées qu'il y eût entre elles une sorte d'indivisibilité : ainsi un accusé condamné par le premier jury comme *auteur* et acquitté comme *complice* peut être condamné pour complicité par le second jury [9].

Il y a cependant, à l'égard de l'accusé, une nuance plus favorable en cette matière pour les réponses acquises que dans les règles qui ont été exposées au § 3 du chapitre V de cette partie [10].

L'arrêt de la Cour qui ordonne le renvoi à une prochaine session est un arrêt préparatoire qui, comme tel, ne peut être l'objet d'un pourvoi avant l'arrêt définitif [11].

La loi porte : « La Cour ne peut l'ordonner que... *immédiatement* après... la déclaration du jury. » Cependant il est admis par la jurisprudence et la doctrine que le renvoi peut être prononcé après les plaidoiries sur l'application de la peine [12].

---

[8] CARNOT, sur l'art. 352, n° 10 ; BOURGUIGNON, *Jurisp. des Codes crim.*, sur l'art. 352, n° 1 ; LEGRAVEREND, t. 2, p. 254 ; MERLIN, *Rép.*, v° *Révision*, § 3, art. 2, n° 6 ; LE SELLYER, t. 4, n° 1399.—Cass. fr. 13 mars 1812. [S.12.1.376.]—8 janvier 1813. [C.N.4.]—23 juin 1814. [S. 14.1.257.]— Spécialement 29 novembre 1811. [S.20.1.77.]

(9) Cass. fr. 10 juillet 1845. [S-V.45.1.841.]—3 février 1848. [*Pal.* 49.1.468.]

(10) DE FRÉMINVILLE, *Proc. crim.*, n° 603.

(11) Cass. fr. 29 novembre 1811. [S.20.1.477.]

(12) M. PERRÈVE, *Manuel des Cours d'assises*, sur l'art. 352, n° 1, s'exprime ainsi : « La condition essentielle du droit exceptionnel attribué aux Cours d'assises par l'art. 352, *Code inst. crim.*, est que leur décision soit prise d'office et sans provocation.

« Le mot *immédiatement* employé par cet article n'a d'autre objet que de garantir l'accomplissement de cette condition. Une décision portant renvoi n'en est pas moins le résultat de la libre inspiration de la conscience

CHAPITRE VIII.

Des effets du verdict.

Acquittement. — Absolution. — Condamnation. — Cumul des peines.

§ 1.

Acquittement et mise en liberté.

Lorsque l'accusé aura été déclaré non coupable, le président prononcera qu'il est acquitté de l'accusation et ordonnera qu'il soit mis en liberté, s'il n'est retenu pour d'autres causes (art. 358, § 1).

Le président ne peut prononcer l'acquittement que si l'accusé a été déclaré non coupable sur tous les chefs de l'accusation [1].

Mais il suffit que les réponses du jury soient négatives sur les faits repris dans les questions; peu importerait que le jury ait illégalement déclaré l'accusé coupable d'un fait autre que celui qui fait l'objet du procès [2].

C'est le président seul qui prononce l'ordonnance d'ac-

---

des juges, pour n'être intervenue qu'après la lecture de la déclaration du jury à l'accusé, les réquisitions du ministère public tendantes à l'application de la peine et les observations présentées à ce sujet par l'accusé ou son défenseur. »

Cette interprétation de l'article est encore fortifiée par les expressions du 1er paragraphe : *La Cour déclarera qu'il est sursis au jugement.* Expressions desquelles il résulte que, jusqu'au moment de prononcer le jugement, la Cour d'assises peut légalement user de son droit d'annulation. Cass. fr. 16 août 1839, *Bull.*, n° 261. — 27 février 1812. [S.17.1.317.] — DE FRÉMINVILLE, *Proc. crim.*, n° 601; CARNOT, t. 2, p. 681; MERLIN, *Rép.*, v° *Juré*, § 4, n° 22. — Cours d'ass. du Hainaut, 24 octobre 1857, *Belg. jud.*, t. 15, p. 1388.

(1) Cass. 4 juillet 1853. [P.53.1.381.]

(2) Cass. fr. 21 septembre 1839. [S-V.39.1.935.] — 9 février 1839, D. R., v° *Inst. crim.*, n° 3729.

quittement, il ne doit, ni consulter ses assesseurs, ni entendre l'avis du ministère public [3].

L'acquittement est irrévocable au profit de l'accusé; on ne pourrait plus le poursuivre pour les mêmes faits en changeant leur qualification légale [4].

Quelque irrégulières que soient les réponses négatives et favorables à l'accusé, le président doit prononcer l'acquittement [5].

L'ordonnance d'acquittement basée sur des réponses qui ne purgent pas l'accusation, par exemple, sur des réponses contradictoires, est nulle, mais elle ne peut être annulée que dans l'intérêt de la loi [6].

Il en serait de même de l'ordonnance d'acquittement basée sur des réponses qui déclarent l'accusé coupable [7].

S'il s'élève un débat sur la question de savoir si les réponses du jury doivent ou non amener l'acquittement, c'est à la Cour et non plus au président à décider s'il y a lieu à acquittement ou à condamnation [8].

La mise en liberté de l'accusé acquitté doit être immédiate, sauf les trois cas suivants :

1° S'il est détenu pour une cause autre que celle qui a fait l'objet de l'accusation (art. 358, § 1);

---

(3) Cass. fr. 2 juin 1831. [S-V.31.1.810.]—Cass. 4 juillet 1853. [P. 53.1.381.]—CARNOT sur l'art. 358; BOURGUIGNON, *Jurisp. des Codes crim.*, t. 2, p. 160.

(4) Cass. 23 décembre 1831 (Cour de Bruxelles).

(5) Ce principe ressort de l'art. 409; Cass. fr. 9 février 1839. [S-V. 40.1.480.]—DE FRÉMINVILLE, *Proc. crim.*, n° 609.

(6) Cass. fr. 4 messidor an XIII, 30 juin 1809, rapp. D.R., v° *Inst. crim.*, n° 3728, 2° et 3°.—2 juillet 1813. [S.20.1.480.]—BOURGUIGNON, *Jurisp. des Codes crim.*, sur l'art. 409; CARNOT, sur l'art. 358.

(7) Cass. fr. 15 février 1831, D.R., v° *Inst. crim.*, n° 3731.

(8) Cass. fr. 23 mai 1826. [S.27.1.163.]

2° Lorsque l'accusé, dans le cours des débats, aura été inculpé sur un autre fait, soit par des pièces, soit par des dépositions de témoins, et que le président ordonnera qu'il soit poursuivi à raison du nouveau fait et le renverra devant le juge d'instruction, le tout dans le cas seulement où le ministère public aura, avant la clôture des débats, fait ses réserves aux fins de poursuites (art. 361) ;

3° Lorsqu'il s'agit d'un accusé de moins de 16 ans, acquitté comme ayant agi sans discernement, mais condamné par la Cour à être placé dans une maison de correction (art. 66 du Code pénal).

§ 2.

Absolution.

La Cour prononcera l'absolution de l'accusé, si le fait dont il est déclaré coupable n'est pas défendu par une loi pénale (art. 364).

Dans ce cas, la mise en liberté de l'accusé ne peut plus être immédiate qu'avec le consentement du ministère public, puisque l'art. 373 porte : « Pendant les trois jours (pour se pourvoir), et s'il y a recours en cassation, jusqu'à la réception de l'arrêt de la Cour de cassation, il sera sursis à l'exécution de l'arrêt de la Cour [9]. »

C'est à la Cour d'assises et non au président qu'appartient le droit de décider si l'accusé, déclaré coupable par le jury, doit être condamné ou absous [10].

---

(9) MORIN, *Dict. de droit crim.*, p. 32; DE FRÉMINVILLE, *Proc. crim.*, n° 609.

(10) Jurisp. const., Cass. fr. 2 juin 1831. [S-V.31.1.346.]—25 février 1830. [S.30.1.260.]—24 mai 1821. [S.21.1.251.]—14 novembre 1811. [S.12.1.151.]—DE FRÉMINVILLE, *Proc. crim.*, n° 609; CUBAIN, *Cours d'ass.*, n° 676.

Suivant les termes de la loi, l'absolution ne devrait être prononcée par la Cour d'assises que lorsque le fait n'est défendu par aucune loi pénale ; la jurisprudence a étendu l'action de la Cour en cette matière : ainsi, jugé qu'il y a lieu à absolution et non à acquittement, quand l'accusé, déclaré coupable, est reconnu avoir agi sans connaissance (11) ou sans intention criminelle (12), s'il ne reste de prononcé contre l'accusé qu'un fait couvert par la prescription (13).

Ces décisions sont évidemment opposées aux principes généraux (14).

§ 3.

Condamnation.

Le président demandera à l'accusé s'il n'a rien à dire sur l'application de la peine (art. 363) ; cet avertissement ne constitue pas une formalité substantielle dont l'omission puisse entraîner nullité de la procédure (15).

Si le fait déclaré constant par le jury est défendu par la loi, la Cour prononcera la peine établie par la loi dans le cas même où, d'après les débats, il se trouverait n'être plus de la compétence de la Cour d'assises (art. 365) (16).

---

(11) Cass. fr. 4 mai 1827. [S.27.1.542.]—12 novembre 1807, D.R., *Inst. crim.*, n° 3728.

(12) Cass. fr. 2 juillet 1813, D.R., v° *Inst. crim.*, n° 3728, 4°.—9 octobre 1823. [S.24.1.150.]—29 août 1820. [S.20.1.418.]

(13) Cass. fr. 22 avril 1830. [S.30.1.303.]—2 juin 1831. [S-V.31.1.316.] et la Cour doit d'office relever le moyen tiré de la prescription. Cass. fr. 11 juin 1829. [S.29.1.359.]—1er février 1833. [S-V.33.1.809.]—MANGIN, t. 2, n° 287.

(14) Conf. CUBAIN, *Cours d'ass.*, n° 676; DE FRÉMINVILLE, *Proc. crim.*, n° 611.

(15) Cass. fr. 22 mars 1839. [D.P.39.1.397.]

(16) En d'autres termes, elle a ce qu'on est convenu d'appeler plénitude

La Cour n'est pas liée par les réquisitions du ministère public, elle n'a comme guide, dans l'application de la peine, que la loi même : ainsi pourrait-elle condamner, bien que la partie publique ait conclu à l'acquittement ou à l'absolution [17].

Quand la loi indique un *maximum* et un *minimum*, la Cour peut graduer la peine, mais elle ne peut la diviser [18].

Les peines moindres que celles de la compétence de la Cour d'assises ne peuvent être entendues que des peines qui frappent le fait même constituant la base de l'accusation [19], et quand ce fait, après les débats, a changé de nature.

Mais la Cour ne peut jamais appliquer de peines qui ne sont pas la répression ordinaire et légale du fait incriminé : ainsi, il y aurait nullité dans la condamnation d'un avoué à la suspension, parce qu'il ne resterait de prouvé contre lui qu'un fait d'indélicatesse [20].

---

de juridiction. V. 1re partie, chap. VIII, notes 12 à 17. — Liége. Cass. 8 février 1827. [P. à sa date.] — 14 avril 1840. [P.40.1.358.] — 27 janvier 1841. [P.41.1.107]. — 18 mai 1847. [P.47.1.338.] — Cass. fr. 14 septembre 1827. [S.28.1.113.] — 2 octobre 1828. [S.29.1.23.] — 5 avril 1832. [S-V.32.1.511.] — RAUTER, t. 2, no 771 ; BERRIAT-SAINT-PRIX, p. 52, no 25 ; CARNOT, t. 2, p. 258 ; BOURGUIGNON, t. 1, p. 507 ; LEGRAVEREND, t. 2, p. 114.

(17) Cass. fr. 14 pluviôse an XII. [S.4.2.138.] — 27 juillet 1811. [C. N. 3.]

(18) Cass. fr. 15 octobre 1807. [S.8.1.166.]

(19) Cass. fr. 24 juin 1819. [S.20.1.13.] — 6 avril 1832. — 21 avril 1814. [D.A.4.384.] — 19 juin 1817. [D.A.3.491.] — 5 février 1819. [D.A.4.373.] — Conf. MERLIN, *Rép.*, vo *Compétence*, § 2, no 6, et *Quest.*, vo *Incompétence*, § 1, art. 2, no 6 ; LE SELLYER, t. 2, no 453 ; F. HÉLIE, t. 8, p. 232.

(20) Cass. fr. 3 novembre 1820. [C. N. 6.]

§ 4.

Cumul.

Amende.—Peines accessoires.—Récidive.

Il n'entre pas dans le cadre de cet ouvrage de descendre dans les détails que soulève l'application des dispositions du Code pénal : aussi ne trouvera-t-on dans ce paragraphe que les principes généraux et l'indication des sources où l'on peut recourir.

En cas de conviction de plusieurs crimes ou délits, la peine la plus forte sera seule prononcée (art. 365, § 11);

Non-seulement des crimes connus au moment de la condamnation, mais encore des crimes ou délits antérieurs dont la découverte ne serait faite qu'après la condamnation (21).

Il n'y a donc plus de condamnation possible pour les crimes commis avant la condamnation la plus forte (22).

Si, après la condamnation pour un crime, on vient à découvrir la culpabilité de l'accusé pour un crime antérieur susceptible d'une peine plus forte, la condamnation nouvelle peut valablement augmenter la peine antérieure de ce qui est nécessaire pour arriver à la peine la plus forte (23).

Dans le cas où il y aurait cumul de peines, la Cour de cassation ne prononcera point le renvoi de l'affaire; elle

---

(21) Cass. fr. 28 février 1821. [S.21.1.399.]—8 octobre 1825. [S.27.1.81.]

(22) Jurisp. const., Cass. fr. 17 juin 1831. [S-V.31.1.250.]—29 juillet 1826. [D.P.26.1.435.]—18 juin 1820. [S.20.1.360.]—19 mars 1841. [S-V.42.1.241.]

(23) Cass. 12 juillet 1843. [P.44.1.22.]—Cass. fr. 6 août 1824. [S-V.25.1.115.]—2 août 1833. [S-V.33.1.520.]—27 février 1824. [S.24.1.399.]—28 mars 1820. [S-V.20.1.234.]—4 juin 1836. [S-V.38.1.39.]—*Contrà*, MANGIN, *Act. publ.*, t. 2, n° 460.

retranchera de la condamnation ce qui excède la peine la plus forte [24].

Que faut-il entendre par peine la plus forte? est-ce le *maximum* de la peine la plus forte [25], ou bien la Cour d'assises peut-elle graduer la peine comme s'il n'existait au procès que l'accusation du crime le plus fortement puni [26]?

La Cour d'assises peut-elle condamner à une peine accessoire qui atteint le délit le moins grave, quand le délit principal n'est point puni de cette peine [27]?

Que décider également des amendes et des peines prévues par des lois spéciales, quand les délits qui les appellent ne sont point punis de la peine la plus forte [28]?

La récidive est l'état dans lequel se trouve un accusé qui a été condamné antérieurement pour un fait semblable [29]; elle entraîne une aggravation de peine.

L'état de récidive constitue une question de droit qui ne peut être résolue que par la Cour d'assises [30].

Il n'est point nécessaire, pour que la récidive soit déclarée constante, qu'il en soit parlé par l'arrêt de renvoi ou l'acte d'accusation [31].

Dans le cas où une loi nouvelle a qualifié crime ce qui était délit sous la loi antérieure, l'accusé qui est condamné

---

(24) Cass. fr. 8 août 1842. [S-V.42.1.738.]

(25) Affirmative : LEGRAVEREND, t. 2, p. 260; RAUTER, t. 1, p. 298.

(26) Affirmative : Cass. fr. 13 mars 1828. [S-V.32.1.801.]—27 avril 1832. [S-V.32.1.801.]—CHAUVEAU et HÉLIE, t. 1, p. 338.

(27) Conf. CUBAIN, *Cours d'ass.*, n° 689.

(28) Conf. DE FRÉMINVILLE, *Proc. crim.*, nos 618 et s., et CUBAIN, *Cours d'ass.*, nos 680 et s.

(29) Conf. DE FRÉMINVILLE, *Proc. crim.*, nos 618 et s.

(30) Cass. 2 février 1833. [P.33.1.27.]—25 janvier 1847. [P.47.1.435.]—26 avril 1841. [P.41.1.341.]

(31) Cass. 2 février 1833. [P.33.1.27.]

sous l'empire de ces deux législations est-il en récidive la seconde fois [32] ?

CHAPITRE IX.

Des dommages et intérêts.

Dommages et intérêts réclamés par la partie civile. — Dommages et intérêts réclamés par l'accusé.

SECTION I.

Dommages et intérêts réclamés par la partie civile.

§ 1er.

De la partie civile en général.

La partie civile n'a pas mission d'intervenir dans la répression du crime ou du délit, sa seule raison d'être est d'obtenir la réparation du tort dont le crime ou le délit a été l'occasion; elle n'intervient qu'en vue des dommages et intérêts qu'elle est en droit d'attendre comme compensation de la lésion qu'elle a soufferte; cette considération justifie l'exposé des principes généraux relatifs à la partie civile dans le chapitre qui traite des dommages et intérêts.

On a vu dans le cours de la 2e partie quels sont les droits de la partie civile pendant l'examen : droit d'interroger les témoins et l'accusé par l'organe du président, droit de faire des observations sur les dépositions, droit de demander acte, droit de plaider, etc. Il reste à examiner dans ce paragraphe les difficultés relatives à sa constitution et à ses conclusions.

---

(32) Affirmative : Cass. 22 juin 1833. [P.33.1.110.]

La partie civile peut prendre qualité en tout état de cause (art. 675); mais il faut que la cause existe et que la Cour ne soit pas dessaisie : ainsi, la qualité de partie civile ne peut plus être prise après la clôture des débats; il y aurait nullité de la procédure, si, en cette hypothèse, la Cour accueillait l'intervention de la personne lésée [1].

La partie civile peut se constituer et prendre des conclusions sans le ministère d'un avoué [2].

La partie civile, si elle n'est point domiciliée dans l'arrondissement communal du siége de la Cour d'assises, doit y prendre domicile (art. 183); mais l'omission de cette formalité ne lui ôte point qualité; elle l'empêche seulement d'opposer le défaut des significations qui doivent lui être faites. La constitution d'un avoué suffit pour lui donner ce domicile [3].

L'art. 359, § 2, porte : « La partie civile est tenue de former sa demande en dommages et intérêts avant le jugement; plus tard elle sera non recevable. »

Après le jugement, en effet, la Cour est dessaisie et ne peut plus connaître des demandes accessoires [4].

Mais dès que la demande est faite avant le jugement, la Cour d'assises doit statuer, encore qu'elle ne puisse le faire sur-le-champ, et qu'elle soit obligée de reporter son prononcé à la session suivante [5].

L'ordonnance d'acquittement est-elle un jugement dans

---

(1) Cass. 3 août 1839. [P.39.1.150.]—Ass. de Seine-et-Marne, 15 juillet 1838. [*Pal.*40.2.6.]—Conf. Limoges, 16 novembre 1812. [S.17.2.64.]

(2) Cass. fr. 25 novembre 1831. [S-V.32.1.681.]—CUBAIN, *Cours d'ass.*, n° 207; MASSABIAU, n° 1419.

(3) F. HÉLIE, t. 5, p. 349; CUBAIN, *Cours d'ass.*, n° 207. — Conf. Cass. fr. 8 décembre 1848. [*Pal.*50.1.334]; CARNOT, t. 2, p. 34.

(4) LEGRAVEREND, t. 2, p. 270.—Conf. cependant Cass. fr. 16 février 1836. [S-V.36.1.301.]

(5) Cass. fr. 24 juin 1824. [S.26.1.140.]

le sens de l'art. 350, de telle sorte qu'après cette ordonnance la demande de la partie civile ne soit plus recevable [6] ?

Les conclusions de la partie civile peuvent être prises après la lecture du verdict [7]; c'est même en ce moment de la procédure qu'elles peuvent être prises le plus utilement [8].

La partie civile ne peut, à peine de nullité, être entendue comme témoin [9].

En cas d'acquittement, la partie civile n'a que vingt-quatre heures pour se pourvoir contre l'arrêt [10].

§ 2.

Des dommages et intérêts réclamés par la partie civile.

Après l'acquittement (art. 358, § 1), ou après la condamnation (art. 363), la Cour statuera sur les dommages-intérêts respectivement prétendus, après que les parties auront proposé leurs fins de non-recevoir ou leurs défenses, et que le procureur général aura été entendu.

La Cour pourra néanmoins, si elle le juge convenable, commettre l'un des juges, pour entendre les parties,

---

(6) La dernière jurisprudence admet la non-recevabilité de la partie civile après l'ordonnance d'acquittement : Cass. fr. 22 avril 1836. [S-V.36.1.083.] — *Sic*, CUBAIN, *Cours d'ass.*, n° 295. — Conf. D. R., v° *Inst. crim.*, n° 3708. — V. en sens contraire Cass. fr. 22 janvier 1830. [S-V.31.1.332.] — 21 octobre 1835. [S-V.36.1.850.]

(7) Cass. fr. 31 mars 1816. [S.16.1.271.] — Conf. 10 février 1836. [S-V.36.1.301.]

(8) Cass. fr. 2 mars 1833. — CUBAIN, *Cours d'ass.*, n° 294. Arg. art. 362.

(9) Cass. 8 janvier 1849. [P.49.1.462.] — V. chap. IX de la 2ᵉ partie, note 39, p. 148.

(10) Cass. 20 mars 1848. [P.48.1.195.]

prendre connaissance des pièces, et faire son rapport à l'audience, où les parties pourront encore présenter leurs observations, et où le ministère public sera entendu de nouveau (art. 358, §§ 2 et 3).

Cette disposition de la loi donne à la Cour d'assises un pouvoir entièrement distinct de sa mission principale, qui consiste dans la répression des crimes et délits; ce pouvoir consiste dans la régularisation des intérêts civils que font naître les faits qui ont donné lieu à la poursuite criminelle. Dans la fixation des dommages et intérêts, la Cour n'a pas à examiner si les faits ont ou non un caractère criminel; elle ne doit envisager qu'une seule chose : Y a-t-il eu faute dans le sens de l'art. 1382 du Code civil [11]? Les contrats, les obligations, leurs effets civils, quels qu'il soient, sont soumis à sa juridiction. Il est si vrai que cette mission de la Cour est indépendante de la question de savoir s'il y a crime ou non dans les faits de l'accusation, qu'une jurisprudence constante décide qu'un accusé acquitté peut cependant être condamné par la Cour à des dommages et intérêts [12].

Ainsi, pour ne citer que des exemples saillants, il a été jugé qu'après la déclaration du jury portant que l'accusé n'est coupable ni de meurtre ni d'homicide par imprudence, celui-ci pouvait cependant être condamné à des dommages et intérêts envers la partie civile [13].

---

(11) Le Sellyer, t. 6, n° 2148; Mangin, *Act. publ.*, t. 2, p. 102, n° 429; Bourguignon, sur l'art. 358; Legraverend, t. 2, p. 268.

(12) Cass. fr. 22 janvier 1830. [S-V.31.1. 332.] — 5 mai 1832. [S-V.32.1.330.] — 29 novembre 1834. [S-V.35.1.127.] — 5 avril 1839. [S-V.39.1.520.] — 18 octobre 1842. [S-V.43.1.253.] — 26 juin 1846. [S-V.46.1.710.] — 12 novembre 1846. [S-V.47.1.41.] — 17 octobre 1846, 27 février 1833. Rapp. D.A., v° *Inst. crim.*, n° 3705. — Conf. cependant Cass. fr. 6 mai 1851. [D.P.52.5.94.]

(13) Cass. fr. 26 mars 1818. [S.18.1.284.] — 19 mars 1841. [S-V.42.1.94.]

Également l'accusé à l'égard duquel le jury a admis la légitime défense; il n'y a, en effet, ni crime ni délit dans ce cas (art. 327 du Code pénal), mais la Cour peut reconnaître l'existence d'une faute, suivant l'art. 1382 du Code civil [14].

Le mineur acquitté peut être condamné à des dommages et intérêts, sans qu'il soit nécessaire de mettre son tuteur en cause [15].

Sous l'empire du Code de commerce de 1807, le banqueroutier ne pouvait, en aucun cas, être condamné à des dommages et intérêts (art. 600, Code de commerce) [16]. Il n'en est plus de même aujourd'hui en France, suivant le prescrit des art. 595 et 601 de la loi du 28 mai 1838; en Belgique, suivant les art. 579 et 584 de la loi du 18 avril 1851 [17].

Dans l'appréciation des dommages et intérêts, la Cour n'est pas liée par la déclaration du jury (par exemple, sur la valeur de l'objet volé) [18].

Le pouvoir de la Cour, relatif à la condamnation à des dommages et intérêts, a cependant des limites: ainsi, la Cour ne peut prononcer des dommages et intérêts qu'en

---

(14) Ass. d'Avignon, 13 novembre 1835. [S-V.36.2.357.]

(15) Cass. fr. 15 janvier 1846. [S-V.46.1.489.]—Grenoble, 4 mars 1835. [S-V.35.2.308.]—En sens contraire, Colmar, 15 mars 1831. [S-V.31.2. 182.]—Conf. Cass. fr. 24 janvier 1846. [P.46.1.724].

(16) Cass. fr. 14 juillet 1826. [S.27.1.104.]

(17) Les art. nouveaux ont restitué *in terminis* à la Cour d'assises le pouvoir de prononcer sur les dommages et intérêts prétendus à raison de la banqueroute frauduleuse; l'ancien art. 600 portait: « Dans tous les cas de poursuite et de condamnation en banqueroute simple ou en banqueroute frauduleuse, les actions civiles, autres que celles dont il est parlé dans l'art. 598 (restitutions à la masse), resteront séparées. »

Tandis que l'art. 595 nouveau porte: « La Cour statuera sur les dommages et intérêts qui seront demandés. »

(18) Cass. 18 avril 1839. [P.39.1.74.]

raison des seuls faits qui ont donné lieu à l'accusation [19].

De même, la Cour excéderait ses pouvoirs, si, en condamnant à des dommages et intérêts, elle restituait aux faits la criminalité que la déclaration du jury leur a enlevée [20].

La Cour d'assises peut remettre à un jour subséquent le prononcé de son arrêt relatif aux dommages et intérêts [21].

La Cour peut prononcer sur les dommages et intérêts malgré l'existence du pourvoi contre l'arrêt de condamnation; ce n'est point là en effet un mode d'exécution de l'arrêt [22].

SECTION II.

Dommages et intérêts réclamés par l'accusé.

L'accusé acquitté pourra aussi obtenir des dommages et intérêts contre ses dénonciateurs, pour faits de calomnie sans néanmoins que les membres des autorités constituées puissent être poursuivis ainsi à raison des avis qu'ils sont tenus de donner, concernant les délits dont ils ont cru acquérir la connaissance dans l'exercice de leurs fonctions, et sauf contre eux la demande en prise à partie, s'il y a lieu (art. 358, § 4).

Le procureur général sera tenu, sur la réquisition de l'accusé, de lui faire connaître ses dénonciateurs (art. 358, § 4).

---

(19) Cass. fr. 4 novembre 1831. [S-V.32.1.272.] — 11 octobre 1817. [S. 19.1.269.]

(20) Cass. fr. 24 juillet 1841. [S-V.41.1.791.] — CARNOT, t. 2, p. 700; BOURGUIGNON, sur l'art. 358; LEGRAVEREND, t. 2, p. 268.

(21) Cass. fr. 25 mai 1849. [S-V.50.1.76.]

(22) Cass. fr. 16 janvier 1834. [S-V.34.1.688.]

Les demandes en dommages et intérêts seront portées devant la Cour d'assises (art. 359, § 1).

Si l'accusé a connu son dénonciateur, il ne sera plus recevable après le jugement à former contre lui une demande en dommages et intérêts (art. 359, § 3).

Dans le cas où l'accusé n'aurait connu son dénonciateur que depuis le jugement, mais avant la fin de la session, il sera tenu, sous peine de déchéance, de porter la demande à la Cour d'assises; s'il ne l'a connu qu'après la clôture de la session, sa demande sera portée au tribunal civil (art. 359, § 4).

Il ne faut pas, pour que l'accusé obtienne des dommages et intérêts contre son dénonciateur, que celui-ci se soit rendu coupable de dénonciation calomnieuse, telle qu'elle est définie par la loi pénale; la Cour n'a pas à s'occuper, en effet, de la calomnie comme délit, mais seulement de la calomnie comme tort causé [23].

Par une conséquence inverse du même principe, la Cour d'assises peut refuser des dommages et intérêts à l'accusé contre son dénonciateur, même dans le cas d'acquittement [24].

L'accusé peut, d'après le prescrit de la loi, exiger que le procureur général lui fasse connaître son dénonciateur, mais peut-il exiger que la copie de la dénonciation lui soit remise [25]?

---

[23] Il ne faut pas perdre de vue que la mission de la Cour d'assises, en matière de dommages et intérêts, n'a rien de commun avec la criminalité des faits; il s'agit seulement de reconnaître si, indépendamment de son caractère criminel, la dénonciation peut être considérée comme une faute, suivant l'art. 1382 du Code civil. — Conf. CUBAIN, *Cours d'ass.*, n° 708.

[24] Cass. fr. 30 décembre 1813. [S.14.1.129.] — 23 mars 1821. — MANGIN, *Act. publ.*, t. 2, n°s 430 et s.

[25] La question a été résolue négat. par la Cour d'assises de Nîmes, 15 juillet 1837. [S-V.38.2.217.]

En dehors de l'attribution de pouvoirs civils que la loi reconnaît à la Cour d'assises, relativement aux dommages et intérêts, la loi admet encore l'action civile de la Cour sur le sort des actes, contrats, obligations qui ont été l'objet ou l'occasion du crime de faux [20].

CHAPITRE X.

Des dépens.

Accusé. — Partie civile.

§ 1.

De l'accusé.

L'accusé ou la partie civile qui succombera sera condamné aux frais envers l'Etat et envers l'autre partie (art. 368).

Dès que l'accusé est atteint par l'application de la loi pénale, il doit supporter tous les frais du procès, n'eût-il succombé que sur un des chefs qui ont donné lieu à la poursuite [1].

S'il y a plusieurs accusés et que quelques-uns aient été acquittés, celui ou ceux qui auront été condamnés seront tenus de tous les dépens, y compris ceux qui ont été oc-

---

(20) En vertu du prescrit de l'art. 463. — Cependant les droits des tiers qui n'ont pas été partie au procès ne peuvent être anéantis par la radiation ordonnée par arrêt de la Cour d'assises; l'existence matérielle de l'acte faux n'est pas compromise : la radiation n'a pour effet que d'empêcher l'usage frauduleux de l'acte faux. — Cass. fr. 28 décembre 1849 [S-V.50.1.408.] — CHAUVEAU, *T. de dr. crim.*, t. 2, p. 273; F. HÉLIE, t. 3, p. 789; CARNOT, t. 3, p. 307. — Cependant V. LEGRAVEREND, t. 1, p. 616. — Cass. fr. 24 janvier 1850 [S-V.50.1.410.] — Conf. PERRÈVE, *Manuel des Cours d'ass.*, sur l'art. 366.

(1) Cass. fr. 27 janvier 1838. [D.P.38.1.443.] — Ce principe est incontesté.

casionnés par les coaccusés acquittés, si d'ailleurs le fait et la poursuite ont eu un caractère indivisible [2].

Il en serait autrement si les crimes ou délits étaient distincts, quand bien même la poursuite aurait été unique pour tous les accusés [3].

La Cour d'assises juge souverainement du point de savoir si les coaccusés ont été poursuivis pour faits indivisibles [4].

Le condamné par un arrêt de Cour d'assises après renvoi ne doit pas être tenu des frais de la première procédure annulée par la Cour de cassation [5].

Au contraire, l'accusé acquitté ne peut jamais être condamné aux dépens [6];

Quand même le fait qui aurait donné lieu à la poursuite, est reconnu constant, mais qu'il a perdu son caractère criminel par la réponse du jury [7].

Il y a exception à ce principe pour le contumace, qui, acquitté après sa représentation, doit être tenu des frais de sa poursuite, tandis qu'il était fugitif ou latitant, même lorsque cette première instruction n'a point été suivie d'un arrêt [8].

L'accusé *absous* ne succombe point, il ne peut donc être condamné aux dépens; telle est la doctrine admise avec

---

(2) Cass. fr. 12 octobre 1849. [S-V.50.1.573.]—18 avril 1850. [S-V. 50. 1.766.]

(3) Cass. fr. 30 avril 1825. [C.N. 8.]—20 janvier 1843. [S-V.43.1.225.] —30 janvier 1846. [S-V.46.1.271.]—2 avril 1846. [S-V.46.1.720.]

(4) Cass. 13 février 1854. [P.54.1.112.]

(5) Les frais de la procédure annulée sont à la charge de l'État.—Cass. fr. 27 avril 1850. [S-V.50.1.812.]—21 décembre 1850. [S-V.50.1.561.]

(6) Cass. fr. 18 thermidor an X, D. R., v° *Frais*, n° 976.—7 mai 1841, D. R., v° *Procès-verbal*.

(7) Cass. fr. 17 ventôse an XII, D. R., v° *Frais*, n° 976.

(8) Art. 478.—Cass. fr. 2 décembre 1830, D. R., v° *Frais*, n° 1037.— DE FRÉMINVILLE, *Proc. crim.*, n° 673.

raison par l'unanimité des auteurs et un grand nombre d'arrêts [9]; cependant la Cour de cassation de France a décidé plusieurs fois que, dans le cas d'absolution, il était facultatif aux Cours d'assises de condamner l'accusé aux dépens [10].

---

(9) MORIN, *Dict.*, vo *Frais*, p. 375; CARNOT, *Code pén.*, t. 1, p. 64; DE FRÉMINVILLE, *Proc. crim.*, no 676; CUBAIN, *Cours d'ass.*, no 720; CHAUVEAU et HÉLIE, *Théorie du Code pén.*, t. 1, p. 64; DALMAS, *Frais de justice crim.*, p. 388; D. R., vo *Frais*, no 979.—Cass. fr. 10 décembre 1831. [S-V.32.1.232.]—22 décembre 1831. [S-V.32.1.232.]—24 février 1832, D. R., vo *Frais*, no 978-5o.—Ass. de la Seine, 5 octobre 1831. [S-V.31.2.322.]

(10) L'arrêt de Cass. fr. 14 mai 1824, D. R., vo *Frais*, no 978-4o, porte :

« La Cour, vu l'art. 368, Code d'inst. crim.—Attendu que, dans cet article, le mot *succomber* est employé sans aucune restriction, et par conséquent dans toute l'étendue de sa généralité; que, dès lors il doit s'appliquer au cas où l'accusé, absous de la partie de l'accusation constituant la criminalité, serait néanmoins déclaré coupable de celle qui constituerait un fait dommageable pouvant, sous ce rapport, autoriser des poursuites judiciaires.—Et attendu que, dans l'espèce, sur les questions de savoir si les accusés étaient coupables d'avoir soustrait des cordages et d'avoir commis cette soustraction avec intention frauduleuse, le jury les a déclarés coupables de la soustraction, et non coupables de l'intention frauduleuse.—Que si, d'après la réponse négative sur l'intention, ils ont dû être absous de la criminalité du fait, d'autre part, d'après la réponse affirmative sur la soustraction, ils sont restés convaincus d'avoir commis un fait dommageable susceptible d'autoriser contre eux l'exercice d'une action en justice pour la réparation du dommage causé; que, par conséquent, ils ont succombé relativement à cette partie du fait compris dans l'accusation, et que, dans cet état de la cause, la Cour d'assises, en les condamnant aux frais envers le Trésor public, après les avoir absous de l'accusation, n'a violé ni le texte, ni l'esprit de l'art. 368, Code d'inst. crim.—Rejette. »

Pour bien saisir le côté faible de cette argumentation, il faut se souvenir que si la question sur le fait principal est divisée en deux questions, l'une sur le fait matériel, l'autre sur l'imputabilité, cette division ne peut jamais porter préjudice à l'accusé. V. IIIe partie, chap. I, notes 88 à 91.

Dans le sens de l'arrêt précité.—Cass. fr. 7 janvier 1830. [S.30.1.346.]—30 juillet 1831. [S-V.31.1.410.]—16 décembre 1831, 23 décembre 1831, tous deux, D. R., vo *Frais*, no 798.

L'accusé contre lequel il ne reste de prouvé qu'un délit couvert par la prescription ne succombe pas, il ne peut donc être condamné aux dépens [11]. Cependant la Cour de cassation de France admet la faculté pour la Cour d'assises de faire supporter les frais du procès à cet accusé [12].

L'accusé qui a fait admettre en sa faveur un fait reconnu comme excuse par la loi, doit être condamné aux dépens; il succombe dans le sens de l'art. 368 [13].

L'accusé âgé de moins de seize ans, qui a agi sans discernement, peut, suivant la jurisprudence, être passible des frais de la poursuite [14]; cependant il est difficile d'admettre ce système; le mineur de seize ans même envoyé par la Cour dans une maison de correction n'encourt point une peine proprement dite, il ne succombe point, il n'est point condamné [15].

Deux ou plusieurs accusés condamnés simultanément pour le même fait ou pour des faits indivisibles doivent être condamnés solidairement aux frais du procès [16] en vertu des articles 55 du Code pénal et 156 du décret du 18 juin 1811, à peine de nullité.

Est également nulle la partie de l'arrêt qui condamne

---

(11) Conf. CUBAIN, *Cours d'ass.*, n° 721, et les auteurs cités, note 0, *suprà*.

(12) Cass, fr. 22 avril 1830. [S-V.30.1,303.]—21 août 1845. [S-V. 45.1.720.]

(13) Cass. fr. 24 juillet 1840, D. R., v° *Frais*, n° 708-6°.

(14) Cass. fr. 10 mai 1815. [S.15.1.230.]—27 mars 1823. [S.23.1. 252.]—22 septembre 1836. [S-V.37.1.501.]—18 mars 1842. [S-V.42. 1.465.]

(15) Toute la doctrine.—MORIN, *Dict.*, v° *Frais*, n° 375; DE FRÉMINVILLE, *Proc. crim.*, n° 677; CUBAIN, *Cours d'ass.*, n° 677, etc.

(16) Cass. fr. 7 juillet 1827. [S.27.1.510.]—6 janvier 1838. [P.38.1. 192.]—Conf. D. R., v° *Frais*, n° 1046.

17.

solidairement aux frais deux accusés pour crimes différents [17].

Mais la Cour d'assises décide en fait et sans recours si les crimes sont distincts ou non pour chacun des coaccusés [18].

Il résulte de la jurisprudence de la Cour de cassation de France que deux coaccusés dont l'un est condamné et dont l'autre ne l'est pas pour défaut de discernement, peuvent cependant être condamnés solidairement aux dépens [19].

Il a même été jugé, mais il semble que cette décision est directement contraire aux principes, que si l'un des coaccusés a été acquitté, mais qu'il a été condamné à des dommages et intérêts envers la partie civile, il doit avec ses coaccusés condamnés être tenu solidairement des frais envers la partie civile [20].

§ 2.

De la partie civile.

L'art. 28 de la loi française de 1832 a augmenté l'art. 368 des deux paragraphes suivants : § 2. « Dans les affaires soumises au jury, la partie civile qui n'aura pas « succombé ne sera jamais tenue des frais. »

§ 3. « Dans le cas où elle aura consigné, en exécution « du décret de 1811, ils lui seront restitués. »

Ces deux paragraphes sont inutiles et ne changeront rien à la portée de l'ancien art. 368 qui est encore

---

(17) Cass. 11 avril 1835. [P.35.1.64.] — 31 janvier 1853. [P.53.1. 187.]

(18) Cass. 13 février 1854. [P.54.1.112.]

(19) Cass. fr. 25 mars 1843. [S-V.43.1.614.]—Cette jurisprudence paraît contraire à l'art. 368.

(20) Cass. fr. 22 janvier 1830. [S.V.31.1.332.]

l'article belge. — Le § 2 n'est que la répétition du texte ancien ; dire : « la partie civile qui succombera sera condamnée aux frais, § 1, » c'est évidemment faire entendre « que la partie civile qui n'aura pas succombé ne sera pas tenue des frais ; » l'ancien art. 368 contenait donc une règle précise que le § 2 français n'a pu préciser davantage [21].

Le § 3 est plus inutile encore, puisqu'en matière de grand criminel la partie civile ne doit jamais consigner de frais [22].

Plusieurs hypothèses peuvent se présenter : 1° l'accusé est déclaré coupable ; la partie civile n'est point tenue des dépens [23], qu'elle obtienne ou non des dommages et intérêts [24].

2° L'accusé est acquitté ou absous, et la partie civile n'obtient point de dommages et intérêts ; dans ce cas, les frais sont à la charge de la partie civile [25].

3° L'accusé est acquitté, mais condamné à des dommages et intérêts envers la partie civile ; dans ce cas, les dépens retombent à la charge de l'État [26].

---

(21) DALMAS, *Des frais de just.* suppl. de 1847, p. 354. — Conf. CARNOT, *Inst. crim.*, p. 135 (suppl.) ; CHAUVEAU et HÉLIE, *Théorie du Code pénal*, t. 1, p. 290.

(22) Cass. fr. 25 août 1840, D. R., v° *Frais*, n° 996. — CHAUVEAU, *Code pénal progress.*, p. 35 ; ROGRON, *Code d'inst. crim.*, p. 317. — Conf. cependant, D. R., v° *Frais*, n° 997.

(23) MM. DALLOZ, D. R., v° *Frais*, n° 990, donnent une série d'hypothèses beaucoup plus étendue, mais il suffit de la lire avec attention pour reconnaître que plusieurs cas se trouvent répétés à diverses reprises.

(24) Dans le cas où la partie civile n'obtient pas de dommages et intérêts du condamné, il est vrai de dire que les deux parties succombent, mais il suffit que l'accusé ait été frappé d'une peine, pour que la partie civile ne puisse être tenue aux frais. — CHAUVEAU et HÉLIE, *Théorie du Code pén.*, t. 1, p. 306.

(25) La réclamation de la partie civile est reconnue non fondée ; elle succombe dans le sens de l'art. 368.

(26) Aucune des deux parties ne succombe, puisque les dommages et intérêts ne sont pas une peine. Cependant conf. note 20.

4° Il devrait en être de même dans le cas d'absolution et en même temps de condamnation envers la partie civile aux dommages et intérêts; cependant, d'après la jurisprudence exposée plus haut, l'accusé absous peut être en ce cas condamné aux dépens [27].

Il est presque superflu d'ajouter que le ministère public agissant au nom de la société ne peut jamais être condamné aux dépens [28].

CHAPITRE XI.

De l'arrêt.

Formation. — Prononcé. — Minute.

§ 1.

Formation de l'arrêt.

Les juges délibéreront et opineront à voix basse, ils pourront à cet effet se retirer dans la chambre du conseil (art. 369, § 1).

La loi du 25 juin 1793 au contraire prescrivait aux juges d'exprimer leur opinion à haute voix; la constitution de l'an III rétablit le secret de la délibération, secret plus en harmonie avec la majesté de la justice, et le Code de brumaire an IV ajouta la sanction de nullité; bien que l'art. 369 ne reproduise pas cette nullité, il paraît qu'une délibération publique vicierait la procédure [1].

---

(27) Conf. notes 9 et 10.

(28) Cass. fr. 27 juin 1812. [S.13.1.64.] — 31 mai 1822. [S.23.1.36.] — 11 mars 1825. [S.26.1.58.] — 4 avril 1835. [D.P.35.1.290.] — 7 juin 1839, *Bull.*, n° 184. — 13 février 1845. [*Pal.*48.2.349.] — 29 décembre 1849, *Bull.*, n° 348.

(1) CUBAIN, *Cours d'ass.*, n° 753; DALLOZ, *Rép.*, v° *Inst. crim.*, n°

L'art. 35 du décret du 30 mars 1807 indique de quelle manière le président de la Cour doit recueillir les votes émis par ses assesseurs. Mais, ainsi que pour ce qui regarde la délibération du jury, aucun procès-verbal ne doit apporter la preuve de l'observation de ces formalités qui sont laissées à la discrétion de la Cour [2]. La délibération de la Cour est substantielle ; mais on ne saurait soutenir que cette délibération n'a pas eu lieu parce que la minute de l'arrêt ne porterait point la mention habituelle : « *après en avoir délibéré* [3]. »

De même que les jurés, les membres de la Cour ne peuvent communiquer au dehors [4].

Mais la circonstance qu'un témoin est entré dans la salle des délibérations ne suffit point pour établir la communication défendue et pour entraîner la nullité de l'arrêt [5].

S'il ne se manifeste que deux avis dans la Cour composée de trois membres, la majorité fait loi ; s'il se manifeste trois opinions, celle qui est la plus favorable à l'accusé doit prévaloir [6].

Le prononcé de l'arrêt peut valablement être renvoyé au lendemain [7].

L'art. 97 de la constitution belge exige que tout arrêt soit motivé, mais il n'est pas nécessaire, pour obéir à cette

---

3580.—Conf. cependant, Cass. fr. 15 juillet 1820, D. R., v° *Jugement*, n° 766.—27 juin 1813; D. R., v° *Inst. crim.*, n° 3580.

(2) Cass. 14 décembre 1851. [P.52.1.52.]

(3) Cass. fr. 24 décembre 1840, *Bull.*, n° 304.

(4) De Serres, *Man. des Cours d'ass.*, p. 467.

(5) Cass. fr. 15 octobre 1847. [S-V.48.1.301.]

(6) Cass. fr. 21 mai 1850, Rapp. par Cubain, *Cours d'ass.*, n° 756.—Dalloz, *Rép.*, v° *Inst. crim.*, n° 3593.

(7) Cass. fr. 10 février 1850. [D.P.50.5.96.]—6 septembre 1810, D. R., v° *Inst. crim.*, 3595.

prescription, que l'arrêt rencontre chacune des observations présentées par l'accusé ou son conseil, sur l'application de la peine [8].

Jugé même qu'un arrêt contradictoire est assez motivé quand il ne porte autre chose que : « Attendu que le fait « reconnu constant par le jury constitue le crime prévu « par tel article du Code pénal [9]. »

L'arrêt portant des motifs erronés, mais qui n'infligent pas grief à l'accusé, en ce sens que la peine a été justement appliquée, ne peut être annulé sur la demande de l'accusé, car il est sans intérêt [10].

§ 2

Du prononcé de l'arrêt.

L'arrêt sera prononcé à haute voix par le président en présence du public et de l'accusé (art. 369).

La publicité du prononcé du jugement ne doit point résulter, à peine de nullité, de l'arrêt lui-même ; il suffit que le procès-verbal porte la preuve de cette publicité [11].

Aux termes même de la loi, l'absence du ministère public ou des jurés au prononcé de l'arrêt ne saurait vicier la procédure [12].

Avant de prononcer l'arrêt, le président est tenu de lire le texte de la loi sur lequel il est fondé (art. 369, § 2).

L'observation de cet article est suffisamment établie, si

(8) Cass. 13 juin 1839. [P.39.1.117.]
(9) Cass. 18 avril 1834. [P.34.1.241.]
(10) Cass. 5 décembre 1839. [P.39.1.258.]
(11) Cass. 18 février 1815. [P. à sa date.]
(12) Les jurés ont en effet terminé leur mission par la lecture de leur verdict régulier. V. IIIe partie, chap. IV, note 56, p.221. Conf. pour le ministère public, 1re partie, chap. IX, notes 33-36, p. 59.

la feuille d'audience porte la mention suivante : « Avant « de prononcer, le président a donné lecture des textes de « loi [13]. »

Le président doit lire le texte qui prononce la peine et non celui qui définit le crime [14] ;

Ni le texte qui rend la loi obligatoire [15] ;

Ni les textes qui donnent la définition des circonstances aggravantes [16] ;

Ni les dispositions légales qui règlent l'exécution des peines prononcées par l'arrêt [17].

L'erreur sur les textes dont le président donne lecture, ne peut donner ouverture à cassation, si la peine appliquée est celle qui est régulièrement prescrite par la loi [18].

Dans le même ordre d'idées, il a été jugé que l'omission par le président de donner la lecture prescrite par l'art. 369 n'entraîne point la nullité de l'arrêt de condamnation [19].

Après le prononcé de l'arrêt et la levée de l'audience, la Cour d'assises est dessaisie ; cependant jugé qu'il n'y aura point nullité, si, immédiatement après, le président rouvre l'audience pour réparer une omission dans l'arrêt [20].

---

(13) Cass. 14 décembre 1841. [P.42.1.52.]—Mais V. 1re partie, chap. VI, note 21, p. 107.

(14) Cass. fr. 18 février 1841. [S-V.42.1.190.]

(15) Cass. 13 février 1854. [P.54.1.113.]—Conf. les art. 22, 26, 132, 164 du Code pénal, 2 et 35 de la loi du 5 juin 1832, 1 de la loi du 4 mars 1848.

(16) Liége, 5 avril 1825. [P. à sa date.]

(17) Cass. 21 mars 1842. [P.42.1.190.]

(18) Cass. 23 février 1842. [P.42.1.69.]—Cass. fr. 27 mars 1840. [D.P.40.1.408.]—26 mai 1815, D. R., v° *Inst. crim.*, n° 3600.

(19) Cass. fr. 18 février 1841, D. R., v° *Jugement*, n° 798-3°.—Cass. 21 mars 1842. [P.42.1.189.]

(20) Cass. fr. 20 mai 1837, D. R., v° *Inst. crim.*, n° 3605.—Cette au-

§ 3.

Minute de l'arrêt.

Le greffier écrira l'arrêt ; il y insérera le texte de la loi appliquée sous peine de cent francs d'amende (art. 369, § 3).

L'obligation pour le greffier d'insérer dans l'arrêt la disposition pénale appliquée ne s'étend point aux textes qui règlent les condamnations par corps relatives aux réparations civiles [21].

D'ailleurs l'omission de l'insertion de la loi appliquée expose le greffier à l'amende, mais ne saurait vicier l'arrêt de condamnation [22].

La minute de l'arrêt sera signée par les juges qui l'auront rendu, à peine de cent francs d'amende contre le greffier, et s'il y a lieu, de prise à partie tant contre le greffier que contre les juges.

Elle sera signée dans les vingt-quatre heures de la prononciation de l'arrêt (art. 370).

Un arrêt non signé n'existe pas ; un arrêt signé par d'autres juges que ceux qui l'ont rendu est nul [23].

La nécessité de la signature de l'arrêt par chacun des juges qui l'ont rendu n'existe que pour l'arrêt définitif ; on a vu plus haut que les arrêts sur incidents ou les arrêts préparatoires sont réguliers quand ils font corps avec le

---

torité paraît très-contestable. — Conf. en sens contraire CUBAIN, *Cours d'ass.*, n° 760.

(21) Cass. fr. 3 décembre 1836. [S-V.38.1.82.]

(22) Cass. fr. 26 juillet 1822. [C.N.7.] — 29 avril 1830. [S-V.31.1.346.] — 27 août 1833. [D.P.33.1.223.] — 18 février 1841. [S-V.42.1.190.]

(23) Cass. fr. 15 janvier 1848. [D.P.48.5.81.] — 7 octobre 1831. [D.P.32.1.32.] — 6 mai 1813. [S. 13.1.345.] — MERLIN, *Rép.*, v° *Signature*, § 2, n° 5. — Conf. 2 avril 1840, D. R., v° *Inst. crim.*, n° 3619.

procès-verbal, sous la signature du président et du greffier [24].

Si l'arrêt n'est point signé dans les vingt-quatre heures, ce retard ne vicie point l'arrêt, mais expose le greffier à l'amende, et le greffier et les juges à la prise à partie, s'il y a lieu [25].

L'absence de la signature du greffier sur l'arrêt de condamnation n'opère point nullité [26].

L'arrêt doit être daté ; l'erreur sur la date peut être réparée par les énonciations de la feuille d'audience [27].

CHAPITRE XII.

Du procès-verbal.

Forme extrinsèque. — Signature. — Foi due.

Dans les trente-trois chapitres qui précèdent, on a vu, pour chacune des formalités substantielles de la procédure devant les Cours d'assises, la nécessité d'une mention au procès-verbal, comme preuve de son accomplissement. On

---

(24) Jurisp. const. V. aussi 1re partie, chap. VI, note 22, et les arrêts suivants :

Cass. 5 mai 1851. [P.51.1.200.]—21 mai 1842. [P.42.1.188.]—14 décembre 1841. [P.42.1.51.]—20 avril 1847. [P.48.1.420.]—9 juillet 1849. [P.50.1.36.]—Cass. fr. 24 avril. 1840, D. R., vo *Inst. crim.*, no 3602.—13 avril 1837. [S-V.37.1.1024.]—11 avril 1833, D. R., vo *Inst crim.*, no 3621.—20 septembre 1827. [S.28.1.109.]—15 avril 1830 [S.30.1.251.] — 4 octobre 1821, 7 janvier 1819, 20 janvier 1821.—Rapp. dans D. R., vo *Inst. crim.*, nos 3602 et 3619.

(25) Cass. fr. 25 juin 1840, *Bull.* no 187.—13 avril 1837, 20 août 1829, 29 août 1840. Ces trois derniers arrêts rapp. D. R., vo *Inst. crim.*, no 3630. V. l'art. 505 du Code de procéd. civile qui donne les cas de prise à partie.

(26) Cass. fr. 31 mai 1849. [D.P.49.5.72.]—26 juin 1846. [D.P.46.4. 117.]—15 mai 1829. [S.29.1.430.]

(27) Cass. fr. 6 septembre 1810, D. R., vo *Inst. crim.*, no 3615.

a vu également la forme de ces diverses mentions, telles que la jurisprudence et la doctrine les ont déterminées comme suffisantes en exécution de la loi.

Il ne sera donc point question, dans ce chapitre, de ce que doit contenir la feuille d'audience, mais seulement de sa forme extérieure et de la foi qui lui est due.

§ 1.

Forme extrinsèque.

Le greffier dressera un procès-verbal de la séance, à l'effet de constater que les formalités prescrites ont été observées.

Il ne sera fait mention au procès-verbal ni des réponses des accusés, ni du contenu des dépositions, sans préjudice toutefois de l'exécution de l'art. 318 concernant les changements, variations et contradictions dans les réponses des témoins.

Le procès-verbal sera signé par le président et par le greffier.

Le défaut de procès-verbal sera puni de cinq cents francs d'amende contre le greffier (art. 372).

L'art. 372 a été modifié en France dans ses deux derniers paragraphes de la manière suivante :

« Le procès-verbal sera signé par le président et le « greffier, et ne pourra être imprimé à l'avance. »

« Les dispositions du présent article seront exécutées à peine de nullité. »

« Le défaut de procès-verbal et l'exécution des dispositions du 3ᵉ paragraphe qui précède seront punis de cinq « cents francs d'amende contre le greffier » (Loi du 28 avril 1832).

La seule différence qui résulte des modifications introduites par la loi de 1832, au texte de 1807 conservé en Belgique, c'est qu'en France tout procès-verbal imprimé ou seulement dressé d'avance entraîne nullité [1], tandis que la Cour de cassation belge juge constamment que le procès-verbal repris sur des feuilles ou formules imprimées est régulier [2].

Mais la jurisprudence des deux pays décide que le procès-verbal du tirage au sort du jury peut être fait sur des feuilles imprimées [3].

La loi ne fixe point de délai pour dresser le procès-verbal; le retard apporté dans sa confection par le greffier ne peut donc vicier la procédure [4];

Même s'il s'est écoulé plus de vingt jours entre la date de l'audience et celle de la confection du procès-verbal [5].

Les formalités identiques peuvent être rapportées globalement, en d'autres termes, le procès-verbal ne doit point relater rigoureusement les événements de l'audience au fur et à mesure qu'ils s'accomplissent [6].

Si l'affaire a duré pendant plusieurs audiences et que le greffier ait tenu plusieurs procès-verbaux, les omissions ou

---

(1) Cass. fr. 22 avril 1841, D. R., v° *Inst. crim.*, n° 3650. — Conf. 12 août 1842, D. R., v° *Inst. crim.*, n° 3652.

(2) Cass. 7 mai 1849. [P.50.1.474.]—23 mars 1837 [P.37.1.70.]—11 mars 1836. [P.36.1.213.]—9 août 1841. [P.41.1.291.]—26 mai 1837. [P.37.1.98.] — Même jurisprudence en France avant 1832. V. sur la question même, Cass. fr. 28 juin 1832, D. R., v° *Inst. crim.*, n° 3647.

(3) Cass. fr. 6 juillet 1832. [S-V.33.1.251.]—15 juillet 1837. [S-V.39.1.395.]—18 mai 1841. [S-V. 41.1.558.]— *Contrà*, Cubain, *Cours d'ass.*, n° 770.

(4) Cass. fr. 22 septembre 1842, D. R., v° *Inst. crim.* 3651-3°.—12 décembre 1840. [S-V.40.1.948.] — 31 juillet 1841. [S-V.41.1.794.] — 28 janvier 1843. [S-V.43.1.304.]

(5) Cass. fr. 31 mars 1826, D. R., v° *Inst. crim.*, n° 3651.

(6) Cass. 28 juillet 1851. [P.52.1.231.]—18 avril 1833. [P.33.1.241.]

irrégularités des procès-verbaux des dernières audiences ne peuvent être couvertes par les énonciations régulières du procès-verbal de la première audience [7].

Mais il n'est point requis qu'il y ait autant de procès-verbaux que d'audiences [8]; un seul procès-verbal suffit pour toutes les audiences [9].

Jugé même que la feuille d'audience peut ne former qu'un seul ensemble avec le procès-verbal du tirage au sort du jury de jugement [10].

Régulièrement, comme tout autre acte authentique, le procès-verbal doit être daté; cependant il est de jurisprudence constante que l'erreur ou l'omission de la date n'entraîne point la nullité de cet acte [11].

Le procès-verbal ne doit point être écrit dans la langue que parle l'accusé [12].

Les fautes d'orthographe commises par le greffier dans le procès-verbal et qui d'ailleurs ne rendent point cet acte inintelligible ne sont point une cause de nullité [13].

§ 2.

Signature du procès-verbal.

Le procès-verbal doit être signé par le président et par le greffier; l'omission d'une des deux signatures emporte nullité [14].

---

(7) Cass. 10 décembre 1833. [P.33.1.195.]
(8) Cass. 25 juillet 1834. [P.34.1.288.]
(9) Cass. Brux. 23 mai 1826. — 21 novembre 1827.
(10) Cass. fr. 26 février 1846. [S-V.46.1.251.]
(11) Cass. fr. 19 juin 1828; 23 septembre 1829, 6 octobre 1842, tous trois rapp. dans D. R., v° *Inst. crim.*, n° 3654.
(12) Cass. 10 avril 1835. [P.35.1.64.]—Conf. Brux. Cass. 28 février 1826.
(13) Cass. fr. 8 avril 1830. [S.30.1.319.]
(14) Cass. fr. 3 mars 1815. [S.15.1.217.]—29 août 1816. [S.17.1 268.]—8 septembre 1826. [D. P. 27.1.18.]—LEGRAVEREND, t. 2, p. 200.

Il ne faut point que le procès-verbal soit en entier écrit de la main du greffier ; il suffit de sa signature [15].

Si le greffier se trouve après les débats dans l'impossibilité de faire et de signer le procès-verbal, le président rédigera et signera seul valablement cet acte en faisant mention de la force majeure survenue [16].

La signature surabondante au procès-verbal, soit du ministère public, soit de tout autre magistrat, ne vicie point la procédure [17].

Les renvois, interlignes, surcharges ou ratures que peut contenir le procès-verbal, sont censés ne pas exister s'ils ne sont pas approuvés à la fois par le président et par le greffier [18].

De là cette conséquence que si le renvoi, l'interligne, la surcharge ou la rature portent sur des formalités substantielles, ces formalités censées omises entraîneront nullité [19].

Que si, au contraire, les formalités ne sont ni substantielles, ni prescrites à peine de nullité, la procédure ne sera point viciée par l'omission de l'*approbatur* [20].

Le parafe du président et celui du greffier suffisent

---

(15) Cass. fr. 12 décembre 1833, D. R., v° *Inst. crim.*, n° 3637.— 31 juillet 1841. [S-V.41.1.794.]

(16) Cass. fr. 28 janvier 1823, D. R., v° *Force majeure*, n° 35-7°.

(17) Cass. fr. 30 mars 1839. [S-V.40.1.464.]—10 octobre 1839. [S-V. 39.1.955.]

(18) Jurisp. const. Cass. fr. 16 juin 1814. [S.14.1.571.]—11 janvier 1817. [S.17.1.104.]—15 juin 1820. [S.20.1.377.]—4 avril 1829. [S.30. 1.356.]—9 avril 1829. [S.29.1.368.]

(19) Cass. fr. 4 janvier 1821. [C.N.6.]—26 janvier 1827. [S.28.1.55.]

(20) Cass. fr. 10 août 1837. [D.P.38.1.411.]—26 juillet 1849. [S-V. 50.1.240.]—2 mai 1850. [S-V.50.1.810.]—F. Hélie, *Encycl. du Dr.*, t. 7, p. 219.

pour valider les renvois, ratures, interlignes et surcharges [21].

§ 3.

Foi due au procès-verbal.

Le procès-verbal régulier fait foi de ses énonciations relatives à l'audience [22], jusqu'à inscription de faux [23].

L'inscription en faux contre le procès-verbal n'est recevable que pour des faits qui seraient de nature à vicier la procédure [24].

L'inscription en faux ne serait point recevable si les faits n'avaient point un caractère suffisant de vraisemblance [25].

Si les énonciations du procès-verbal se trouvaient contraires à celles des arrêts rendus par la Cour d'assises, l'autorité du procès-verbal fléchirait [26].

---

(21) Cass. fr. 30 juillet 1829. [S.29.1.393.]—30 mars 1839. [D.P.40.1.464.]

(22) Il est évident que les énonciations qui porteraient sur des faits étrangers à l'audience n'auraient pas plus de force probante que les allégations de l'accusé.

(23) Cass. 27 décembre 1832. [D.P.33.1.344.]—4 septembre 1829, D.R., v° *Inst. crim.*, n° 3680.—La Cour supérieure de la Haye a rendu une décision contraire, le 7 avril 1829, *eod. loc.*

(24) Cass. 18 février 1839. [P.39.1.70.]—12 juillet 1834. [P.34.1.285.]—Br. Cass. 23 mai 1826.—Cass. fr. 3 décembre 1836. [S-V.38.1.84.]—22 janvier 1841. [*Pal.*42.1.262.]—L'accusé est sans intérêt.

(25) Cass. fr. 8 mars 1850. [S-V.50.1.695.]—30 juin 1838. [S-V.38.1.761.]

(26) Cass. fr. 20 mars 1846. [S-V.46.1.571.]

CHAPITRE XIII.

Du pourvoi en cassation.

Délais.—Forme.

En étudiant dans le cours de cet ouvrage les diverses formalités de la procédure criminelle, on a vu quelles étaient les omissions ou les violations des règles prescrites, susceptibles de donner ouverture à cassation. Le présent chapitre ne sera donc relatif qu'aux formes extérieures de l'acte de pourvoi, eu égard aux difficultés que soulèvent les questions de délai et de recevabilité.

§ 1.

Délais.

Dans le cas de condamnation, le procureur général, le condamné et la partie civile, auront trois jours francs pour se pourvoir en cassation, en en faisant la déclaration au greffe. La partie civile ne pourra se pourvoir que quant aux dispositions relatives à ses intérêts civils (art. 373).

Le pourvoi sera donc recevable en ce cas, s'il est formé le quatrième jour de l'arrêt [1],

Même après l'heure de la fermeture habituelle du greffe [2].

Le pourvoi de l'accusé est recevable, même après le délai prescrit, si l'accusé a témoigné de l'intention de se pourvoir, et que cette intention n'a pu être suivie d'effet

---

[1] Cass. 4 septembre 1848. [P.48.1.498.]—22 décembre 1837. [P.37. 1.207.]—Cass. fr. 9 avril 1836, *Bull.*, n° 113.—8 novembre 1834. [S-V.35.1.233.]—7 décembre 1832. [S-V.33.1.560.]

[2] Cass. fr. 18 mars 1843. [S-V.43.1.200.]—V. *infrà*, note 33.

pendant les jours utiles, à raison d'événements étrangers à sa volonté [3].

Les jours fériés sont compris dans les délais [4].

L'irrégularité du pourvoi ou sa non-recevabilité, à raison de son retard, ne peuvent être appréciées que par la Cour de cassation. Le ministère public ne pourrait donc, sans excès de pouvoir, passer outre à l'exécution de l'arrêt, sous prétexte de non-recevabilité du pourvoi [5].

Et en effet le pourvoi est suspensif, non-seulement de la peine, mais aussi des réparations civiles [6].

Dans le cas d'acquittement, le procureur général n'aura que vingt-quatre heures pour se pourvoir, et seulement dans l'intérêt de la loi, sans préjudicier à l'accusé (art. 374 et 409, comb.).

Ce délai de vingt-quatre heures ne se compte point par jour, mais bien d'heure en heure, de telle sorte que si l'arrêt est rendu avant midi, le lendemain après midi le pourvoi serait tardif et non recevable [7].

En cas d'absolution, le ministère public a trois jours

---

(3) Cass. fr. 9 janvier 1824.—15 novembre 1811. [S.12.1.231.]—29 novembre 1838. [*Pal.*39.1.269.] — Conf. 30 septembre 1826. [S.27.1.533.]—V. *infrà*, note 33.

(4) Cass. 2 mai 1842. [P.42.1.238.]—6 avril 1840. [P.40.1.354.]—10 décembre 1839. [P.39.1.275.]—18 novembre 1838. [P.38.1.397.]—Cass. fr. 12 février 1808. [S.17.2.318.]—CARNOT, t. 1, p. 316.—BERRIAT-SAINT-PRIX, *Proc. des trib. crim.*, t. 1, nᵒ 553.—Conf. 1ʳᵉ partie, chap. I, note 10, p. 3.

(5) Cass. fr. 26 avril 1811. [C.N.3.]—5 juin 1841. [S-V.42.1.183.]—CARNOT, sur l'art. 373.

(6) Cass. 23 juillet 1850. [P.50.1.427.]

(7) Cass. 2 mai 1842. [P.42.1.238.]—19 décembre 1839. [P.39.1.275.]—6 avril 1840. [P.40.1.354.]—Cass. Brux. 20 mars 1848.—CARNOT, sur l'art. 374, BOURGUIGNON, sur le même article.

Mais jugé que les vingt-quatre heures ne commencent qu'à partir du lendemain.—Br. Cass. 12 février 1828; cet arrêt est isolé.

pour se pourvoir; ce n'est plus ici le cas exceptionnel prévu par l'art. 374 (8).

Mais, dans ce cas, le pourvoi ne pourra préjudicier à l'accusé que s'il porte sur l'interprétation de la loi par l'arrêt définitif; toute autre irrégularité ne pourrait être redressée que dans l'intérêt de la loi (9).

La partie civile ne pourra se pourvoir, s'il y a acquittement avec absolution, que pour la partie de l'arrêt prononçant contre elle des réparations civiles; dans le cas seulement où ces réparations seraient supérieures à la demande de l'accusé; le délai du pourvoi est de vingt-quatre heures (art. 374 et 412, comb.).

Le ministère public ou la partie civile sont tenus de notifier leur pourvoi à la partie contre laquelle il est dirigé dans les trois jours (art. 418); l'omission de cette notification dans le délai prescrit n'entraîne pas la non-recevabilité du pourvoi, si d'ailleurs l'irrégularité a été réparée par une notification tardive (10).

§ 2.

Forme du pourvoi.

Pour être admissible à se pourvoir contre l'arrêt de la Cour d'assises, il faut avoir été partie au procès; la partie plaignante ne pourrait utilement se pourvoir (11).

---

(8) Art. 410. Cass. fr. 9 janvier 1813. [S.17.1.344.]—30 mai 1812. [S.17.1.341.]—9 janvier 1829. [S.30.1.112.]—MERLIN, *Rép.*, v° *Cassation*, § 5, n° 10.

(9) Cass. fr. 20 juillet 1812. [S.17.1.342.]—5 février 1813. [S.17.1.341.]

(10) Cass. 2 mai 1842. [P.42.1.238.]—25 avril 1833. [P.33.1.83.]—Brux., 4 novembre 1822, Cass. fr. 24 juin 1824. [S.25.1.155.]—2 mars 1838. [S-V.38.1.359.]—26 mai 1838. [S-V.38.1.517.]—13 mars 1850. [S-V.50.1.694.]

(11) Cass. fr. 23 juillet 1807. [S.17.1.352.]—MERLIN, *Rép.*, v° *Intervention*, § 2, n°s 3 et 4.

Le pourvoi du ministère public profite au condamné, en ce sens, que si ce dernier n'a point formé de demande en cassation, il pourra néanmoins venir présenter ses moyens [12].

La Cour de cassation qui annule pour vice de forme ou de substance certaines réponses du jury, ne prononcera point le renvoi, si les réponses régulières suffisent pour justifier la condamnation [13].

Après le rejet du pourvoi, les arrêts momentanément suspendus reprennent force et vigueur, quand même la partie qui s'était pourvue n'a pas été informée du rejet de sa demande [14].

La Cour de cassation doit recevoir les pièces du dossier criminel en minute; il ne suffirait point de l'expédition [15].

La Cour de cassation peut, avant faire droit, rendre un interlocutoire ordonnant au procureur général de faire une preuve, par exemple, la preuve de la nationalité d'un juré [16].

Le recours en cassation contre les arrêts préparatoires ou d'instruction ne sera ouvert qu'après l'arrêt définitif (art. 416), de sorte qu'un pourvoi interjeté à tort, pendant l'instruction, non-seulement n'est pas recevable, mais encore ne peut arrêter la marche de l'examen, ni dessaisir la Cour [17].

Il faut entendre par arrêts préparatoires ou d'instruc-

---

(12) Cass. fr. 2 septembre 1830. [S.30.1.400.]
(13) Cass. 5 mai 1845. [P.45.1.233.]
(14) Cass. fr. 31 mai 1834. [S-V. 34.1.562.]
(15) Cass. 18 juillet 1848. [P.48.1.401.]
(16) Cass. 29 mai 1845. [P.45.1.426.]
(17) Cass. 29 juillet 1851. [P.51.1.463.]—29 octobre 1835. [P.35.1.15.]—Cass. fr. 23 juin 1832. [S-V.32.1.862.]—Conf. Cass. fr. 15 avril 1852, *Bull.*, nº 124.

tion, ceux qui ont pour but de mettre la cause en état de recevoir une solution définitive, sans préjuger le fond (art. 452, Cod. proc. civ.) [18].

Ainsi par exemple, sont préparatoires : un arrêt de renvoi à la session prochaine [19];

Les arrêts rendus sur la procédure de l'affaire [20] ;

L'arrêt qui refuse la position d'une question [21];

L'arrêt qui statue sur une demande de disjonction de la poursuite [22];

Un arrêt de jonction [23];

Un arrêt de dispense d'un membre de la Cour [24];

L'arrêt qui ordonne l'apport à son greffe des livres et registres du commerçant failli [25], etc.

Il n'est point nécessaire de se pourvoir spécialement contre les arrêts préparatoires ; le pourvoi contre l'arrêt définitif met en question tous les actes de la procédure [26]; en d'autres termes, les moyens rejetés contradictoirement par des arrêts d'instruction peuvent être représentés devant la Cour de cassation, après pourvoi contre l'arrêt définitif, sans pourvoi spécial contre les premiers arrêts [27].

Mais le pourvoi pour incompétence fait exception, il

---

(18) V. *Lois de Procédure* de CARRÉ, annotées par CHAUVEAU, quest. 1616.

(19) Cass. 9 juin 1853. [P.53.1.456.]—28 décembre 1852. [P.53.1. 280.]—7 septembre 1838. [P.38.1.377.]—16 juillet 1837. [P.37.1.133.] —Cass. fr. 10 février 1832. [D.P.32.1.183.]

(20) Cass. 28 décembre 1852. [P.53.1.280.]

(21) Cass. 28 juin 1838. [P.38.1.333.]

(22) Cass. fr. 3 juin 1826. [S.27.1.178.]

(23) Cass. fr. 22 janvier 1825. [S.25.1.318.]

(24) Cass. fr. 11 mai 1833. [S-V.33.1.357.]

(25) Cass. fr. 11 décembre 1824. [S.28.1.321.]

(26) Cass. fr. 11 juin 1842. [*Pal*.42.2.731.]—9 septembre 1852, *Bull.*, n° 309.—18 octobre 1842. [P.43.1.379.]

(27) Cass. 12 août 1836. [P.36.1.300.]

est suspensif et fait obstacle à ce qu'il soit passé outre aux débats [28] (art. 416, § 2).

La demande en cassation se fait par déclaration au greffe de la partie ou de son fondé de pouvoir; cette déclaration est insérée dans un registre public à ce destiné (art. 417).

Les formalités de cette déclaration sont nécessaires pour la recevabilité du pourvoi [29].

Ainsi :

La déclaration faite verbalement à l'audience par l'accusé ne formerait point une demande en cassation recevable [30];

Un acte signifié par l'accusé au ministère public [31];

Une requête signée d'un avocat et déposée au greffe [32].

Mais s'il est légalement constaté qu'il n'y avait personne au greffe ou que le greffier a refusé de prêter son ministère, tout acte ayant date certaine suffira pour rendre le pourvoi recevable [33].

Quand l'accusé est détenu, le greffier se transportera, sur sa demande, entre les deux guichets, pour recevoir sa déclaration de recours [34].

L'accusé ou la partie civile pourront remettre au greffe un mémoire contenant l'indication de leurs moyens de cassation (art. 422).

---

(28) Cass. fr. 14 décembre 1833. [S-V.34.1.43.]—11 mai 1833. [S-V. 33.1.357.]

(29) Cass. fr. 12 novembre 1832, *Bull.* n° 364.

(30) Cass. 28 juin 1838. [P.38.1.333.]—Cass. fr. 20 juin 1812. [S.17. 1.342.]

(31) Cass. fr. 23 juillet 1812. [S.17.1.342.]

(32) Cass. fr. 3 octobre 1822. [S.22.1.391.]

(33) Cass. fr. 4 décembre 1807. [S.17.1.342.] — 17 messidor an VII. [S.1.1.224.]—3 janvier 1812. [S.16.1.8.]—9 janvier 1824 [S.24.1.128.]

(34) LEGRAVEREND, t. 2, p. 151; CARNOT, t. 2, p. 434, et t. 3, p. 156; BOURGUIGNON, *Manuel*, t. 1, p. 343, et t. 2, p. 312.

Il est donc évident que le pourvoi de l'accusé et celui de la partie civile sont recevables, quand même ils ne citent aucune loi violée ; jugé qu'il en est de même pour le ministère public [35].

La partie civile qui exerce son recours en cassation est tenue de consigner l'amende, sauf le cas d'indigence légalement constatée (art. 419 et 420).

Le condamné en matière criminelle est dispensé de l'amende (art. 420).

Mais le condamné par la Cour d'assises à une peine correctionnelle doit consigner l'amende sous peine de déchéance [36].

Ainsi doivent consigner l'amende :

Le condamné à raison d'un délit de presse [37];

L'accusé acquitté qui demande en cassation contre l'arrêt qui l'a condamné à des dommages et intérêts envers la partie civile [38].

Sauf, dans ces derniers cas, l'indigence constatée suivant le prescrit de l'art. 420.

---

(35) Brux. Cass. 22 mars 1825.—Cass. fr. 4 juillet 1820. [C. N. 6.]

(36) Jurisp. const. Cass. 18 juillet 1848. [P.48.1.392.]—12 mai 1845. [P.45.1.232.]—21 janvier 1840. [P.40.1.289.]—11 avril 1839. [P.39.1.73.]—Cass. fr. 2 septembre 1824. [D.P.25.1.454.]—17 juillet 1828. [D. P.28.1.334.]—14 janvier 1831. [S-V.31.1.165.]—20 juillet 1844. [S-V. 45.1.199.]

(37) Cass. 10 août 1840. [P.40.1.459.]—7 février 1839. [P.39.1.14.]—2 mai 1839 [P.39.1.83.]

(38) Cass. fr. 12 octobre 1815. [S.16.1.484.]—7 novembre 1844. [S-V.45.1.198.]—13 septembre 1849. [S-V.50.1.416.]

FIN.

TABLE ALPHABÉTIQUE

DE LA

JURISPRUDENCE BELGE.

1814 - 1858.

Cette table est divisée en vingt parties, portant les titres suivants :

On trouvera sous ces différents titres et en ordre alphabétique, les arrêts qui se rapportent plus spécialement à chacun d'eux, avec l'indication sommaire du point décidé.

De plus, le renvoi de chaque autorité à la page du volume permet au lecteur de trouver immédiatement la jurisprudence française et d'embrasser d'un coup d'œil l'ensemble des principes qui régissent la matière qui fait l'objet de ses recherches.

ACCUSÉ.

ACTE D'ACCUSATION.

ARRÊTS DE LA COUR D'ASSISES.

pages

CHAMBRE DU CONSEIL ET DES MISES EN ACCUSATION.

pages

Acquittement. Si la chambre des mises en accusation rend un arrêt d'acquittement, le ministère public n'a que vingt-quatre heures pour se pourvoir, non du jour où il en a eu connaissance, mais du jour de l'arrêt. Br., Cass. 31 octobre 1825. . . 2

Action CIVILE. L'ordonnance de la chambre du conseil ne fait pas chose jugée pour l'action civile. Br., Cass. 1er juin 1814; 29 novembre 1827; 2 janvier 1824. XXIII

Action PUBLIQUE. Si l'on soutient que l'action publique n'est pas recevable, on peut se pourvoir contre l'arrêt de renvoi, encore que le fait soit qualifié crime par la loi. Br., Cass. 12 mars 1816. 10

— Ni envers le dénonciateur. Br., Cass. 13 novembre 1822. . XXIII

Chose JUGÉE. L'arrêt de renvoi non attaqué dans les délais a l'autorité de la chose jugée et couvre les nullités antérieures. Cass. 8 novembre 1848. [P.48.1.491.] — Cass. 22 novembre 1820; 23 mai 1826. — Cass. 18 mai 1847. [P.47.1.338.]—Br., Cass. 25 août 1815; 14 décembre 1841. [P.42.1.31.]—Cass. 16 mars 1842. [P.42.1.104.]. XXIII

— En tant qu'il renvoie devant la Cour d'assises. Cass. 27 janvier 1841. [P.41.1.107.]. XXIII

V. *Action civile.*

Compétence. L'arrêt de renvoi ne règle que la compétence.—Ainsi, le pourvoi contre un tel arrêt ayant été rejeté, l'accusé peut cependant, après sa condamnation, représenter les mêmes moyens que ceux qu'il avait allégués d'abord. Cass. 10 juillet 1853. [P.53.1.378.]. 273

— L'arrêt non attaqué règle définitivement la compétence, et la Cour d'assises ne peut la décliner. Cass. 18 mai 1847. [P.47.1.338.] — Br., Cass. 25 août 1815; 27 janvier 1841. [P.41.1.107.]—Cass. 5 décembre 1839. [P.39.1.258.] 51

— Et la compétence de la chambre des mises en accusation est épuisée. Liége, Cass. 8 février 1827. 51

V. *Réquisitoire.*

Complicité. Quand l'arrêt de renvoi omet un élément du crime, il doit être cassé. Ainsi, par exemple, l'omission des motifs (*avec connaissance*) dans une accusation de complicité. Liége, Cass. 2 mars 1832. 10

Composition. Un conseiller, juge instructeur dans une affaire, peut

---

COMPOSITION DE LA COUR D'ASSISES.

CONSEIL DE L'ACCUSÉ.

HUIS CLOS.

INTERPRÈTE.

pages

JUGE D'INSTRUCTION.

JURÉS.

JURY.

MINISTÈRE PUBLIC.

NOTIFICATIONS A L'ACCUSÉ.

PIÈCES DE CONVICTION.

POURVOI.

PRÉSIDENT.

PROCÈS-VERBAL.

QUESTIONS.

SERMENT.

22

TÉMOINS.

TABLE DES MATIÈRES.

PREMIÈRE PARTIE.

PROCÉDURE ANTÉRIEURE AUX DÉBATS.

DEUXIÈME PARTIE.

PROCÉDURE PENDANT LES DÉBATS.

pages

TROISIÈME PARTIE.

PROCÉDURE POSTÉRIEURE AUX DÉBATS.

TABLE ALPHABÉTIQUE

DE LA JURISPRUDENCE BELGE.

(1814 - 1858.)

Paris.—Imprimerie de Cosse et J. Dumaine, rue Christine, 2.

www.ingramcontent.com/pod-product-compliance
Ingram Content Group UK Ltd.
Pitfield, Milton Keynes, MK11 3LW, UK
UKHW020058200726
13856UKWH00002B/270